채쌤의
자바 프로그래밍 핵심

사용하지 않는 문법과 API는
과감하게 버린 퍼펙트 강의
채쌤의 자바 프로그래밍 핵심

1쇄 발행 2022년 04월 01일
2쇄 발행 2024년 04월 15일

지은이 **채규태**
펴낸이 **한창훈**

펴낸곳 **쌤즈**   등록 2013년 11월 6일(제 385-2013-000053호)
주소 경기도 부천시 길주로 284 913호
강의 문의 031_8027_7935
도서 문의 032_322_6754, 팩스 031_8039_4526

쌤즈 홈페이지 www.ssamz.com
루비페이퍼 홈페이지 www.RubyPaper.co.kr
ISBN 979-11-86710-77-7

- 이 책은 저작권법에 따라 보호받는 저작물이므로 무단 전재와 무단 복제를 금하며,
  이 책 내용의 전부 또는 일부를 이용하려면 저작권자와 루비페이퍼의 서면 동의를 받아야 합니다.

- 책값은 뒤표지에 있습니다.

- 잘못된 책은 구입처에서 교환해 드리며, 관련 법령에 따라서 환불해 드립니다.
  단 제품 훼손 시 환불이 불가능 합니다.

- 쌤즈는 루비페이퍼의 강의 전문 출판 브랜드입니다.

채쌤의
자바 프로그래밍
핵심

서·문

우리는 컴퓨터에서 실행되는 프로그램을 개발할 때 프로그래밍 언어를 사용한다. 프로그래밍 언어는 C 언어를 비롯하여 C#, 자바스크립트(JavaScript), 파이썬(Python)에 이르기까지 너무나 다양한 언어들이 존재한다. 이 중에는 C 언어처럼 오랜 시간 동안 지속적으로 사랑받는 언어도 있지만 잠깐 등장했다가 사라진 언어도 많다.

우리가 학습할 자바(Java)는 1995년에 처음 발표된 이후 지금까지 수많은 프로그램에 사용되어 왔고, 현재까지 소프트웨어 개발 시장에서 높은 점유율을 유지하고 있다. 그렇다면 자바가 이처럼 오랜 시간 동안 개발자들에게 사랑을 받을 수 있었던 이유는 무엇일까? 여러 가지 이유가 있겠지만 필자가 생각하는 가장 큰 이유는 높은 유지보수성에 있다.

소프트웨어 시장의 환경은 매우 빠르게 발전한다. 그리고 시스템을 직접 사용하는 사용자들의 요구사항 역시 점점 복잡해지고 자주 변경된다. 결국 이런 시장의 변화와 고객의 요구사항을 정확하고 빠르게 반영할 수 있는 시스템만이 시장에서 생존할 수 있다.

만약 특정 언어를 사용했을 때 프로그램에 대한 개발 및 유지보수가 더 쉽고 편하다면 개발자들은 당연히 그 언어를 사용하게 될 텐데, 자바는 이런 시장의 요구에 가장 부합하는 언어였다. 하지만 단순히 언어만 자바를 선택한다고 해서 자동으로 프로그램의 유지보수성이 향상되는 것은 아니다.

자바는 대표적인 객체지향 언어(Object Oriented Programming, OOP)이며, 객체지향 언어는 정보 은닉이나 상속, 그리고 다형성 같은 다른 언어와 구분되는 고유의 특징이 있다. 이런 객체지향 언어의 특징은 단순히 문법을 외우듯 공부하는 것이 아니라 정확한 개념 이해를 바탕으로 반복적인 연습과 훈련을 통해서만 이해할 수 있다.

이 책은 자바의 기본 문법보다는 이런 객체지향 개념들을 정확하게 이해할 수 있도록 좀 더 쉬운 예제나 설명에 더 많은 지면과 노력을 기울였다. 따라서 이 책을 읽는 독자에게 당부의 말을 전하고자 하는데, 책에서 언급되는 용어 중 일부는 적절하지 않을 수도 있고 가끔은 오해의 소지가 있을 수도 있다. 그러나 이 모든 것이 좀 더 쉬운 설명을 위한 노력이라고 생각하고 너그럽게 이해해 주기 바란다.

01장 자바의 특징

1.1 자바의 탄생 및 특징 … 1
- 1.1.1 자바 언어의 탄생 … 1
- 1.1.2 자바 언어의 특징 … 2

1.2 자바 개발 환경 구축 … 6
- 1.2.1 JDK 다운로드 및 설치 … 6
- 1.2.2 이클립스 다운로드 및 설치 … 7

1.3 자바 프로그램 작성 및 실행 … 11
- 1.3.1 프로젝트 생성 … 11
- 1.3.2 소스 파일 작성 … 15

1.4 자바 프로그램 기초 문법 … 19
- 1.4.1 자바 클래스의 기본 구조 … 19
- 1.4.2 메시지 출력 … 19
- 1.4.3 이클립스와 디버깅 … 20
- 1.4.4 들여쓰기 … 22
- 1.4.5 주석 … 23

02장 변수와 연산자

2.1 변수 … 25
- 2.1.1 리터럴과 변수 … 25
- 2.1.2 변수의 선언과 규칙 … 26
- 2.1.3 변수와 데이터 타입 … 27
- 2.1.4 변수 초기화 … 28

2.2 기본 데이터 타입 … 30
- 2.2.1 기본 데이터 타입의 종류 … 30
- 2.2.2 논리 타입 … 30
- 2.2.3 문자 타입 … 31

	2.2.4 정수 타입	33
	2.2.5 실수 타입	34
	2.2.6 변수와 예약어	35
2.3	연산자	38
	2.3.1 산술 연산자	38
	2.3.2 증감 연산자	41
	2.3.3 비교 연산자	44
	2.3.4 논리 연산자	45
	2.3.5 조건 연산자	48
2.4	데이터 타입 변환	50
	2.4.1 묵시적 타입 변환	50
	2.4.2 명시적 타입 변환	51

03장 제어문

3.1	조건 제어문	54
	3.1.1 if문	54
	3.1.2 중첩된 if문	55
	3.1.3 if~else문	56
	3.1.4 if~else if문	58
	3.1.5 switch문	60
3.2	반복 제어문	65
	3.2.1 for문	65
	3.2.2 중첩된 for문	68
	3.2.3 while문	70
	3.2.4 무한 루프	72
	3.2.5 do~while문	75

3.3 이동 제어문 76

    3.3.1 break문 76

    3.3.2 이름이 있는 break 79

    3.3.3 continue문 80

    3.3.4 return문 81

04장 배열

4.1 배열 기초 84

    4.1.1 배열의 필요성 84

    4.1.2 배열 객체 생성 85

    4.1.3 배열과 참조 변수 87

    4.1.4 배열의 사용 89

    4.1.5 배열의 크기와 length 변수 92

    4.1.6 배열과 타입 변환 94

    4.1.7 배열을 이용한 통계 데이터 95

    4.1.8 명령행 매개변수 97

4.2 다차원 배열 100

    4.2.1 2차원 배열의 선언과 객체 생성 100

    4.2.2 2차원 배열의 사용 101

    4.2.3 배열에 대한 또 다른 배열 103

    4.2.4 참조 변수와 null 107

4.3 정렬 알고리즘 108

    4.3.1 버블 정렬 알고리즘 이해 108

    4.3.2 버블 정렬 알고리즘 구현 110

    4.3.3 API를 이용한 정렬 112

05장 클래스

5.1 객체, 클래스, 그리고 인스턴스 — 114
    5.1.1 객체 — 114
    5.1.2 클래스 — 115
    5.1.3 인스턴스 — 117

5.2 클래스 — 118
    5.2.1 클래스의 구조 — 118

5.3 객체의 생성과 사용 — 122
    5.3.1 객체의 생성 — 122
    5.3.2 객체의 사용 — 123
    5.3.3 참조 변수의 특징 — 125

5.4 객체와 접근 제어 — 127
    5.4.1 접근 제어 개념 — 127

5.5 패키지 — 132
    5.5.1 패키지 선언 — 132
    5.5.2 패키지 임포트 — 136
    5.5.3 패키지와 접근 제어 — 137
    5.5.4 여러 패키지 사용 — 138

5.6 메소드 — 140
    5.6.1 메소드의 구조 — 140
    5.6.2 메소드 호출과 제어의 이동 — 142
    5.6.3 매개변수와 인자 — 143
    5.6.4 메소드 유형 — 145
    5.6.5 Getter/Setter 메소드 — 152
    5.6.6 메소드 오버로딩 — 155
    5.6.7 메소드 호출과 타입 변환 — 158
    5.6.8 값 복사와 주소 복사 — 160

5.7 생성자		165
5.7.1 생성자의 개념과 특징		166
5.7.2 기본 생성자		166
5.7.3 생성자와 멤버 변수 초기화		168
5.7.4 생성자 오버로딩과 this()		171
5.7.5 생성자와 this 예약어		173
5.7.6 this() 생성자		175
5.7.7 생성자 자동 생성		176
5.8 static 예약어		178
5.8.1 static 변수		178
5.8.2 static 변수 활용		182
5.8.3 static 메소드		185
5.8.4 static 블록		188

06장 상속

6.1 상속	194
6.1.1 상속 기본	194
6.1.2 단일 상속과 다중 상속	201
6.2 상속과 오버라이딩	201
6.2.1 변수의 오버라이딩	202
6.2.2 메소드의 오버라이딩	204
6.2.3 메소드 오버로딩 vs 오버라이딩	206
6.2.4 상속과 접근 제한	207
6.3 상속과 생성자	211
6.3.1 생성자 연속 호출	211
6.3.2 super( ) 생성자	213
6.3.3 super 예약어	215

목·차

6.4 final 예약어   217
    6.4.1 멤버 변수와 final   217
    6.4.2 메소드와 final   219
    6.4.3 클래스와 final   220

6.5 객체의 타입 변환   221
    6.5.1 묵시적 타입 변환   221
    6.5.2 묵시적 타입 변환 활용   226
    6.5.3 명시적 타입 변환   229

07장 추상 클래스와 인터페이스

7.1 추상 클래스   232
    7.1.1 추상 메소드   232
    7.1.2 유지보수가 어려운 프로그램   233
    7.1.3 다형성 적용   237
    7.1.4 상속과 추상 클래스   241
    7.1.5 추상 클래스 응용   244

7.2 인터페이스   246
    7.2.1 인터페이스 작성   246
    7.2.2 인터페이스와 상속   249
    7.2.3 인터페이스의 다중 상속   250
    7.2.4 인터페이스 간의 상속   253
    7.2.5 인터페이스와 다형성   254

08장 예외와 예외 처리

8.1	예외	263
	8.1.1 예외 발생	263
	8.1.2 예외의 종류와 계층 구조	265
	8.1.3 예외 처리 기본(try~catch)	267
	8.1.4 다중 catch문	270
	8.1.5 finally 블록	274
	8.1.6 throws 예약어	275
	8.1.7 throw 예약어	279
	8.1.8 예외 메소드	281
	8.1.9 사용자 정의 예외	283
	8.1.10 예외 처리 자동 완성	285

09장 java.lang 패키지

9.1	java.lang 패키지	289
	9.1.1 API의 개념과 자바 API 종류	289
	9.1.2 java.lang 패키지 개요	290
9.2	Object 클래스	292
	9.2.1 최상위 부모 클래스	292
	9.2.2 hashCode() 메소드	295
	9.2.3 equals() 메소드	297
	9.2.4 toString() 메소드	302
9.3	String 클래스	305
	9.3.1 String 객체 생성	306
	9.3.2 String과 더하기(+) 연산	308
	9.3.3 String 메소드	309

9.4 StringBuffer 클래스　　　　　　　　314
9.4.1 고정 길이와 가변 길이　　　　　314
9.4.2 StringBuffer 메소드　　　　　　315
9.5 Wrapper 클래스　　　　　　　　　317
9.5.1 Wrapper 클래스의 종류　　　　317
9.5.2 오토 박싱/언박싱　　　　　　　319
9.5.3 문자열 기본 타입 변환　　　　　321

10장 java.util 패키지

10.1 java.util 패키지　　　　　　　　　323
10.1.1 Random 클래스　　　　　　　323
10.1.2 Arrays 클래스　　　　　　　　326
10.1.3 StringTokenizer 클래스　　　328
10.1.4 Date와 Calendar 클래스　　　332
10.2 자바의 컬렉션　　　　　　　　　　335
10.2.1 컬렉션 개요　　　　　　　　　335
10.2.2 List 컬렉션　　　　　　　　　337
10.2.3 Set 컬렉션　　　　　　　　　345
10.2.4 Map 컬렉션　　　　　　　　　349

11장 java.io 패키지

11.1 java.io 패키지	355
11.1.1 입출력이란?	355
11.1.2 입출력 클래스의 분류	356
11.1.3 표준 입출력	358
11.1.4 파일 입력	363
11.1.5 파일 출력	370
11.1.6 java.util.Scanner 사용하기	374
11.1.7 File 클래스	376
11.1.8 Properties 파일 입출력	380

12장 java.sql 패키지

12.1 DBMS와 SQL	385
12.1.1 DBMS	385
12.1.2 자바 환경 변수 설정	386
12.1.3 H2 데이터베이스 설치	389
12.2 SQL	393
12.2.1 SQL 종류	393
12.2.2 DDL	394
12.2.3 DML	395
12.2.4 DQL	398
12.3 JDBC	401
12.3.1 JDBC 개념	401
12.3.2 JDBC 프로그램 절차	402
12.3.3 JDBC를 위한 Utility 클래스	412
12.3.4 데이터 조회	419

목·차

12.4 DAO 패턴 적용 427
    12.4.1 DAO 클래스 427
    12.4.2 DAO 적용 429

12.5 VO 패턴 적용 434
    12.5.1 매개변수와 유지보수 434
    12.5.2 VO 클래스 작성 436
    12.5.3 VO 클래스 적용 439

01장

자바의 특징

1.1 자바의 탄생 및 특징

자바 언어는 지금은 사라진(정확하게는 Oracle과 합병된) Sun Microsystems의 수석 연구원인 제임스 고슬링(James Gosling)이 개발한 객체지향 프로그래밍 언어다. 자바 언어가 탄생하게 된 배경과 다른 언어와는 어떤 차이가 있는지 확인해보자.

1.1.1 자바 언어의 탄생

최초의 자바는 가전제품에 내장된 프로그램을 위한 언어로 만들어졌다. 우리가 사용하는 냉장고나 세탁기, TV 같은 가전제품들은 기능을 제어하기 위한 프로그램과 그런 프로그램을 실행하기 위한 작은 컴퓨터도 포함하고 있다. 그런데 가전제품에 내장된 컴퓨터는 가전제품의 크기와 달리 매우 작고 열악해서 실행되는 프로그램 역시 가볍고, 효율적이어야만 했다.

Sun은 1990년대 초반에 프로그램을 개발하기 위한 새로운 언어를 만들기로 결정했으며, 처음에는 C++ 언어를 약간 변형한 형태로 사용했다. 이름도 참나무라는 의미의 오크(Oak)로 사용하다가 이후에 커피 이름인 자바(Java)로 변경했다. 이렇게 자바의 탄생은 가전제품을 위한 작은 프로그램을 위한 언어였던 것이다.

하지만 이런 Sun의 의도와는 달리 자바가 처음 발표됐을 때 시장의 반응은 차가웠다. 개발자들은 기존에 잘 동작하던 프로그램을 굳이 다른 언어로 변경할 필요성을 못 느꼈으며, 객체지향이라는 언어 자체가 당시의 개발자들에게는 너무나 생소했기 때문이다. 그러다 1990년대 중반부터 WWW(World Wide Web)를 기반으로 인터넷이 급속하게 확산되면서 자바는 다시 시장의 주목받기 시작한다.

개발자들이 자바를 다시 주목한 가장 큰 이유는 Sun에서 자바 기반의 핫자바(HotJava)라는 브라우저를 발표했기 때문이다. 핫자바는 지금의 크롬(Chrome)이나 파이어폭스(Firefox) 같은 웹 브라우저인데, 지금이야 사용자들이 다양한 브라우저를 선택할 수 있지만 이 시기만 해도 웹 브라우저가 거의 없었기 때문에 자바의 이런 시도가 주목을 받았던 것이다.

특히 Sun에서 만든 핫자바 브라우저는 HTML 문서나 이미지 같은 정적인 콘텐츠만 제공하던 기존의 웹 브라우저와는 달리 애플릿(Applet)이라는 자바 기술을 이용하여 사용자에게 동적인 콘텐츠까지 제공할 수 있었다.

이렇게 자바는 처음에는 가전제품을 제어하는 것을 목적으로 개발됐으나 현재는 웹 기반의 애플리케이션에서부터 안드로이드 같은 모바일 기반의 프로그램 개발에 이르기까지 소프트웨어 시장 전반에 걸쳐 폭넓게 사용되고 있다.

1.1.2 자바 언어의 특징

자바 언어의 특징을 이해하기 위해서는 먼저 프로그램이 작성되고 실행되는 과정을 이해해야 한다. 프로그램 언어를 이용하여 프로그램을 작성할 때는 가장 먼저 소스 파일이라는 것을 작성한다.

다음은 C 언어와 자바로 "Hello World!"라는 메시지를 출력하는 프로그램의 소스 파일을 비교한 것이다. 이렇게 소스 파일에 작성된 코드를 소스 코드라고 한다.

C 언어(파일명 : HelloWorld.c)	자바 언어(파일명 : HelloWorld.java)
| ```c
#include <stdio.h>
void main() {
    printf("Hello World!");
}
``` | ```java
public class HelloWorld {
    public static void main(String[] args) {
        System.out.println("Hello World!");
    }
}
``` |

지금 작성된 소스 코드를 이해하지 못하는 것은 당연하다. 중요한 것은 이렇게 개발자에 의해서 작성된 소스 코드는 개발자인 사람만 이해할 수 있고 컴퓨터는 이해할 수 없다는 것이다. 즉, 소스 코드는 사람을 위한 코드일 뿐 컴퓨터를 위한 코드는 아닌 것이다.

사람이 작성한 소스 코드를 컴퓨터가 이해하려면 컴퓨터가 이해할 수 있는 언어인 기계어로 변환해야 한다. 컴퓨터는 0과 1로 구성된 데이터만 읽고 처리할 수 있는데, 이렇게 0과 1의 조합으로 구성된 코드를 바이너리(binary) 코드, 즉 기계어라고 한다. 소스 코드를 바이너리 코드로 변환하는 과정을 컴파일이라고 하며, 소스 코드를 컴파일할 때 사용하는 또 다른 프로그램을 컴파일러라고 한다.

오른쪽의 그림은 C 언어로 작성한 소스 파일(HelloWorld.c)을 컴파일러로 컴파일하여 바이너리 파일(HelloWorld.exe)로 변환하는 과정을 표현한 것이다.

이 그림이 다소 어렵게 느껴진다면 일상생활에서 찾을 수 있는 적절한 사례를 찾아보자. 만약에 여러분이 프랑스를 여행하다가 프랑스 사람한테 한글로 "안녕하세요?"가 적힌 쪽지를 보여준다면 당연히 이해하지 못할 것이다.

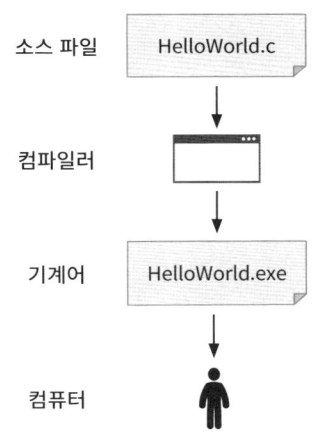

하지만 번역기를 이용하여 "안녕하세요?"를 "bonjour?"로 번역한 후에 다시 보여주면 프랑스 사람은 쪽지의 내용을 이해할 수 있다. 이렇게 한글을 프랑스어로 번역하는 것을 소스 파일을 컴파일하는 과정과 비교하면 오른쪽과 같다.

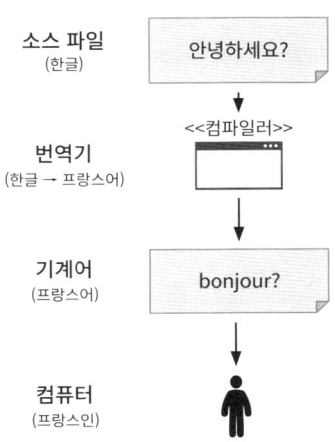

그림에서 한글로 작성한 "안녕하세요?"가 소스 파일이고, "안녕하세요?"를 프랑스어로 번역한 번역기가 컴파일러다. 그리고 컴파일된 "bonjour?"가 바로 기계어인 바이너리 파일인 것이다. 이렇게 컴퓨터에 해당하는 프랑스 사람은 번역기(컴파일러)를 통해 한글인 "안녕하세요?"를 번역된 "bonjour?"로 이해할 수 있게 된다.

그런데 여기에서 또 다른 문제가 발생한다. 현재 사용 중인 번역기는 한글을 프랑스어로만 번역해준다는 것이다. 만약 여행하는 국가가 늘어서 베트남이나 이탈리아 사람과도 대화를 해야 한다면 당연히 해당 언어의 번역기를 사용해야 한다. 이런 식이면 구매해야 하는 번역기가 늘어날 수밖에 없으며, 수많은 번역기를 항상 들고 다니는 문제도 발생한다.

이런 문제를 해결하는 가장 쉬운 방법이 바로 한글을 중간 언어인 영어로 번역하는 것이다. 한글을 영어로 번역하여 외국인에게 보여주면 당연히 영어를 모르는 외국인은 이해할 수 없다. 하지만 그 외국인이 영어를 본인의 나라 언어로 번역하는 번역기를 가지고 있다면 중간 언어인 영어를 자신의 언어로 번역하기만 하면 된다.

다음은 이 상황을 그림으로 표현한 것이다.

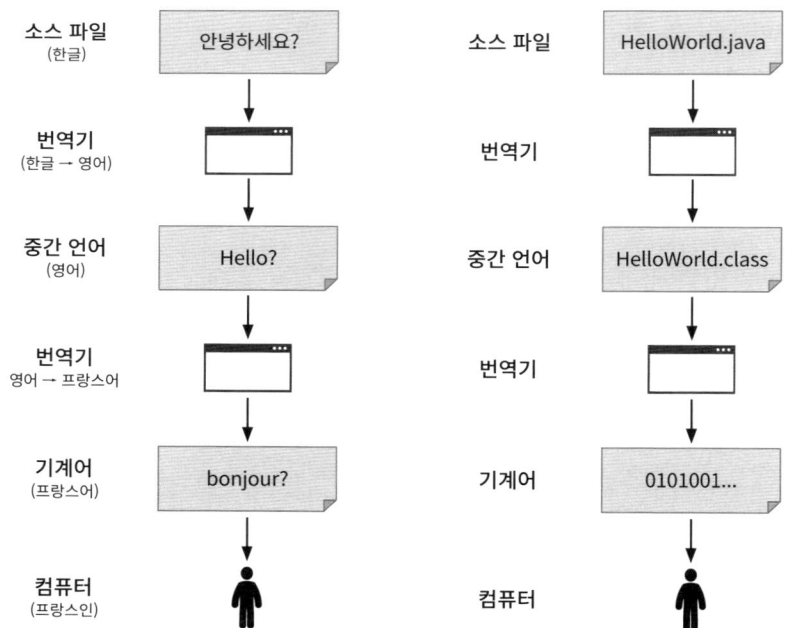

한글로 작성된 쪽지를 자바 언어로 작성한 소스 코드라고 생각하자. 먼저 한글로 작성된 쪽지를 영어로 번역한다. 자바로 작성된 파일도 컴파일러를 통해 이 과정을 수행한다. 그러면 중간 언어에 해당하는 영어 쪽지가 만들어진다. 자바도 중간 언어 개념의 바이트 파일이 만들어진다.

그리고 나서 프랑스 사람이 영어 쪽지를 자신이 해석할 수 있는 프랑스어로 변환하는 번역기를 실행한다. 자바에서는 이 과정을 바이트 파일을 컴퓨터가 이해할 수 있는 기계어로 변환하는 과정으로 이해할 수 있다. 그리고 이 과정에서 사용되는 프로그램이 바로 JVM(Java Virtual Machine)이다.

자바는 이렇게 바이트 코드로 구성된 중간 파일을 만듦으로써 플랫폼에 독립적이라는 독특한 언어적 특징을 갖게 된다. 플랫폼은 프로그램의 실행 환경을 의미하는 말인데, 플랫폼이라는 단어가 생소하다면 플랫폼을 현재 여러분이 사용하고 있는 컴퓨터의 운영체제(Operating System, OS)인 Windows나 Mac과 같은 개념으로 생각해도 된다.

마치 영어로 번역된 문서를 외국인이 자신의 나라에 맞는 번역기로 처리할 수 있는 것처럼 자바로 작성된 소스 파일을 중간 언어인 바이트 파일로 번역하면 OS가 달라도 각 OS의 환경에 맞게 번역해주는 JVM만 있으면 동일하게 번역된 결과를 출력할 수 있는 것이다.

다음 그림은 자바 프로그램과 플랫폼의 관계를 표현한 그림이다.

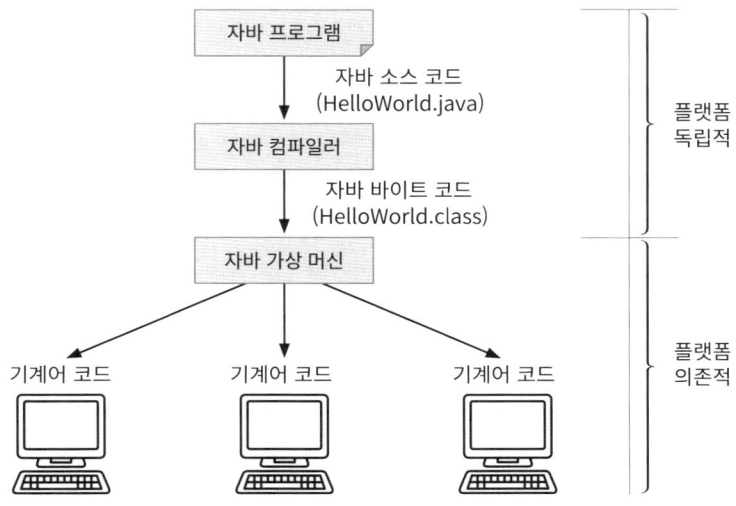

이 그림에서 중요한 것은 자바 바이트 코드가 실행되는 컴퓨터에는 반드시 해당 컴퓨터에 맞는 JVM이 설치되어 있어야 한다는 것이다. 그래야 중간 단계의 바이트 코드를 플랫폼, 즉 OS 환경에 맞는 기계어로 번역할 수 있다. 참고로 JVM은 JDK(Java Development Kit)라는 프로그램을 설치하면 자동으로 포함된다.

1.2 자바 개발 환경 구축

특정 프로그램을 개발하는 데 어떤 소프트웨어가 필요하고, 어디에서 다운로드하는지 알고 있는 것은 매우 중요하다. 이번 학습에서는 자바 프로그램을 개발하는 데 필요한 소프트웨어를 다운로드하고 설치해보자.

1.2.1 JDK 다운로드 및 설치

자바 프로그램을 개발하기 위해서는 가장 먼저 오라클 홈페이지(oracle.com)에 접속하여 자신의 OS에 맞는 JDK를 다운로드해야 한다. 브라우저에서 다음 URL을 입력하면 다운로드 페이지로 이동한다.

https://www.oracle.com/java/technologies/downloads/

오라클의 다운로드 URL은 시간이 지나면 변경될 수 있기 때문에 만약 위의 URL로 다운로드 화면이 검색되지 않을 경우에는 적절한 검색 엔진을 활용하기 바란다.

JDK는 사용 중인 OS에 따라 선택해야 하며, 세 가지 형태로 제공되는 zip, exe, msi 파일 중에서 가장 설치가 쉽고 빠른 zip 파일을 다운로드하기로 한다. 다음은 Windows용 JDK를 제공하는 다운로드 링크다.

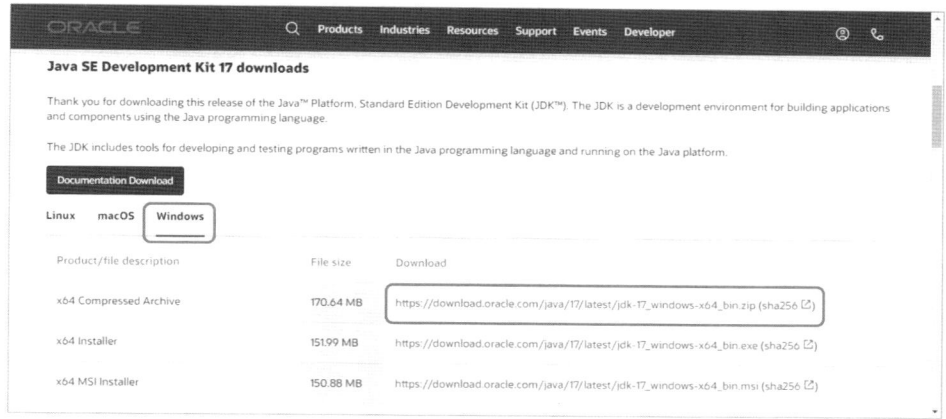

다운로드한 JDK는 적절한 디렉터리에 압축만 해제하면 설치가 되는데, 필자는 C:\DEV 폴더를 생성하고 압축을 해제했다. 다음은 압축이 해제된 JDK의 폴더 구조다.

참고로 원래 JDK를 설치하면 JDK 설치 디렉터리에 포함되어 있는 bin 디렉터리를 환경 변수 path에 등록해야 하는데, 만약 인텔리제이 (IntelliJ)나 이클립스(Eclipse)를 사용하여 자바 프로그램을 개발하

는 경우라면 path 설정은 생략해도 된다. 우리는 실습에서 이클립스를 사용할 것이므로 이 과정을 생략하기로 한다.

1.2.2 이클립스 다운로드 및 설치

요즘은 인텔리제이도 많이 사용하지만 이클립스는 여전히 자바 개발자들이 가장 많이 사용하는 개발 도구이며, 완전 무료로 사용할 수 있다.

이클립스를 다운로드하기 위해 이클립스 홈페이지(eclipse.org)에 접속한다. 그리고 우측 상단에 있는 〈Download〉 버튼을 클릭하여 다운로드 화면으로 이동한다.

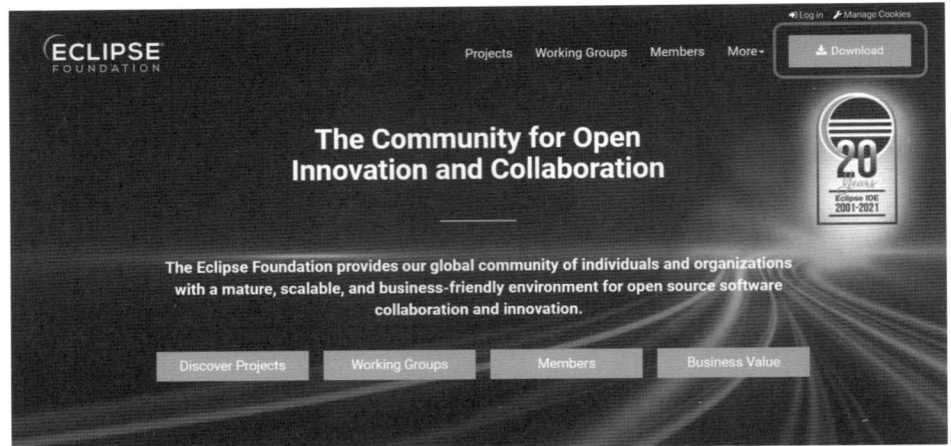

다운로드 화면으로 이동했으면 아래 그림처럼 [Download Packages] 링크를 클릭한다.

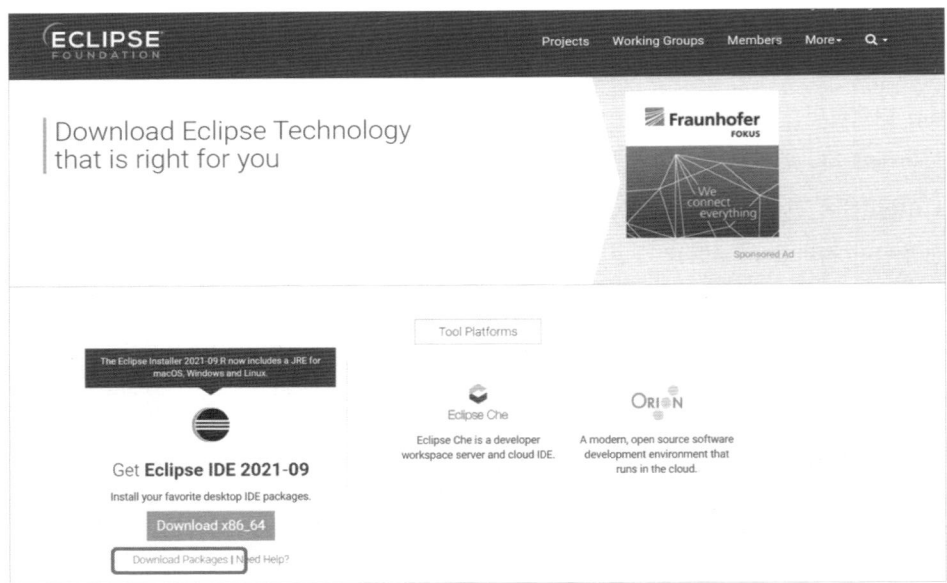

여러 가지 유형의 이클립스를 다운로드할 수 있는데, 우리는 이 중에서 웹 기반의 개발 환경을 지원하는 이클립스를 사용할 것이다.

아래 링크 중에서 자신의 OS에 해당하는 이클립스를 다운로드하면 된다.

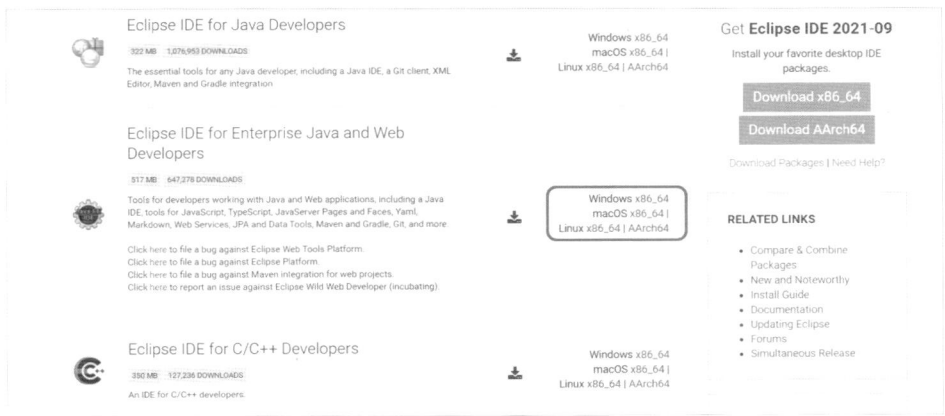

마지막으로 다운로드 화면에서 제공하는 링크를 클릭하여 zip 파일 형태의 이클립스를 다운로드한다.

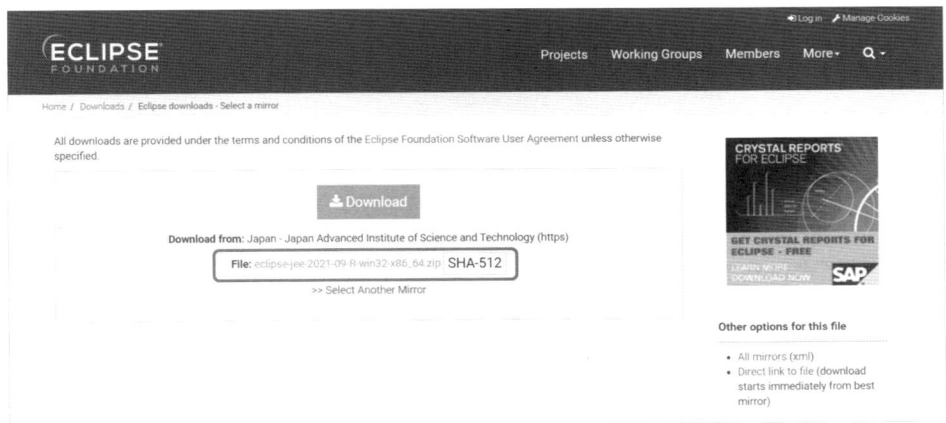

JDK와 마찬가지로 이클립스도 시간이 지나면 다운로드 경로가 변경된다. 따라서 다운로드 경로가 다른 경우 적절한 검색 엔진을 활용하기 바란다.

이제 다운로드한 압축 파일을 해제만 하면 설치가 마무리된다. 필자는 이클립스 역시 JDK와 동일하게 C:₩DEV 폴더에 압축을 해제했다.

이제 설치된 이클립스를 실행해보자. 이클립스를 실행하기 위해서는 이클립스가 설치된 폴더에 있는 eclipse.exe를 실행하면 된다. 그런데 이클립스를 실행할 때 바로 이클립스가 구동되는 것이 아니라 워크스페이스(workspace) 지정 화면이 뜬다.

워크스페이스는 이클립스를 이용하여 소스 파일을 작성할 때, 소스 파일이 저장되는 물리적인 위치를 의미한다. 따라서 다음 그림과 같이 이클립스가 설치된 C:\DEV\eclipse-workspace 폴더를 지정하고 〈Launch〉 버튼을 클릭하면 해당 위치에 워크스페이스 폴더가 생성되면서 이클립스가 구동될 것이다.

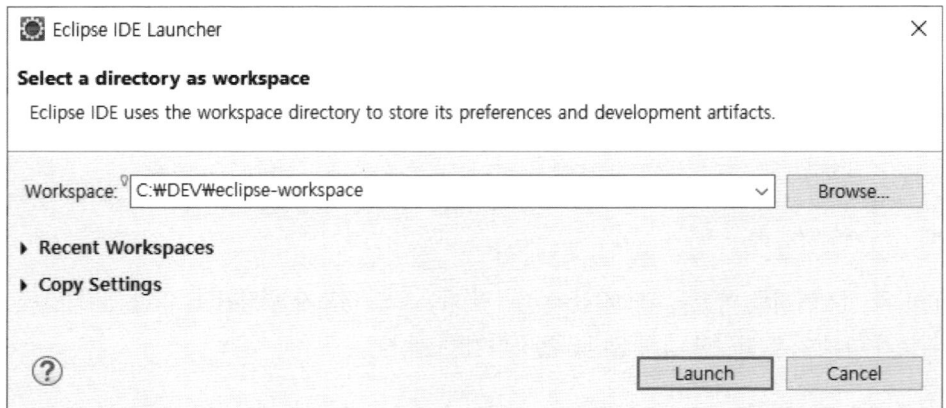

1.3 자바 프로그램 작성 및 실행

설치된 JDK와 이클립스를 이용하여 간단한 자바 프로그램을 작성하고 실행 결과를 확인해 보자.

1.3.1 프로젝트 생성

이클립스에서 자바 프로그램을 작성하기 위해서는 가장 먼저 프로젝트를 생성해야 한다. 이클립스에서 프로젝트를 만드는 방법은 여러 가지가 있지만 가장 기본은 [File] → [New] → [Project] 메뉴를 이용하는 것이다. 그다음 [Java Project]를 선택하고 〈Next〉 버튼을 누른다.

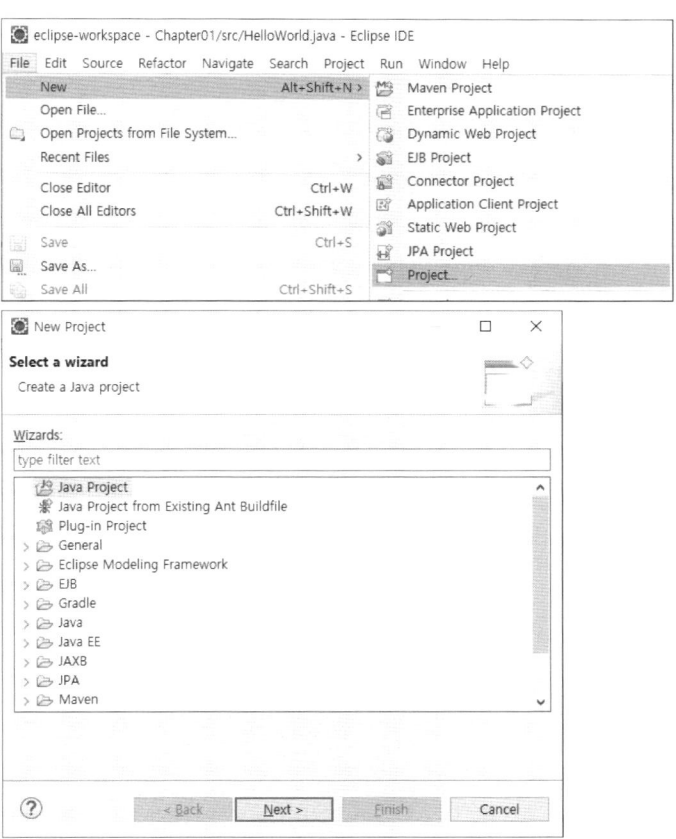

01 _ 자바의 특징 | 11

프로젝트 생성창이 뜨면 Project name에 Chapter01을 입력하고 〈Next〉 버튼을 누른다.

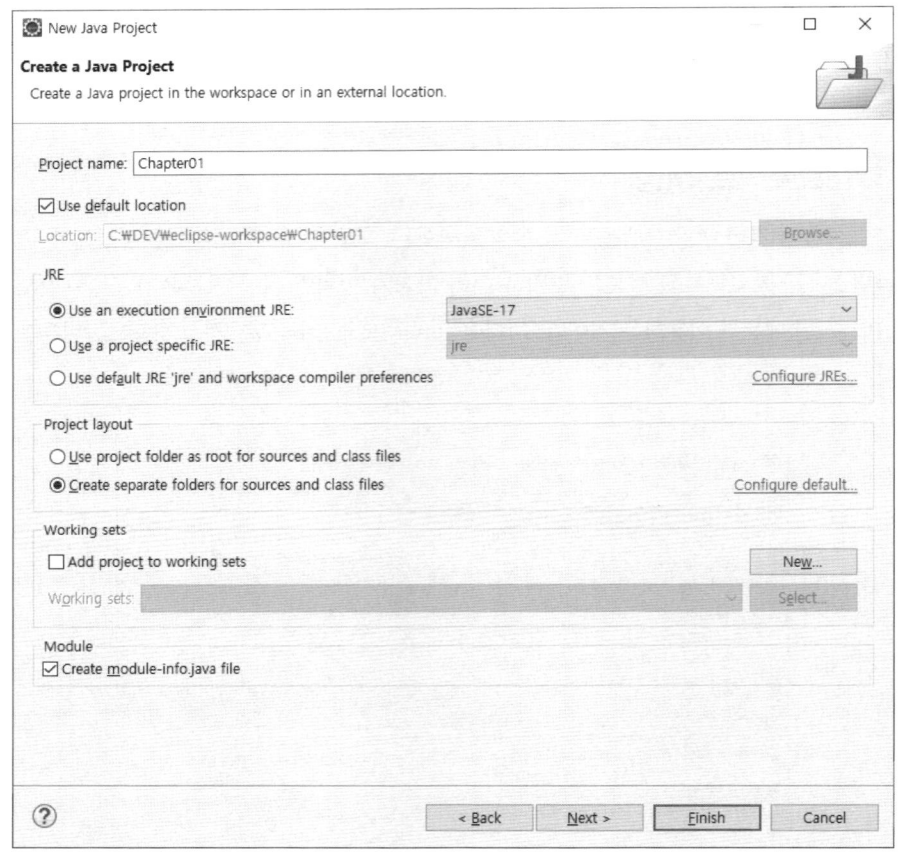

다음은 프로젝트 설정 화면인데, 내용을 확인하자면 우선 Chapter01 프로젝트에 src라는 소스 폴더가 기본적으로 제공된다는 것이다. 소스 폴더는 말 그대로 자바 프로그램의 소스 파일을 작성하는 폴더다.

그리고 아래쪽에는 Default output folder가 있는데, 이는 소스 파일의 컴파일 결과물인 바이트 파일(HelloWorld.class)이 자동으로 Chapter01 프로젝트에 bin이라는 폴더에 저장된다는 것을 의미한다. 이 내용은 잠시 후에 실습을 통해 확인하도록 하자.

프로젝트 설정 화면에서는 변경할 설정이 없기 때문에 바로 〈Finish〉 버튼을 눌러도 된다. 이때 다음과 같은 화면이 뜨는데 이는 module-info.java 파일을 기본적으로 만들 것인지를 물어보는 것이다. 〈Don't Create〉 버튼을 누르고 Chapter01 프로젝트를 생성한다.

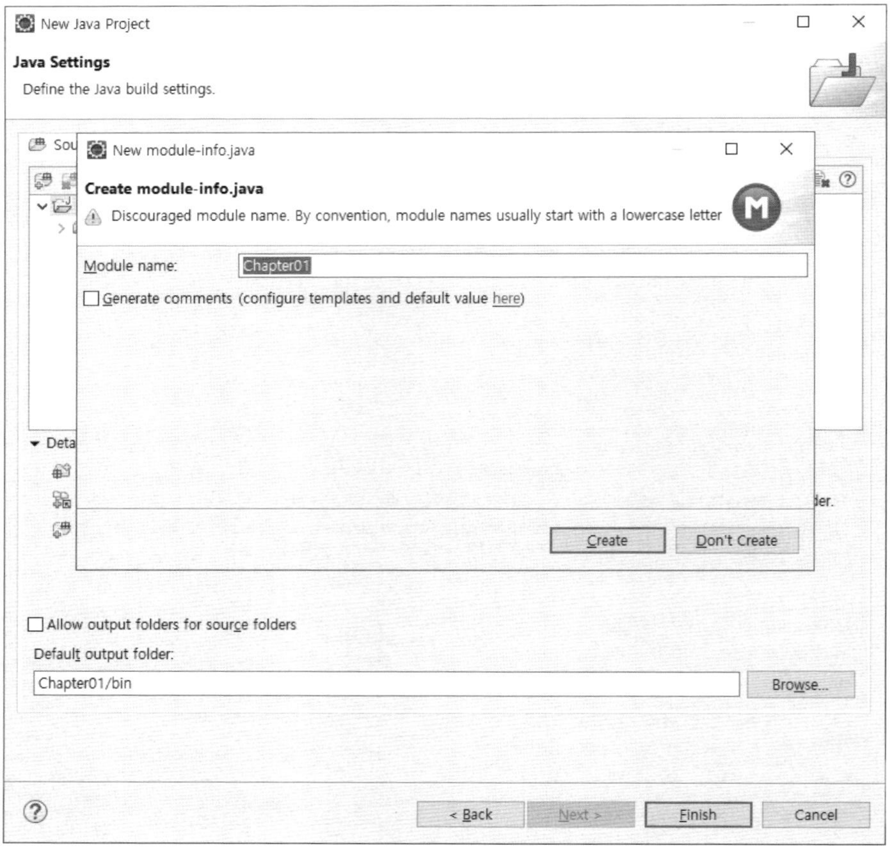

마지막으로 퍼스펙티브(perspective)를 변경할 것인지 물어보는 창이 뜨면 Remember my decision을 체크하고 〈Open Perspective〉 버튼을 누른다.

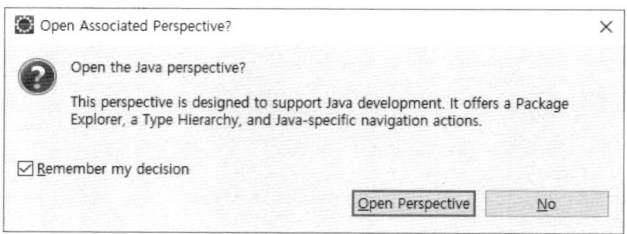

퍼스펙티브는 이클립스가 제공하는 다양한 도구들의 모음이라고 생각하면 된다. 이클립스로 생성하는 프로젝트는 종류에 따라서 사용하는 도구들이 다르기 때문에 프로젝트의 종류에

따라 다양한 퍼스펙티브를 제공하는 것이다. 우리는 현재 일반 자바 프로젝트를 생성하고 있기 때문에 Chapter01 프로젝트를 자바 퍼스펙티브로 관리하면 된다.

모든 절차가 마무리되고 이클립스에 생성된 프로젝트의 모습은 다음과 같다.

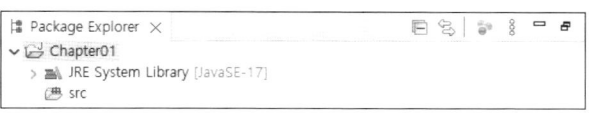

이제 Chapter01/src 폴더에 자바 프로그램 파일을 생성하면 된다. 그런데 중요한 것은 src 폴더에 소스 파일을 생성하는 순간 이클립스가 해당 소스 파일을 컴파일하여 .class 파일을 Chapter01/bin 폴더에 저장하는데, 문제는 이 Chapter01/bin 폴더가 이클립스에서는 보이지 않는다는 것이다.

사실 개발 단계에서는 .java 소스 파일이 중요하지 컴파일 결과물인 .class 파일은 볼 일이 없다. 윈도우 탐색기를 열어서 워크스페이스에 있는 Chapter01 프로젝트 폴더를 보면 다음 그림처럼 src 폴더 위에 bin 폴더가 존재하는 것을 확인할 수 있다.

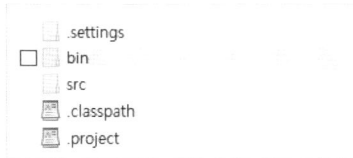

1.3.2 소스 파일 작성

이제 본격적으로 자바 프로그램을 작성해보자. Chapter01/src 소스 폴더를 선택한 상태에서 오른쪽 마우스를 클릭하고 [New] → [Class]를 순차적으로 선택한다. 자바 프로그램은 클래스(class)를 만드는 것부터 시작한다.

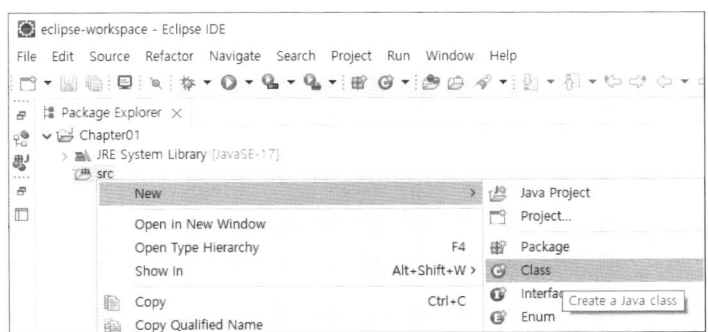

클래스를 만들 때, Chapter01/src 소스 폴더를 선택했기 때문에 Source folder는 자동으로 Chapter01/src로 설정된다. 클래스 이름에는 HelloWorld를 지정한다. 이렇게 설정한 클래스 이름이 나중에 소스 파일의 이름이 된다.

마지막으로 아래쪽에 public static void main(String[ ] args)를 체크하는데, 이는 HelloWorld.java 파일을 생성할 때 기본적으로 main( )이라는 메소드가 추가되도록 설정하는 것이다.

클래스 설정이 마무리됐으면 아래에 있는 〈Finish〉 버튼을 클릭하여 HelloWorld.java 파일을 생성한다. 그러면 다음과 같이 (default package)라는 패키지에 HelloWorld.java 파일이 만들어진다.

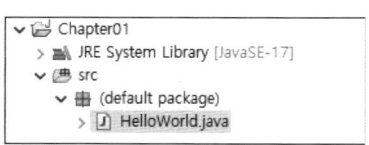

그림상에는 HelloWorld.java 파일이 마치 (default package)라는 폴더에 만들어진 것처럼 보인다. 하지만 이클립스에서 (default package)라는 것은 패키지가 없음을 의미하기 때문에 실제 워크스페이스의 폴더를 확인해보면 src 폴더 바로 밑에 HelloWorld.java 파일이 생성되어 있음을 확인할 수 있다.

우리는 이클립스를 이용하여 클래스라는 것을 만들었는데, 당분간은 클래스와 소스 파일을 같은 것으로 이해하자. 실제 소스 파일 하나에 클래스 하나를 작성하기 때문에 클래스를 소스 파일을 구분하는 단위로 볼 수도 있기 때문이다.

이클립스를 이용하여 클래스를 생성하면 다음과 같이 main() 메소드가 포함된 소스 파일이 자동으로 만들어진다.

```
1
2 public class HelloWorld {
3
4       public static void main(String[] args) {
5           // TODO Auto-generated method stub
6
7       }
8
9 }
```

main() 메소드는 프로그램을 실행할 때 자동으로 호출되는 특수한 형태의 함수다. 이 말은 역으로 main() 메소드가 없는 클래스는 실행할 수 없다는 의미이기도 하다. 따라서 앞으로 실습 과정에서 작성하는 모든 자바 코드는 반드시 main() 메소드 안에 위치해야 실행할 수 있다.

현재 상태에서 HelloWorld 프로그램을 실행하면 아무런 결과도 확인할 수 없기 때문에 간단하게 소스 코드를 추가해보자.

main( ) 메소드 밑에 초록색으로 타이핑된 문장은 주석(comment)이기 때문에 제거해도 된다. 주석을 지우고 그 자리에 syso를 입력한다. 그리고 나서 소스 자동 완성 단축키인 〈Ctrl〉+〈Space〉를 누르면 다음과 같은 화면을 볼 수 있다.

```
public class HelloWorld {
    public static void main(String[] args) {
        syso
            sysout - print to standard out        System.out.println();
    }
}
```

여기에서 중요한 것은 〈Ctrl〉과 〈Space〉 키를 따로따로 누르는 것이 아니라 〈Ctrl〉 키를 누른 상태에서 〈Space〉 키를 눌러야 한다는 것이다.

단축키 〈Ctrl〉+〈Space〉를 누르고 나서 〈Enter〉 키를 누르면 System.out.println( );이라는 코드가 자동으로 완성된다. 이제 System.out.println( ); 구문에 다음과 같이 "Hello World^^"라는 코드를 추가하여 첫 번째 자바 프로그램을 완성한다.

```
public class HelloWorld {
    public static void main(String[] args) {
        System.out.println("Hello World^^");
    }
}
```

이제 작성된 자바 프로그램을 실행해야 하는데, 작성된 프로그램을 실행하는 가장 간단한 방법은 역시 실행 단축키 〈Ctrl〉+〈F11〉을 활용하는 것이다. 작성된 HelloWorld.java 파일을 저장하고 단축키를 이용하여 실행하면 다음 그림처럼 이클립스 아래쪽에 [Console] 탭이 추가되고, 이곳에 프로그램의 실행 결과가 출력된다.

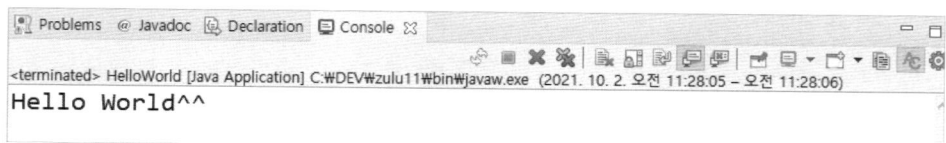

앞으로 새로운 장이 시작될 때마다 지금까지 진행한 실습을 참고해서 새로운 프로젝트(Chapter02, Chapter03…)를 만들고, 클래스를 생성한 후에 실습에서 요구하는 소스를 작성하도록 한다.

1.4 자바 프로그램 기초 문법

본격적인 문법 학습에 앞서 자바 파일을 작성하기 위한 기본 규칙에 대해서 살펴보자. 자바 파일 작성 규칙은 복잡하지는 않지만 규칙을 지키지 않으면 에러가 발생한다.

1.4.1 자바 클래스의 기본 구조

앞에서도 언급했듯이 자바는 일반적으로 소스 파일 하나에 클래스 하나를 작성하기 때문에 클래스와 소스 파일을 같은 것으로 이해해도 된다. 자바의 클래스는 다음과 같은 규칙을 가지고 있다.

- 클래스 이름과 파일 이름은 반드시 동일해야 한다. 클래스 이름이 HelloWorld면 파일 이름도 HelloWorld.java여야 한다.
- 테스트 목적이 아닌 이상 하나의 파일에 하나의 클래스만 작성한다.
- 클래스 이름은 대문자로 시작하고 새로운 단어가 결합될 때 첫 글자를 대문자로 처리한다. 이를 낙타의 등과 비슷하다 하여 카멜 표기법(camel case)이라고 한다.
- 시작 블록({)과 종료 블록(})을 이용하여 클래스의 시작과 종료를 지정한다.
- public static void main(String[ ] args) 메소드가 있는 클래스만 실행할 수 있으며, 실행할 모든 코드는 main( ) 메소드의 블록 안에 위치해야 한다.

1.4.2 메시지 출력

자바 프로그램에서 콘솔(console)에 메시지를 출력하기 위해서는 System.out.println( ); 구문을 사용한다. 그런데 일반적으로 이 구문은 이클립스의 단축키를 이용하여 자동으로 완성하기 때문에 굳이 외울 필요는 없다.

참고로 콘솔에 메시지를 출력할 때 System.out.print( );를 사용할 수도 있다. print( )와 println( )의 차이를 확인하기 위해 앞에서 작성했던 HelloWorld.java 파일을 수정한다.

HelloWorld.java
```java
public class HelloWorld {

    public static void main(String[] args) {
        System.out.println("Hello");
        System.out.println("World");
        System.out.println("Java");
        System.out.print("Hello ");
        System.out.print("World ");
        System.out.print("Java ");
    }
}
```

수정한 파일을 저장하고 실행 결과를 확인하면 다음과 같다.

실행 결과
```
Hello
World
Java
Hello World Java
```

실행 결과를 통해 print( )와 println( )이 다음과 같은 차이가 있음을 확인할 수 있다.

출력문	의미
System.out.println("메시지");	메시지를 출력하고 마지막에 개행(Enter) 처리를 한다.
System.out.print("메시지");	메시지를 출력하고 개행(Enter) 처리를 하지 않는다.

1.4.3 이클립스와 디버깅

이클립스는 소스 코드에 대한 자동 완성 기능을 제공한다. 그런데 자동 완성에도 어느 정도 한계가 있기 때문에 개발자가 일정 부분은 직접 타이핑해야 하는데, 이클립스는 이렇게 개발자가 직접 작성하는 코드에 대해 실시간 검증 기능을 제공한다.

HelloWorld.java 파일의 4번 라인 끝에 세미콜론(;)을 제거하고 6번 라인에는 println을 printnl로 수정한다. 그리고 7번 라인에 main( ) 메소드에 대한 종료 블록(})도 제거한다.

```
*HelloWorld.java
1  public class HelloWorld {
2
3      public static void main(String[] args) {
4          System.out.print("Hello")
5
6          System.out.printnl("World");
7
8  }
```

그러면 에러가 발생하는 라인 번호와 코드에 실시간으로 빨간색 표시가 출력된다. 물론 다음 그림과 같이 이클립스 왼쪽의 Package Explorer에도 해당 파일에 에러가 표시된다.

이클립스에 표시된 에러는 문법 에러와 단순 오타로 나눌 수 있는데, 문법 에러는 그냥 빨간색 엑스(❌)로 표시된다. 그리고 엑스(❌)에 마우스 커서를 올리면 다음처럼 해당 오류가 어떤 오류인지 자세히 알려준다.

```
3      public static void main(String[] args) {
4      Syntax error, insert ";" to complete BlockStatements  ("Hello")
```

4번 라인의 문법 에러는 출력문 오른쪽 끝에 세미콜론(;)이 빠졌다는 것을 의미한다. 자바에서 세미콜론은 '명령의 종료'라는 의미를 가지고 있다. 따라서 하나의 실행문은 반드시 세미콜론으로 끝나야 한다. 세미콜론을 추가하면 해당 에러는 사라진다.

8번 라인의 문법 에러는 클래스에 대한 종료 블록(})이 없다는 것이다.

```
7
8  Syntax error, insert "}" to complete ClassBody
```

하지만 사실 정확하게 8번 라인의 종료 블록은 클래스에 대한 종료 블록이기 때문에, 문제의 원인은 main( ) 메소드에 대한 종료 블록이 없다는 것이다. 따라서 main( ) 메소드에 대한 종료 블록을 추가하면 에러는 사라진다.

실시간 검증을 통해 확인할 수 있는 또 다른 에러의 종류는 문법 에러가 아닌 단순한 오타로서, 전구 모양에 빨간색 엑스(![icon])로 표시된다.

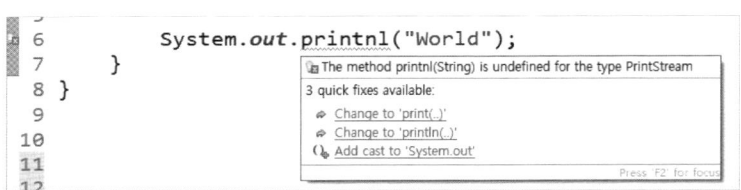

이 경우는 직접 코드를 수정해도 되지만 다음 그림처럼 에러가 발생한 소스에 마우스 포인터를 올려놓으면 이클립스가 적절한 해결 방법을 제시해준다. 적절한 방법을 클릭하면 소스가 수정되고 에러는 사라진다.

앞으로 이런 식으로 이클립스의 기능을 이용하여 프로그램에서 발생한 오타나 에러를 처리하기 바란다. 그러다 보면 자연스럽게 자바 문법에 대해서 익숙해질 것이다.

1.4.4 들여쓰기

자바에서 블록은 클래스의 시작과 끝, 또는 메소드의 시작과 끝을 지정한다. 모든 블록은 시작 블록과 종료 블록이 반드시 쌍으로 작성되어야 하는데, 이게 일치하지 않으면 문법 에러에 해당한다. 그래서 자바에서는 들여쓰기가 중요하다. 들여쓰기를 통해 클래스에 속한 소스와 메소드에 속한 소스를 구분할 수 있기 때문이다. 들여쓰기는 일반적으로 〈Tab〉 키를 눌러서 처리한다.

들여쓰기가 되지 않은 다음 소스를 보면 어디서부터 어디까지가 클래스 영역이고, 어디서부터 어디까지가 메소드 영역인지 구분하기 어렵다.

```
1 public class HelloWorld {
2 public static void main(String[] args) {
3 System.out.print("Hello");
4 System.out.println("World");
5 }
6 }
```

이때 자바 소스에서 이클립스의 단축키 〈Ctrl〉 + 〈Shift〉 + 〈F〉를 누르면 다음과 같이 소스의 들여쓰기가 자동으로 처리된다.

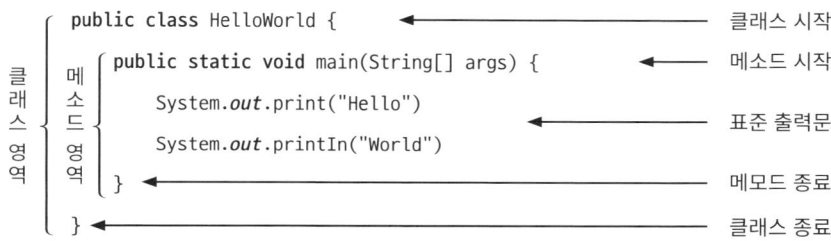

참고로 이클립스의 단축키 〈Ctrl〉 + 〈Shift〉 + 〈F〉는 자바 파일뿐만 아니라 이클립스로 작성한 모든 파일(HTML, XML, JSP 등)에 적용할 수 있다.

1.4.5 주석

자바에서 주석은 한 줄만 주석 처리하는 단일 행 주석과 여러 줄을 주석 처리하는 다중 행 주석이 있다. 일반적으로 주석은 프로그램에서 실행하지 않는 코드를 처리할 때 사용한다.

주석 종류	형태	주석 생성 단축키	주석 해제 단축키
단일 행	// 소스 코드	〈Ctrl〉 + /	〈Ctrl〉 + /
다중 행	/* * 소스 코드 * 소스 코드 */	〈Ctrl〉 + 〈Shift〉 + /	〈Ctrl〉 + 〈Shift〉 + \

소스 코드에 다음과 같이 단일 행 주석을 추가하고 실행 결과를 확인한다.

```java
                                                            HelloWorld.java
public class HelloWorld {

    public static void main(String[] args) {

        System.out.print("Hello");
//      System.out.println("World");

    }
}
```

실행 결과
```
Hello
```

실행 결과를 통해 주석으로 처리된 소스가 실행 결과에 반영되지 않음을 확인할 수 있다. 참고로 우리는 주로 단일 행 주석을 사용하여 실습을 진행할 것이다.

마무리하며

이번 장에서는 자바 언어의 탄생과 특징에 대해서 살펴봤다. 우선 자바는 플랫폼에 종속되지 않는 대표적인 객체지향 언어다. 자바가 특정 플랫폼에 종속되지 않는 이유는 컴파일된 자바 프로그램을 JVM을 통해 실행하기 때문이다.

우리는 또한 자바 기반의 프로그램을 작성하고 테스트할 수 있는 환경을 구축했다. 사실 개발 환경은 모든 프로그램 언어 학습에 있어서 가장 기본이라 할 수 있다. 이제 여러분은 인터넷만 연결되어 있으면 어떤 환경에서든 자바 개발 환경을 구축할 수 있다.

다음 장에서는 모든 프로그램 언어의 공통 문법인 변수와 연산자에 대해서 학습할 것이다.

02장

변수와 연산자

2.1 변수

프로그램 언어에서 변수(variable)는 가장 기본이면서 중요한 문법이다. 변수가 중요한 이유는 프로그램에서 사용하는 데이터가 바로 이 변수에 저장되고 관리되기 때문이다.

2.1.1 리터럴과 변수

리터럴(literal)은 '문자로 표현된 데이터'를 의미한다. 만약 A4 용지에 자바 시험 점수에 해당하는 83이라는 숫자를 적었다면, 이 83이라는 숫자가 바로 리터럴인 것이다. 그런데 이런 리터럴 데이터는 데이터 자체만으로 다른 사람과 소통하는 데 한계가 있다. 이는 리터럴 자체로는 데이터가 가진 의미를 명확하게 전달할 수 없기 때문이다. 리터럴로 작성된 데이터의 의미를 명확하게 전달하기 위해서는 다른 무언가가 필요한데, 그것이 바로 변수다.

변수를 이해할 때 그릇을 떠올리면 쉽다. 우리가 사용하는 그릇에 물을 담으면 물그릇이 되고 밥을 담으면 밥그릇이 된다. 이렇듯 변수는 필요에 따라 뭔가를 저장하는 용도로 사용하는 그릇과 같다. 방금 예를 들었던 시험 점수 83을 단순히 숫자 83만 작성하는 것이 아니라 다음과 같이 javaScore라는 변수에 담아서 표현한다면 83이라는 점수가 자바 시험 점수임을 누구나 이해할 수 있을 것이다.

이렇게 프로그램에 사용되는 데이터를 좀 더 쉽게 기억하고 데이터의 의미를 명확하게 전달하기 위해서 사용하는 것이 변수다.

참고로 변수와 비교되는 개념이 상수인데, 변수가 다른 데이터로 값을 변경할 수 있다면 상수는 한번 값을 가진 이후에는 다른 값으로 변경할 수 없는 특수한 변수를 의미한다. 자바에서 상수를 사용하는 방법은 나중에 살펴볼 것이다.

2.1.2 변수의 선언과 규칙

변수를 선언할 때는 변수에 저장되는 데이터의 크기를 고려하여 변수 이름 앞에 데이터 타입을 지정해야 한다. 그리고 반드시 문장 종결에 해당하는 세미콜론(;)으로 마무리한다.

> **형식**
> 데이터타입 변수이름;

변수 이름을 지정할 때는 일정한 규칙을 지켜야 하는데, 이를 네이밍 규칙(naming rule)이라고 한다. 자바의 네이밍 규칙은 다음과 같다.

- 반드시 숫자가 아닌 문자로 시작해야 한다. (한글도 가능)
- 공백을 포함할 수 없다.
- 특수 기호는 '$'와 '_'만 허용한다.
- 대/소문자를 구분한다. (score와 SCORE는 다른 변수로 처리)
- 자바에서 미리 지정한 예약어는 사용할 수 없다. (예: this, int, class, public 등)
- 소문자로 시작하고 새로운 단어가 결합되면 첫 글자를 대문자로 변경한다. (예: javaScript)

앞에서 열거한 조건만 충족한다면 어떤 변수도 사용할 수 있다. 다음은 앞에서 열거한 조건을 충족하지 않은 몇몇 케이스와 에러가 발생하는 이유다.

변수 이름	에러 이유
7studentName	숫자로 시작
student Name	공백 포함
student@Name	'$', '_'가 아닌 특수기호 사용
switch	자바의 예약어

위 표에 열거한 변수 중에서 7studentName을 사용하여 VariableTest1.java 프로그램을 작성하고, 에러의 원인을 확인한다.

```
public class VariableTest1 {
    public static void main(String[] args) {
        String 7studentName;
    }
}
```
ⓧ Syntax error on token "7", delete this token
Press F2 for focus

추가로 변수 이름의 길이는 제약이 없다. 그러나 의미 전달이 가능한 범위 내에서 작명하는 것이 좋으며, 너무 축약된 이름은 가독성을 떨어뜨리기 때문에 사용하지 않는다. 예를 들어 학생 이름(student name)을 의미하는 sn 변수는 너무 축약된 표현이다. studentName이나 name 정도가 적절하다고 볼 수 있다.

2.1.3 변수와 데이터 타입

변수를 선언할 때 변수의 이름 못지않게 중요한 것이 바로 데이터 타입이다. 변수가 데이터를 저장하는 그릇이라면, 데이터 타입은 그릇의 용도와 크기를 규정하는 것이라고 볼 수 있다. 우리는 음식의 종류와 양에 따라 음식을 담는 그릇을 선택한다.

예를 들어 국을 담으려고 그릇을 달라고 했는데 아주 작은 물컵을 준다면 난감할 것이다. 반대로 물이 마시고 싶어서 물컵을 달라고 했는데 커다란 대접을 주면 이 또한 당황스럽다. 모든 데이터는 데이터를 담을 수 있는 적정 크기의 그릇에 담는 것이 효율적이다. 작은 데이터를 저장할 건데 필요 이상의 큰 그릇을 사용하는 것은 쓸데없는 자원 낭비이기 때문이다.

자바는 크게 기본 타입과 참조 타입, 두 가지 형태의 데이터 타입을 지원한다. 기본 타입 데이터는 논리형(boolean), 문자형(char), 정수형(byte, short, int, long), 실수형(float, double)으로 구분되는 총 8가지 타입이 있다. 기본 타입과 완전 다른 개념의 참조 타입은 다소 복잡한데, 대표적인 참조 타입의 데이터가 바로 문자열(String)과 배열(array)이다. 참조 타입에 대해서는 배열을 학습할 때 자세히 다룬다.

2.1.4 변수 초기화

변수를 선언한 후에는 선언된 변수에 리터럴 형태의 값을 넣어야 한다. 변수에 값을 할당하기 위해서는 할당 연산자(=), 또는 대입 연산자를 사용한다. 자바에서 '='은 '같다'가 아닌 '=' 연산자 오른쪽에 있는 값을 왼쪽에 있는 변수에 할당하라는 의미로 사용된다. 즉, 할당 연산자가 있으면 항상 할당 연산자 오른쪽을 먼저 처리한다.

다음은 javaScore라는 정수 타입의 변수를 선언하고, javaScore 변수에 89라는 값을 할당하는 과정을 소스 코드로 표현한 것이다.

```java
int javaScore;
javaScore = 89;
```

선언된 변수에 처음으로 값을 할당하는 것을 초기화(initialize)라고 한다. 초기화라는 용어는 이후에도 자주 등장하는 용어이므로 반드시 기억하기 바란다.

이미 변수에 할당된 값이 있는데 다른 값을 할당하면 기존의 값은 사라지고 새로운 값으로 덮어쓰기(overwriting)된다. VariableTest1.java 파일을 다음과 같이 수정하고 실행 결과를 확인한다.

```java
                                                        VariableTest1.java
public class VariableTest1 {

    public static void main(String[] args) {
        int javaScore = 83;
        System.out.println(javaScore);
```

```
            javaScore = 0;
            System.out.println(javaScore);
    }
}
```

<> 실행 결과

```
83
0
```

변수를 선언할 때는 이름이 중복되지 않도록 해야 한다. 만약 프로그램에서 변수의 중복을 허용한다면 값을 할당할 때, 어떤 변수에 할당할지 혼란스럽기 때문이다. 따라서 다음에 제시된 소스는 에러가 발생한다.

```
public class VariableTest1 {
    public static void main(String[] args) {
        int javaScore;
        int javaScore;   // Error 발생
        java Duplicate local variable javaScore
    }                   1 quick fix available:
}                          Rename 'javaScore' (Ctrl+2, R)
                                             Press F2 for focus
```

변수의 선언과 초기화를 다음과 같이 한 줄로 표현할 수도 있다. 그리고 이렇게 한 줄로 작성하는 것이 가독성을 높이고 소스 파일의 라인도 줄일 수 있기 때문에 가급적이면 이 방법을 사용하도록 한다.

```
int javaScore = 89;
```

참고로 변수를 선언만 하고 초기화를 하지 않은 상태에서 사용하려고 하면 에러가 뜬다. 반드시 선언된 변수는 변수를 사용하기 전에 값이 초기화되어야 한다.

```
int sum;
System.out.println(sum);    // 에러

int sum;
sum = 0;                    // 초기화
System.out.println(sum);
```

2.2 기본 데이터 타입

앞에서도 언급했듯이 자바가 제공하는 데이터 타입은 크게 기본 타입과 참조 타입으로 나뉜다. 참조 타입은 4장(배열)에서 알아보도록 하고, 지금은 기본 타입에 대해서만 살펴보자.

2.2.1 기본 데이터 타입의 종류

자바의 기본 데이터 타입은 8가지가 있다.

데이터 타입	데이터 타입	크기	예
논리 타입	boolean	1byte(8bit)	boolean isPassed = true;
문자 타입	char	2byte(16bit)	char grade = 'A';
정수 타입	byte	1byte(8bit)	byte year = 3;
	short	2byte(16bit)	short javaScore = 17;
	int	4byte(32bit)	int sumScore = 120045;
	long	8byte(64bit)	long currentTime = 123456798L;
실수 타입	float	4byte(32bit)	float javaAvg = 78.25F;
	double	8byte(64bit)	double examAvg = 76.234522;

얼핏 보면 데이터의 종류도 많고 복잡해 보이지만 정수 타입은 int와 long만 사용하고, 실수 타입은 double만 사용하기 때문에 실제로 그렇게 복잡하지는 않다.

2.2.2 논리 타입

논리 타입은 boolean이라고 쓰고 '불리언'이라고 읽는다. 중요한 것은 논리 타입의 변수가 1이나 0이 아닌, 참 또는 거짓이라는 의미의 true나 false 형태의 값을 가진다는 것이다. 참고로 논리 타입의 변수 이름은 'is'로 시작하는 것이 일반적이다.

```
boolean isPassed = true;

// 혹은

boolean isPassed = false;
```

자바는 대소문자를 구분하기 때문에 다음과 같은 표현은 에러다.

```
boolean isPassed = TRUE;    // 에러
boolean isPassed = False;   // 에러
```

논리 타입의 변수를 테스트하기 위해 앞에서 작성한 VariableTest1.java를 다음과 같이 수정하고 실행 결과를 확인한다.

VariableTest1.java
```
public class VariableTest1 {

    public static void main(String[] args) {
        boolean isPassed = true;

        System.out.println(isPassed);
    }
}
```

위 소스는 isPassed 변수를 true라는 논리값으로 초기화했다. 그리고 isPassed 변수에 할당된 값을 System.out.println( ); 구문을 이용하여 콘솔에 출력했다. 실행 결과는 다음과 같다.

<> 실행 결과
```
true
```

2.2.3 문자 타입

문자 타입은 'char'라고 쓰고 '캐릭터'라고 읽는다. 문자 타입은 2byte의 메모리 공간을 사용하는 데이터 타입이며, 한 글자만을 값으로 가지는 변수를 선언할 때 사용한다.

자바에서 하나의 문자는 작은따옴표(')로 감싸서 표현한다. 다음은 한 글자를 저장하는 문자 타입의 변수를 선언하고 초기화하는 구문이다.

```
char grade = 'A';
```

문자 타입과 많이 혼동하는 것이 문자열(String)인데, 문자열은 말 그대로 여러 개의 문자가 붙어서 열거된 형태의 데이터를 의미한다. 문자열은 작은따옴표가 아닌 큰따옴표(")를 사용하며, 한 글자만 표현하는 문자(char) 타입과 전혀 다른 데이터 타입이다.

따라서 다음의 두 변수는 똑같이 A라는 한 글자를 할당했지만 전혀 다른 타입의 변수로 처리된다.

```
char grade = 'A';                // 문자 타입
String classNumber = "A";        // 문자열 타입
```

다음 코드는 문자 타입의 변수에 전혀 다른 종류의 타입인 문자열을 할당하려고 했기 때문에 에러다.

```
char grade = "B";                // 에러
```

문자 타입의 변수를 테스트하는 프로그램을 작성하고 실행 결과를 확인해보자.

VariableTest1.java
```java
public class VariableTest1 {

    public static void main(String[] args) {
        char grade = 'A';

        System.out.println("등급 : " + grade);
    }
}
```

<> 실행 결과
```
등급 : A
```

참고로 문자열과 변수를 더하기(+) 연산자로 연결하면 변수에 할당된 값이 문자열로 변경되고, 두 문자열이 결합된다. 따라서 위 소스에서는 grade에 할당된 'A'가 "A"라는 문자열로 변환되어 두 문자열이 결합된 "등급 : A"가 출력된 것이다.

2.2.4 정수 타입

자바에서 정수 타입의 데이터는 4가지(byte, short, int, long)가 지원된다. 각각 바이트, 쇼트, 인트, 롱이라고 읽는다.

다음은 정수 타입 데이터의 크기와 사용 예를 정리한 표다.

데이터 타입	크기	예
byte	1byte(8bit)	byte year = 3;
short	2byte(16bit)	short javaScore = 17;
int	4byte(32bit)	int sumScore = 120045;
long	8byte(64bit)	long currentTime = 123456798L;

만약 자바 시험 점수를 저장하기 위해서 javaScore라는 변수를 byte 타입으로 선언한다면 JVM은 1byte만큼의 메모리 공간을 확보한다. 그런데 만약 long 타입으로 선언한다면 8byte만큼의 메모리 공간을 확보할 것이다. 그런데 단순한 자바 시험 점수 하나를 저장하기 위해 8byte의 큰 타입을 사용하는 것은 메모리 낭비다. 즉, 변수에 할당하려는 정수의 크기에 따라서 적당한 크기의 타입을 지정해야 한다. 이것이 자바가 다양한 크기의 데이터 타입을 지원하는 이유다.

프로그램에서 리터럴 형태의 정수를 입력하면 기본적으로 int 타입으로 처리된다. 만약 int가 아닌 long 타입으로 처리하려면 리터럴 뒤에 long을 의미하는 L이나 l을 추가하면 된다.

앞에서 작성한 VariableTest1.java 파일을 다음과 같이 수정하고 실행 결과를 확인한다.

VariableTest1.java
```java
public class VariableTest1 {

    public static void main(String[] args) {
        int javaScore = 83;
        System.out.println("자바 점수 : " + javaScore);
    }
}
```

실제 프로그램을 개발할 때는 int나 long 타입을 주로 사용하고, byte나 short는 거의 사용하지 않는다. 대부분의 프로그램은 int 타입만으로도 충분하며, 은행같이 큰 단위의 데이터를 사용하는 곳에서만 long 타입을 사용한다고 보면 된다.

2.2.5 실수 타입

실수는 소수점이 포함된 숫자를 의미한다. 실수 역시 정수와 마찬가지로 사용하려는 데이터의 크기에 따라 두 가지의 타입을 사용한다.

데이터 타입	크기	예
float	4byte(32bit)	float javaAvg = 78.25F;
double	8byte(64bit)	double examAvg = 76.234522;

프로그램에서 리터럴 형태로 실수를 작성하면 해당 실수는 기본적으로 double 타입으로 처리된다. 만약 float 타입으로 변경하려면 리터럴 뒤에 float를 의미하는 F나 f를 추가해야 한다.

지금까지 살펴본 8가지 기본 타입을 모두 사용하는 VariableTest2.java 프로그램을 작성하고 실행 결과를 확인한다.

VariableTest2.java
```java
public class VariableTest2 {

    public static void main(String[] args) {
        boolean isPassed = true;
        char grade = 'A';
        byte year = 3;
        short javaScore = 17;
        int sumScore = 120045;
        long currentTime = 123456798L;
        float javaAvg = 78.25F;
        double examAvg = 76.234522;

        System.out.println(isPassed);
        System.out.println(grade);
```

```
            System.out.println(year);
            System.out.println(javaScore);
            System.out.println(sumScore);
            System.out.println(currentTime);
            System.out.println(javaAvg);
            System.out.println(examAvg);
    }
}
```

> **실행 결과**
```
true
A
3
17
120045
123456798
78.25
76.234522
```

실행 결과를 통해 확인할 수 있듯 long과 float 타입의 데이터를 리터럴로 할당할 때는 L과 F를 사용하지만, 실제 변수에 할당된 값을 콘솔에 출력해보면 L과 F는 보이지 않는다.

2.2.6 변수와 예약어

자바에서 예약어는 특별한 목적을 위해 미리 정의해 놓은 단어를 의미한다. JVM은 소스 코드를 처리하는 과정에서 예약어를 만나면 예약어에 해당하는 약속된 기능을 수행한다. 예를 들어 정수 타입의 데이터를 의미하는 int라는 예약어를 만나면 JVM은 정수를 저장하기 위해 32bit의 메모리 공간을 확보하는 식이다. 그렇기 때문에 변수 이름으로 예약어를 사용할 수 없는 것이다.

그렇다면 자바의 예약어는 어떤 것들이 있으며, 우리는 그런 예약어를 모두 외워야 하는 걸까? 이클립스를 비롯하여 대부분의 개발 도구에서는 예약어를 쉽게 구분할 수 있도록 도와준다. 예를 들어 앞에서 작성한 VariableTest2.java 파일을 이클립스에서 보면 보라색의 굵은 단어들이 모두 예약어를 표현한 것이다.

```java
public class VariableTest2 {

    public static void main(String[] args) {
        boolean isPassed = true;
        char grade = 'A';
        byte year = 3;
        short javaScore = 17;
        int sumScore = 120045;
        long currentTime = 123456798L;
        float javaAvg = 78.25F;
        double examAvg = 76.234522;

        System.out.println(isPassed);
        System.out.println(grade);
        System.out.println(year);
        System.out.println(javaScore);
        System.out.println(sumScore);
        System.out.println(currentTime);
        System.out.println(javaAvg);
        System.out.println(examAvg);
    }
}
```

만약 예약어를 변수 이름으로 사용하는 경우는 다음과 같이 이클립스가 실시간 에러 메시지를 제공한다.

```
1  public class VariableTest2 {
2
3      public static void main(String[] args) {
4          boolean isPassed = true;
5          char grade = 'A';
6          byte year = 3;
7          short javaScore = 17;
8          int sumScore = 120045;
9          long currentTime = 123456798L;
10         float javaAvg = 78.25F;
11         double final = 76.234522;
12              Syntax error on token "final", invalid VariableDeclaratorId
13         System.out.println(isPassed);
14         System.out.println(grade);
15         System.out.println(year);
16         System.out.println(javaScore);
17         System.out.println(sumScore);
18         System.out.println(currentTime);
19         System.out.println(javaAvg);
20         System.out.println(examAvg);
21     }
22 }
```

지금까지 살펴본 기본 데이터 타입을 이용해서 값을 교환하는 프로그램을 작성해보자. 작성할 프로그램은 javaScore와 pythonScore 변수에 할당된 값을 서로 교환하는 프로그램이다. 즉, javaScore에 할당된 점수를 pythonScore로 이동하고, pythonScore에 할당된 점수는 javaScore 변수로 이동하는 것이다.

VariableTest3.java
```java
public class VariableTest3 {

    public static void main(String[] args) {
        System.out.println("[ 교환 전 ]");
        int javaScore = 83;
        int pythonScore = 100;
        System.out.println("javaScore : " + javaScore);
        System.out.println("pythonScore : " + pythonScore);

        System.out.println("----------------");

        System.out.println("[ 교환 후 ]");
        int temp;
        temp = javaScore;
        javaScore = pythonScore;
        pythonScore = temp;
        System.out.println("javaScore : " + javaScore);
        System.out.println("pythonScore : " + pythonScore);
    }
}
```

실행 결과는 다음과 같다.

<> 실행 결과

```
[ 교환 전 ]
javaScore : 83
pythonScore : 100
----------------
[ 교환 후 ]
javaScore : 100
pythonScore : 83
```

2.3 연산자

연산자(operator)는 변수와 더불어 프로그램 언어의 가장 기본 문법이며 크게 산술 연산, 논리 연산, 비교 연산이 있다.

2.3.1 산술 연산자

산술 연산자는 사칙연산에 해당하는 더하기(+), 빼기(-), 곱하기(*), 나누기(/) 연산자가 있으며, 이런 사칙연산 외에 나머지(%) 연산자가 추가로 제공된다.

연산자	설명
+	더하기
-	빼기
*	곱하기
/	나누기
%	나머지

간단하게 더하기(+) 연산을 사용하는 프로그램을 작성하고 실행 결과를 확인한다.

OperatorTest1.java
```java
public class OperatorTest1 {

    public static void main(String[] args) {
        int javaScore = 83;
        int pythonScore = 100;

        System.out.println(javaScore + pythonScore);
    }
}
```

<> 실행 결과

183

간단한 더하기 연산의 실행 결과를 예측하는 것은 어렵지 않다. 그러나 더하기 연산자가 문자열과 같이 사용되는 경우에는 전혀 다른 결과가 출력되기 때문에 사용상 주의가 필요하다.

방금 작성한 OperatorTest1.java 프로그램을 다음과 같이 수정하고 실행 결과를 확인한다.

```java
public class OperatorTest1 {

    public static void main(String[] args) {
        int javaScore = 83;
        int pythonScore = 100;

        System.out.println("두 시험 점수의 합 : " + javaScore + pythonScore);
    }
}
```

실행 결과
두 시험 점수의 합 : 83100

자바에서 '+' 연산자는 산술 연산자로 사용되기도 하지만 문자열과 문자열을 연결하는 연산자로도 사용된다. 문자열과 기본 타입의 데이터가 '+'로 연결되면 먼저 기본 타입의 데이터가 문자열로 변경되고, 두 문자열이 '+'에 의해 결합된다. 따라서 위 소스는 내부적으로 다음과 같이 동작한 것이다.

```
System.out.println("두 시험 점수의 합 : " + "83" + pythonScore);    // 1차 변환
System.out.println("두 시험 점수의 합 : 83" + "100");                // 2차 변환
System.out.println("두 시험 점수의 합 : 83100");                     // 최종 결과
```

'+' 연산자가 문자열 결합 연산자가 아닌 더하기 연산자로 동작하도록 하려면 괄호를 이용하여 더하기 연산이 먼저 처리되도록 해야 한다. 괄호를 이용하면 여러 연산자가 섞여 있을 때 연산자의 우선순위를 지정할 수 있다.

```
OperatorTest1.java
public class OperatorTest1 {

    public static void main(String[] args) {
        int javaScore = 83;
        int pythonScore = 100;

        System.out.println("두 시험 점수의 합 : " + (javaScore + pythonScore));
    }
}
```

이제 같은 방법으로 다른 연산자들도 확인해보자.

```
OperatorTest1.java
public class OperatorTest1 {

    public static void main(String[] args) {
        int score1 = 10;
        int score2 = 3;

        System.out.println("+ 연산 결과 : " + (score1 + score2));
        System.out.println("- 연산 결과 : " + (score1 - score2));
        System.out.println("* 연산 결과 : " + (score1 * score2));
        System.out.println("/ 연산 결과 : " + (score1 / score2));
        System.out.println("% 연산 결과 : " + (score1 % score2));
    }
}
```

실행 결과

```
+ 연산 결과 : 13
- 연산 결과 : 7
* 연산 결과 : 30
/ 연산 결과 : 3
% 연산 결과 : 1
```

자바에서는 변수에 값을 할당할 때 할당 연산자인 '=' 연산자를 사용하는데, 산술 연산에서는 코드의 양을 줄일 목적으로 복합 할당 연산자라는 것을 사용하기도 한다.

연산자	사용 예	의미
+=	score1 += score2;	score1 = score1 + score2;
-=	score1 -= score2;	score1 = score1 - score2;
*=	score1 *= score2;	score1 = score1 * score2;
/=	score1 /= score2;	score1 = score1 / score2;
%=	score1 %= score2;	score1 = score1 % score2;

하지만 복합 할당 연산자는 가독성을 떨어뜨리기 때문에 풀어서 사용하는 것을 권장한다.

2.3.2 증감 연산자

증감 연산자는 정수 타입의 변수 앞이나 뒤에 붙어서 변수의 값을 1 증가시키거나 1 감소시킬 때 사용한다. 증감 연산자가 변수 앞에 있으면 전위 연산이라 하고 뒤에 있으면 후위 연산이라고 하는데, 전위 연산이든 후위 연산이든 해당 변수의 값을 1 증가시키거나 감소시킨다는 점에서 결과는 동일하다. 증감 연산자는 단독으로 사용하기보다는 이후에 학습할 제어문인 반복문과 같이 사용하는 것이 일반적이다.

증가 연산자

증가 연산은 가독성을 위해 다음과 같이 풀어서 사용할 수도 있다.

score++;   →   score = score + 1;

다음 코드를 작성하고 실행 결과를 확인하자.

```
                                                             OperatorTest2.java
public class OperatorTest2 {

    public static void main(String[] args) {
        int score = 10;
        System.out.println("score 값 : " + score);          // 10
        ++score;
        System.out.println("score 값 : " + score);          // 11
        score++;
        System.out.println("score 값 : " + score);          // 12
    }
}
```

실행 결과

```
score 값 : 10
score 값 : 11
score 값 : 12
```

실행 결과를 통해 전위 연산이나 후위 연산의 결과가 동일하다는 것을 확인할 수 있다. 그런데 다음 예제는 아마 실행 결과가 예측과 다르게 출력될 것이다.

```
                                                             OperatorTest2.java
public class OperatorTest2 {

    public static void main(String[] args) {
        int score = 10;
        System.out.println("score 값 : " + ++score);        // 11
        System.out.println("score 값 : " + score++);        // 11
        System.out.println("score 값 : " + score);          // 12
    }
}
```

실행 결과

```
score 값 : 11
score 값 : 11
score 값 : 12
```

예상과 다르게 출력된 이유는 전위 연산(++score)의 경우, score 변수의 값을 먼저 증가시키고 나서 score 변숫값을 사용한다. 그러나 후위 연산(score++)의 경우는 우선 score 변수에 할당된 값을 먼저 사용하고, 그러고 나서 다음 라인의 코드로 넘어갈 때 값을 증가시킨다.

중요한 것은 실제 여러분이 프로그램을 개발할 때는 증가 연산을 이렇게 고민하면서 사용할 일이 없다는 것이다. 따라서 증가 연산자는 단지 변수에 할당된 값을 1 증가시키는 용도로 사용하는 연산자로만 기억하자.

감소 연산자

감소 연산자는 증가 연산자와 동일하며, '--'를 사용한다. 감소 연산 역시 다음과 같이 풀어서 사용할 수 있으며, 전위 연산과 후위 연산을 지원한다.

score--; → score = score - 1;

앞에서 작성했던 OperatorTest2.java를 수정하여 감소 연산을 테스트한다.

```
                                                           OperatorTest2.java
public class OperatorTest2 {

    public static void main(String[] args) {
        int score = 10;
        System.out.println("score 값 : " + --score);        // 9
        System.out.println("score 값 : " + score--);        // 9
        System.out.println("score 값 : " + score);          // 8
    }
}
```

실행 결과

score 값 : 9
score 값 : 9
score 값 : 8

감소 연산자 역시 전위 연산의 경우에는 변수에 할당된 값을 먼저 값을 감소시키지만, 후위 연산은 변수에 할당된 값을 사용한 다음에 감소시키기 때문에 위와 같은 결과가 출력된 것이다.

2.3.3 비교 연산자

비교 연산자는 특정 조건의 결과가 참(true)인지, 거짓(false)인지 판단할 때 사용한다. 비교 연산자의 종류와 의미는 다음과 같다.

연산자	사용 예	의미
>	score > avg	점수(score)가 평균(avg)보다 크다.
>=	score >= avg	점수(score)가 평균(avg)보다 크거나 같다.
<	score < avg	점수(score)가 평균(avg)보다 작다.
<=	score <= avg	점수(score)가 평균(avg)보다 작거나 같다.
==	score == avg	점수(score)가 평균(avg)과 같다.
!=	score != avg	점수(score)가 평균(avg)과 다르다.

앞에서도 언급했지만 자바의 할당 연산자(=)는 특정 변수에 값을 할당할 때 사용하며, 두 값이 같은지 비교할 때는 비교 연산자인 '=='을 사용한다. 비교 연산자를 단독으로 사용할 일은 거의 없으며, 일반적으로 뒤에서 살펴볼 제어문과 같이 사용한다. 따라서 여기에서는 비교 연산자의 종류와 기능만 확인하도록 한다.

OperatorTest3.java 파일을 작성하고 실행 결과를 확인한다.

```java
public class OperatorTest3 {

    public static void main(String[] args) {
        int score1 = 10;
        int score2 = 3;

        System.out.println(score1 > score2);    // true
        System.out.println(score1 >= score2);   // true
        System.out.println(score1 < score2);    // false
        System.out.println(score1 <= score2);   // false
        System.out.println(score1 == score2);   // false
        System.out.println(score1 != score2);   // true
    }
}
```

> 실행 결과

```
true
true
false
false
false
true
```

2.3.4 논리 연산자

논리 연산자는 두 개 이상의 비교 연산 결과를 연결할 때 사용한다. 논리 연산자는 크게 AND 연산과 OR 연산으로 나뉜다.

AND 연산

AND(&) 연산은 연산자를 중심으로 양쪽의 조건이 모두 참(true)일 때, 전체 결과를 참 (true)으로 처리한다.

```
char gender = 'M';
int score = 87;
                           true              true
System.out.println(gender == 'M' & score >= 80);    // true
```

중요한 것은 '&' 연산자를 중심으로 양쪽의 연산 결과가 하나라도 거짓(false)이면 전체 결과는 거짓(false)이 된다는 것이다. 따라서 AND 연산은 '&' 연산자 왼쪽의 결과가 false인 경우에도 '&' 연산자 오른쪽을 처리하기 때문에 다소 비효율적이다.

다음 소스를 보면 gender == 'F' 조건이 false이므로 굳이 오른쪽의 조건을 처리할 필요가 없다.

```
char gender = 'M';
int score = 87;

System.out.println(gender == 'F' & score >= 80);    // false
```

이런 문제를 해결하기 위해서 자바는 '&&' 연산자를 제공한다. 간단한 실습을 통해 '&' 연산자의 기능을 확인하기 바란다.

OperatorTest4.java
```java
public class OperatorTest4 {

    public static void main(String[] args) {
        char gender = 'M';
        int score = 87;

        System.out.println(gender == 'F' & (score % 0) == 0);
    }
}
```

<> 실행 결과
```
Exception in thread "main" java.lang.ArithmeticException: / by zero
    at OperatorTest4.main(OperatorTest4.java:7)
```

위 코드는 '&' 연산자 왼쪽의 조건이 거짓(false)이다. 따라서 '&' 연산자 오른쪽의 결과와 무관하게 최종적으로 거짓(false)이 된다. 하지만 '&' 연산자를 하나만 사용하면 양쪽의 코드를 모두 처리하기 때문에 '&' 연산자 오른쪽에 있는 score % 0을 처리하는 순간 정수를 0으로 나누는 것이 불가능하므로 ArithmeticException 에러가 발생한 것이다.

동일한 코드를 '&' 연산자를 두 번 사용하는 것으로 수정한 후에 실행 결과를 확인한다.

OperatorTest4.java
```java
public class OperatorTest4 {

    public static void main(String[] args) {
        char gender = 'M';
        int score = 87;

        System.out.println(gender == 'F' && (score % 0) == 0);
    }
}
```

> 실행 결과

```
false
```

이렇게 '&&' 연산자를 사용하면 프로그램의 연산 처리 속도를 향상시킬 수 있다.

OR 연산

OR(|) 연산은 AND(&) 연산과 달리 양쪽의 조건 중에 하나만 참(true)이면 전체 연산 결과를 참(true)으로 처리한다.

```java
char gender = 'M';
int score = 87;

System.out.println(gender == 'M' | score <= 80);    // true
System.out.println(gender == 'F' | score >= 80);    // true
```

OR 연산도 AND 연산과 마찬가지로 '|' 연산자를 연속으로 두 개 사용하면 연산 처리 속도를 빠르게 할 수 있다. 앞에서 작성했던 OperatorTest4.java를 수정하고 실행 결과를 확인한다.

OperatorTest4.java
```java
public class OperatorTest4 {

    public static void main(String[] args) {
        char gender = 'M';
        int score = 87;

        System.out.println(gender == 'M' | (score % 0) == 0);
    }
}
```

> 실행 결과

```
Exception in thread "main" java.lang.ArithmeticException: / by zero
    at OperatorTest4.main(OperatorTest4.java:7)
```

위 코드에서는 '|' 연산자 왼쪽의 조건이 참(true)이다. 따라서 '|' 연산자 오른쪽 조건의 결과와 무관하게 최종적으로 참(true)이 된다. 즉, 왼쪽의 조건이 참이면 오른쪽의 조건은 평가할 필요가 없는 것이다. 하지만 '|' 연산자를 하나만 사용하면 양쪽의 조건을 모두 평가하기 때문에 에러가 발생한다.

이번에는 '|' 연산자를 두 번 연속 사용하는 코드로 변경한 후에 다시 실행 결과를 확인한다.

OperatorTest4.java

```java
public class OperatorTest4 {

    public static void main(String[] args) {
        char gender = 'M';
        int score = 87;

        System.out.println(gender == 'M' || (score % 0) == 0);
    }
}
```

실행 결과

```
true
```

이번에는 에러가 발생하지 않고 정상적으로 실행 결과가 출력됐으며, 동시에 연산을 처리하는 속도 역시 향상됐다.

2.3.5 조건 연산자

조건 연산자는 특정 조건이 참(true)인지 거짓(false)인지에 따라 결괏값이 달라지는 연산자로서, 삼항 연산자라고도 한다. 조건 연산자의 형식은 다음과 같다.

형식

조건식 ? 값1 : 값2

조건식: 실행 결과가 true나 false의 결과가 나오는 연산식
값1: 조건식 결과가 true일 때 처리되는 값
값2: 조건식 결과가 false일 때 처리되는 값

조건 연산자를 테스트하는 예제를 작성하고 실행 결과를 확인한다.

OperatorTest5.java
```java
public class OperatorTest5 {

    public static void main(String[] args) {
        int javaScore = 83;
        System.out.println(javaScore > 60 ? "합격" : "불합격"); // 합격

        int pythonScore = 55;
        String result = pythonScore > 60 ? "합격" : "불합격";
        System.out.println("Python 시험 결과 : " + result);
    }
}
```

실행 결과

```
합격
Python 시험 결과 : 불합격
```

조건 연산자를 활용한 또 다른 예제를 작성해보자. 이번에는 month 변수에 할당된 숫자가 어떤 계절에 해당하는지 출력하는 프로그램이다.

OperatorTest6.java
```java
public class OperatorTest6 {

  public static void main(String[] args) {
    int month = 12;
    System.out.print(month + "월은 ");
    System.out.print((month == 3 || month == 4 || month == 5) ? "봄입니다" : "");
    System.out.print((month == 6 || month == 7 || month == 8) ? "여름입니다" : "");
    System.out.print((month == 9 || month == 10 || month == 11) ? "가을입니다" : "");
    System.out.print((month == 12 || month == 1 || month == 2) ? "겨울입니다" : "");
  }
}
```

실행 결과

```
12월은 겨울입니다
```

2.4 데이터 타입 변환

프로그램을 작성하다 보면 대부분은 같은 타입의 데이터를 사용하지만 가끔 다른 타입의 데이터를 사용하기도 한다. 이때 특정 데이터를 원하는 타입으로 변환하여 사용할 수 있어야 하는데, 자바는 두 가지 형태의 데이터 타입 변환을 지원한다.

2.4.1 묵시적 타입 변환

묵시적 타입 변환(promotion)을 자동 변환이라고 하며, 말 그대로 별다른 조치 없이 자동으로 타입이 변환되는 것을 의미한다. 이런 묵시적 변환은 작은 크기의 데이터가 큰 크기의 타입으로 변환되는 경우에 한해 제공된다. 즉, 묵시적 타입 변환은 데이터의 크기와 관련되어 있다.

예를 들어 물컵에 있는 물을 커다란 대접에 부으면 유실되는 것 없이 모두 옮겨 담을 수 있다. 이처럼 데이터가 훼손되거나 유실되지 않고 온전히 옮겨질 수 있다면 타입이 달라도 값을 할당할 수 있으며, 이를 묵시적 타입 변환이라고 한다.

예제를 통해 묵시적 타입 변환을 확인해보자.

PromotionTest1.java
```java
public class PromotionTest1 {

    public static void main(String[] args) {
        int intAvg = 87;

        double doubleAvg = intAvg;

        System.out.println("double로 변환된 평균값 : " + doubleAvg);
    }
}
```

<> 실행 결과
```
double로 변환된 평균값 : 87.0
```

실행 결과에서 확인할 수 있듯이 정수(int) 타입의 intAvg값이 실수(double) 타입인 doubleAvg 변수에 할당되는 순간 정수 87이 실수 87.0으로 변환되었다. 즉, 데이터 타입이 int에서 double로 변환된 것이다.

다음은 묵시적 타입 변환이 발생하는 규칙을 표현한 그림이다.

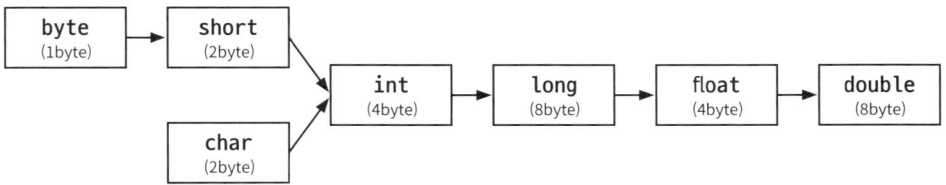

특이한 점은 문자(char) 타입의 데이터가 정수나 실수 타입으로 변환될 수 있다는 것이며, 예외적으로 8byte 크기의 정수 타입인 long 타입의 데이터가 long보다 작은 크기의 float 타입으로 변환될 수 있다는 것이다.

2.4.2 명시적 타입 변환

명시적 타입 변환(casting)은 묵시적 타입 변환의 반대다. 즉, 큰 크기의 데이터를 작은 타입의 데이터로 변환하는 것이다. 예를 들어 대접에 있는 물을 물컵에 옮겨 담으면 당연히 물컵의 크기만큼만 물이 담기고 나머지는 유실된다.

하지만 데이터가 훼손돼도 프로그램을 처리하는 데 지장이 없다면 타입 변환을 통해 필요한 만큼의 데이터만 사용할 수도 있다. 예를 들어 시험의 평균 점수가 90점 이상이면 A 등급인데, 점수가 94.98점이라면 굳이 소수점 이하의 데이터는 필요가 없다.

명시적 타입 변환을 테스트하는 예제를 작성하고 실행 결과를 확인한다.

```
                                                        CastingTest1.java
public class CastingTest1 {

    public static void main(String[] args) {
        double doubleAvg = 87.24;
```

```
            int intAvg = (int) doubleAvg;

            System.out.println("int로 변환된 평균값 : " + intAvg);
    }
}
```

실행 결과

```
int로 변환된 평균값 : 87
```

위 소스는 8byte의 값(doubleAvg)을 4byte의 변수(intAvg)에 할당한다. 이때 명시적 타입 변환을 통해 소수점 이하의 데이터를 잘라내고 있다. 따라서 intAvg 변수에 할당된 값은 double이 아닌 int로 변환된 87이다.

명시적 타입 변환은 다음과 같이 이클립스의 자동 수정 기능을 이용하여 처리할 수도 있다. 타입 변환이 필요한 소스에 마우스를 이동시키고 [Add cast to 'int'] 링크를 클릭하여 타입 변환을 처리하는 것이다.

```
 1  public class CastingTest1 {
 2
 3      public static void main(String[] args) {
 4          double doubleAvg = 87.24;
 5
 6          int intAvg = doubleAvg;
                         ┌─────────────────────────────────────────┐
 7                       │ Type mismatch: cannot convert from double to int │
 8          System.out.pr│ 3 quick fixes available:                │ " + intAvg);
 9      }                │  Add cast to 'int'                      │
10  }                    │  Change type of 'intAvg' to 'double'    │
11                       │  Change type of 'doubleAvg' to 'int'    │
                         └─────────────────────────────────────────┘
```

마지막으로 묵시적 타입 변환과 명시적 타입 변환을 모두 테스트하는 예제를 작성해보자.

CastingTest2.java
```
public class CastingTest2 {

    public static void main(String[] args) {
        char charA = 'A';
        int intA = charA;
        System.out.println("문자A(char) -> 정수(int) : " + intA);
```

```
            int intZ = 90;
            char charZ = (char) intZ;
            System.out.println("정수90(int) -> 문자Z(char) : " + charZ);
        }
}
```

실행 결과

```
문자A(char) -> 정수(int) : 65
정수90(int) -> 문자Z(char) : Z
```

실행 결과를 통해 확인할 수 있듯이 문자 타입의 'A'를 정수 타입인 int로 변환하면 65가 된다. 그리고 정수 타입의 90을 문자 타입으로 변환하면 대문자 'Z'가 된다.

마무리하며

이번 장에서는 프로그램 언어의 기본이라 할 수 있는 변수와 데이터 타입에 대해서 살펴봤고, 이를 이용하여 다양한 연산자도 테스트했다. 자바가 다양한 데이터 타입을 지원하는 이유는 메모리를 효율적으로 사용하기 위해서다. 하지만 일반적으로 프로그램을 작성할 때는 메모리에 크게 신경 쓰지 않고 정수는 int나 long을, 실수는 double을 사용하면 된다. 그리고 마지막에 살펴본 타입 변환은 이후 학습에서 자주 활용되는 문법이므로 꼭 이해하기 바란다.

다음 학습에서는 프로그램의 흐름을 관리할 때 사용하는 제어문에 대해서 살펴볼 것이다. 제어문은 변수나 연산자와 더불어 프로그램의 핵심 문법으로, 크게 조건 제어문과 반복 제어문으로 구성된다.

03장

제어문

3.1 조건 제어문

프로그램의 흐름을 제어할 때 사용하는 제어문은 변수나 연산자와 더불어 프로그램의 핵심 문법이다. 제어문은 크게 조건 제어문과 반복 제어문으로 구성되는데, 이 중에서 가장 기본이라 할 수 있는 조건 제어문부터 살펴보자.

3.1.1 if문

조건 제어문은 가장 기본적인 if문부터 switch문에 이르기까지 다양한 형태로 존재한다. 이 중에서 if문을 분기문이라고도 하는데, 이는 if문에 기술된 조건식의 결과에 따라 프로그램의 흐름이 분기되기 때문이다.

if문의 기본 구조는 다음과 같으며, if문에 포함되는 조건식은 일반적으로 앞에서 학습한 비교 연산자를 이용하여 기술한다.

```
형식
if(조건식) {
    수행문;
}
```

if문에 서술된 조건식이 참(true)인 경우에만 블록({ })으로 지정된 수행문이 실행된다. if문을 테스트하는 간단한 프로그램을 작성하고 실행 결과를 확인해보자.

```
                                                            IfTest1.java
public class IfTest1 {

    public static void main(String[] args) {
        int javaScore = 89;

        if(javaScore >= 60) {
            System.out.println("합격입니다.");
        }
    }
}
```

실행 결과
합격입니다.

javaScore 변수에 할당된 89라는 값이 60보다 크기 때문에 if문의 조건식은 true가 되어 최종적으로 "합격입니다."라는 메시지가 출력된 것이다.

if문을 작성할 때 수행문이 한 줄인 경우, 다음과 같이 블록({})을 생략할 수 있다.

```
if(javaScore >= 60)
    System.out.println("합격입니다.");

// 또는

if(javaScore >= 60) System.out.println("합격입니다.");
```

그러나 가독성을 위해 가급적 블록을 작성하는 것을 권장한다.

3.1.2 중첩된 if문

if문 안에는 또 다른 if문을 중첩하여 사용할 수 있다. 예를 들어 javaScore가 60점 이상이면 합격인데, 그중에서 80점 이상이면 고득점자라고 가정했을 때 다음과 같이 작성할 수 있다.

```java
                                                              IfTest1.java
public class IfTest1 {

    public static void main(String[] args) {
        int javaScore = 89;

        if(javaScore >= 60) {
            if(javaScore >= 80) {
                System.out.print("고득점으로 ");
            }
            System.out.println("합격입니다.");
        }
    }
}
```

실행 결과

고득점으로 합격입니다.

javaScore 변수에 할당된 점수가 60~79 사이라면 단순히 "합격입니다."만 출력되겠지만, 할당된 점수가 80 이상이기 때문에 "고득점으로 합격입니다."가 출력된 것이다.

3.1.3 if~else문

if문만 사용하는 경우 if에 기술된 조건식이 참(true)인 경우만 수행문이 실행되고, 거짓(false)인 경우에는 아무것도 실행되지 않는다. 따라서 조건식이 거짓인 경우에도 뭔가를 실행하고 싶다면 if~else문을 사용해야 한다. 다음은 if문과 if~else문을 비교한 것이다.

if문	if~else문

if(조건식) {
    수행문;
}
	if(조건식) {
	    수행문1; // 조건식이 true인 경우
	} else {
	    수행문2; // 조건식이 false인 경우
	}

if~else문은 조건식이 참(true)이면 수행문1을 실행하고, 거짓(false)이면 수행문2를 실행한다. javaScore 변수에 저장된 점수가 60점 이상이면 합격을, 60점 이하인 경우에는 불합격을 출력하는 프로그램을 작성해보자.

IfTest2.java
```java
public class IfTest2 {

    public static void main(String[] args) {
        int javaScore = 89;

        if(javaScore >= 60) {
            System.out.println(javaScore + "점은 합격입니다.");
        } else {
            System.out.println(javaScore + "점은 불합격입니다.");
        }
    }
}
```

<> 실행 결과

89점은 합격입니다.

만약 60점 이상이면 합격, 60점 미만이면 불합격을 출력하되 30점 이하인 점수에 대해서는 페널티를 부여한다면 다음과 같이 if~else문을 중첩하여 사용해야 한다.

IfTest2.java
```java
public class IfTest2 {

    public static void main(String[] args) {
        int javaScore = 40;

        if(javaScore >= 60) {
            System.out.println(javaScore + "점은 합격입니다.");
        } else {
            if(javaScore <= 30) {
                System.out.println(javaScore + "점은 페널티 대상입니다.");
```

```
            } else {
                System.out.println(javaScore + "점은 불합격입니다.");
            }
        }
    }
}
```

실행 결과

javaScore = 40인 경우
40점은 불합격입니다.

javaScore = 20인 경우
20점은 페널티 대상입니다.

3.1.4 if~else if문

if~else문은 하나의 조건식만을 사용할 수 있기 때문에 여러 개의 조건식이 필요한 경우 상당히 많은 if문이 필요하다. 이런 경우에는 다중 분기문에 해당하는 if~else if문을 사용할 수 있다. 다음은 if~else if~else문의 구조다.

형식
```
if(조건식1) {
    수행문1;
} else if(조건식2) {
    수행문2;
} else if(조건식3) {
    수행문3;
} else {
    기본 수행문;
}
```

조건식1이 참(true)이면 수행문1이 실행되고, 조건식2가 참(true)이면 수행문2가, 조건식3이 참(true)이면 수행문3이 실행된다. 그러나 참인 조건식이 하나도 없다면 맨 마지막에 있는 else에 해당하는 기본 수행문이 실행된다. 위에서는 else if를 두 번만 사용했지만 else if의 횟수에는 제한이 없다.

javaScore 변수에 할당된 값에 따라 합격/불합격으로 출력하는 것이 아니라 점수에 따라 등급을 출력하는 프로그램을 작성한다면 다음과 같다.

IfTest3.java

```java
public class IfTest3 {

    public static void main(String[] args) {
        int javaScore = 89;

        if(javaScore >= 90) {
            System.out.println(javaScore + "점은 A 등급입니다.");
        } else if(javaScore >= 80) {
            System.out.println(javaScore + "점은 B 등급입니다.");
        } else if(javaScore >= 70) {
            System.out.println(javaScore + "점은 C 등급입니다.");
        } else if(javaScore >= 60) {
            System.out.println(javaScore + "점은 D 등급입니다.");
        } else {
            System.out.println(javaScore + "점은 F 등급입니다.");
        }
    }
}
```

실행 결과

89점은 B 등급입니다.

다중 분기문을 테스트할 수 있는 또 다른 예제를 작성해보자. 다음 예제는 month 변수에 할당된 숫자가 사계절 중 어느 계절에 속하는지 출력하는 프로그램이다.

IfTest4.java

```java
public class IfTest4 {

    public static void main(String[] args) {
        int month = 8;
```

```
            if(month == 3 || month == 4 || month == 5) {
                System.out.println(month + "월은 봄입니다.");
            } else if(month == 6 || month == 7 || month == 8) {
                System.out.println(month + "월은 여름입니다.");
            } else if(month == 9 || month == 10 || month == 11) {
                System.out.println(month + "월은 가을입니다.");
            } else if(month == 12 || month == 1 || month == 2) {
                System.out.println(month + "월은 겨울입니다.");
            } else {
                System.out.println(month +
                    "은(는) 1 ~ 12 사이의 정수가 아닙니다.");
            }
        }
    }
}
```

실행 결과

month = 8인 경우
8월은 여름입니다.

month = 12인 경우
12월은 겨울입니다.

3.1.5 switch문

if~else if문과 비슷한 기능의 switch문이라는 것도 있다. switch문은 if~else if와 비슷하지만 분기의 기준이 조건식이 아닌 특정 값이라는 것이 다르다. 다음은 switch문의 기본 구조다.

형식

```
switch(기준값) {
case 비교값1:
    수행문1;
case 비교값2:
    수행문2;
default:
    기본 수행문;
```

기본적으로는 switch문 뒤에 나오는 기준값과 동일한 case의 수행문이 실행된다. 그런데 기준값과 일치하는 case가 없다면 default에 해당하는 기본 수행문이 실행된다. switch문을 테스트하는 예제를 작성하고 실행 결과를 확인해보자.

```java
public class SwitchTest1 {

    public static void main(String[] args) {
        char grade = 'C';

        switch (grade) {
        case 'A':
            System.out.println("A 등급은 90~100 사이의 점수입니다.");
        case 'B':
            System.out.println("B 등급은 80~89 사이의 점수입니다.");
        case 'C':
            System.out.println("C 등급은 70~79 사이의 점수입니다.");
        case 'D':
            System.out.println("D 등급은 60~69 사이의 점수입니다.");
        default:
            System.out.println("존재하지 않는 등급입니다.");
        }
    }
}
```
SwitchTest1.java

위 예제는 특정 등급(grade)에 해당하는 점수의 범위를 출력하는 프로그램이며, 실행 결과는 다음과 같다.

실행 결과

C 등급은 70~79 사이의 점수입니다.
D 등급은 60~69 사이의 점수입니다.
존재하지 않는 등급입니다.

문제는 grade 변수가 'C'로 초기화되어 있기 때문에 C 등급에 해당하는 "C 등급은 70~79 사이의 점수입니다."라는 문장만 출력될 것 같은데, case 'C' 이후에 작성된 모든 문장이 출력됐다는 것이다. 이는 switch문에서 break를 사용하지 않았기 때문이다. 방금 작성한 예제를 다음과 같이 수정한다.

SwitchTest1.java
```java
public class SwitchTest1 {

    public static void main(String[] args) {
        char grade = 'C';

        switch (grade) {
        case 'A':
            System.out.println("A 등급은 90~100 사이의 점수입니다.");
            break;
        case 'B':
            System.out.println("B 등급은 80~89 사이의 점수입니다.");
            break;
        case 'C':
            System.out.println("C 등급은 70~79 사이의 점수입니다.");
            break;
        case 'D':
            System.out.println("D 등급은 60~69 사이의 점수입니다.");
            break;
        default:
            System.out.println("존재하지 않는 등급입니다.");
        }
    }
}
```

수정된 소스를 보면 모든 case에 break라는 예약어가 추가된 것을 확인할 수 있다. break를 이용하면 특정 case의 수행문만 실행하고 switch 블록을 종료할 수 있다.

참고로 마지막에 위치한 default에는 더 이상 수행할 case가 없기 때문에 break를 작성할 필요가 없다. 수정된 소스를 다시 실행하면 다음과 같은 결과를 확인할 수 있을 것이다.

실행 결과
```
C 등급은 70~79 사이의 점수입니다.
```

switch문에서 특이한 점은 default가 무조건 마지막에 위치하는 것이 아니라 다음과 같이 처음이나 중간에 등장할 수도 있다는 것이다.

SwitchTest1.java
```java
public class SwitchTest1 {

    public static void main(String[] args) {
        char grade = 'Z';

        switch (grade) {
        default:
            System.out.println("존재하지 않는 등급입니다.");
            break;
        case 'A':
            System.out.println("A 등급은 90~100 사이의 점수입니다.");
            break;
        case 'B':
            System.out.println("B 등급은 80~89 사이의 점수입니다.");
            break;
        case 'C':
            System.out.println("C 등급은 70~79 사이의 점수입니다.");
            break;
        case 'D':
            System.out.println("D 등급은 60~69 사이의 점수입니다.");
        }
    }
}
```

위 소스에서는 default 구문이 가장 먼저 등장한다. 이런 경우에는 default에도 break를 사용해야 한다. 물론 실제로 이렇게 사용하는 경우는 없기 때문에 문법적으로 가능하다는 것 정도로만 확인하자. 실행 결과는 다음과 같다.

실행 결과

존재하지 않는 등급입니다.

가끔은 의도적으로 break가 없는 case를 사용하는 경우도 있다. 이를 확인하기 위해 간단한 예제를 작성해보자. 다음은 month 변수에 할당된 정수가 어느 계절에 속해 있는지 출력하는 프로그램이다.

SwitchTest2.java

```java
public class SwitchTest2 {

    public static void main(String[] args) {
        int month = 8;

        switch (month) {
        case 3:
        case 4:
        case 5:
            System.out.println(month + "월은 봄입니다.");
            break;
        case 6:
        case 7:
        case 8:
            System.out.println(month + "월은 여름입니다.");
            break;
        case 9:
        case 10:
        case 11:
            System.out.println(month + "월은 가을입니다.");
            break;
        case 12:
        case 1:
        case 2:
            System.out.println(month + "월은 겨울입니다.");
            break;
        default:
            System.out.println(month + "는 1 ~ 12 사이의 정수가 아닙니다.");
        }
    }
}
```

> **실행 결과**
>
> month = 8인 경우
> 8월은 여름입니다.
>
> month = 12인 경우
> 12월은 겨울입니다.

3.2 반복 제어문

특정 수행문을 반복적으로 실행할 때 사용하는 반복문은 for, while, do~while 세 가지가 있다. 이 세 가지는 비슷하면서도 조금씩 다르다. 프로그램에서 반복문은 가장 사용 빈도가 높은 구문이기 때문에 동작 원리를 정확하게 이해하고 숙달하기 바란다.

3.2.1 for문

반복문에서 가장 기본이 되는 for문은 프로그램에서 몇 회를 반복하면 원하는 결과를 얻을 수 있는지 알고 있는 경우 사용한다. 다음은 for문의 구조다.

```
형식
for(초기식; 조건식; 증감식) {
    반복 수행문;
}
```

for문은 for 뒤에 괄호를 추가하고 괄호 안에 초기식, 조건식, 증감식을 기술한다. 그리고 반복적으로 수행할 문장들을 블록으로 묶어주면 되는데, 만약 반복 수행문이 한 줄이라면 블록을 생략할 수도 있다. for문에 설정된 초기식, 조건식, 증감식의 의미는 다음과 같다.

식	의 미
초기식	조건식에 사용할 변수를 선언하고 초깃값을 할당한다. for문이 실행될 때 한 번만 실행된다.
조건식	초기식에서 선언한 변수를 이용하여 반복 수행문을 계속 수행할지 중단할지 평가한다. 평가 결과가 거짓(false)이면 반복을 중단하고 참(true)이면 반복문을 실행한다.
증감식	조건식의 평가 결과가 거짓(false)이 되어 반복 수행을 종료할 수 있도록 초기식에서 선언한 변수의 값을 증가시키거나 감소시킨다.

초기식을 ①, 조건식을 ②, 증감식을 ③, 반복 수행문을 ④라고 했을 때, for문의 실행 순서는 다음과 같다.

```
for (①초기식; ②조건식; ③증감식) {
    ④반복 수행문;
}
```

① → ② → ④ → ③ → ② → ④ → ③ → ② → ④ → ③
　　└─────1차 반복─────┘ └─────2차 반복─────┘ ... n차 반복

for문의 동작 원리를 확인하기 위해서 1부터 10까지의 정수를 출력하는 프로그램을 작성해 보자.

ForTest1.java

```java
public class ForTest1 {

    public static void main(String[] args) {
        for (int i = 1; i <= 10; i++) {
            System.out.println(i);
        }
    }
}
```

1부터 값을 출력해야 하기 때문에 초기식에서는 i 변수를 1로 할당하고, 10까지만 i 변숫값을 증가시키기 위해 조건식을 i <= 10으로 설정한다. 그리고 특정 조건(i 변수의 값이 11이 될 때)을 만족할 때 반복을 중단하기 위해 증감식에서 i 변숫값을 1씩 증가시키고 있다.

작성된 프로그램의 실행 결과는 다음과 같다.

 실행 결과

```
1
2
3
4
```

```
5
6
7
8
9
10
```

반복문 안에는 앞에서 학습한 if 같은 조건문을 사용할 수도 있다. 예를 들어 1부터 10까지의 정수 중에서 홀수의 합만 출력하는 프로그램을 작성해보자.

ForTest1.java
```java
public class ForTest1 {

    public static void main(String[] args) {
        int sum = 0;

        for (int i = 1; i <= 10; i++) {
            if(i % 2 != 0) {
                sum = sum + i;
            }
        }
        System.out.println("1 ~ 10까지 홀수의 총합 : " + sum);
    }
}
```

실행 결과

```
1 ~ 10까지 홀수의 총합 : 25
```

이번에는 1부터 10 사이의 정수 중에서 홀수의 개수도 출력해보자.

ForTest1.java
```java
public class ForTest1 {

    public static void main(String[] args) {
        int sum = 0;
```

```
        int oddCount = 0;

        for (int i = 1; i <= 10; i++) {
            if(i % 2 != 0) {
                sum = sum + i;
                oddCount++;
            }
        }
        System.out.println("1 ~ 10까지 홀수의 개수 : " + oddCount);
        System.out.println("1 ~ 10까지 홀수의 총합 : " + sum);
    }
}
```

실행 결과

```
1 ~ 10까지 홀수의 개수 : 5
1 ~ 10까지 홀수의 총합 : 25
```

3.2.2 중첩된 for문

for문 안에는 if 같은 조건 제어문 말고 또 다른 for문을 사용할 수도 있는데, 이를 중첩된 for문이라고 한다. 중첩된 for문을 이해하기 위해 먼저 하나의 for문을 이용하여 구구단 2단을 출력하는 프로그램을 작성해보자.

ForTest2.java
```
public class ForTest2 {

    public static void main(String[] args) {
        int dan = 2;
        System.out.println("== " + dan + " 단 ==");

        for (int i = 1; i <= 9; i++) {
            System.out.println(dan + " X " + i + " = " + (dan * i));
        }
    }
}
```

실행 결과

```
== 2 단 ==
2 X 1 = 2
2 X 2 = 4
2 X 3 = 6
2 X 4 = 8
2 X 5 = 10
2 X 6 = 12
2 X 7 = 14
2 X 8 = 16
2 X 9 = 18
```

하나의 for문을 이용하여 구구단 2단을 출력했으면 이제 이 작업을 9단까지 반복하기만 하면 된다. 따라서 구구단 2단을 출력하는 현재 for문을 또 다른 문으로 묶는 작업을 다음과 같이 처리한다.

ForTest2.java
```java
public class ForTest2 {

    public static void main(String[] args) {

        for (int dan = 2; dan <= 9; dan++) {

            System.out.println("== " + dan + " 단 ==");

            for (int i = 1; i <= 9; i++) {
                System.out.println(dan + " X " + i + " = " + (dan * i));
            }

            System.out.println("=========");

        }
    }
}
```

03 _ 제어문

📄 **실행 결과**

```
== 2 단 ==
2 X 1 = 2
2 X 2 = 4
2 X 3 = 6
2 X 4 = 8
2 X 5 = 10
2 X 6 = 12
2 X 7 = 14
2 X 8 = 16
2 X 9 = 18
==========
== 3 단 ==
3 X 1 = 3
3 X 2 = 6

~ 생략 ~
```

3.2.3 while문

while문은 for문과 동일한 기능을 제공하며, 용도 역시 비슷하다. 다만 프로그램에서 몇 회 반복하면 원하는 값을 얻을 수 있는지 알고 있을 때는 for문을 사용하지만, while은 반복 횟수가 명확하지 않을 때 사용한다. 다음은 while문의 구조다.

형식
```
초기식;
while(조건식) {
    반복 수행문;
    증감식;
}
```
---

while문은 while문 위에 초기식이 작성된다. 그리고 while 뒤에 조건식을 작성하고, 증감식은 반복 수행문과 함께 블록 안에 위치한다. while문에 사용된 초기식, 조건식, 증감식의

의미는 for문과 동일하다. 초기식을 ①, 조건식을 ②, 반복 수행문을 ③, 증감식을 ④라고 했을 때, while문의 수행 순서는 다음과 같다.

```
①초기식;
while(②조건식) {
    ③반복 수행문;
    ④증감식;
}
```

① → ② → ③ → ④ → ② → ③ → ④
　　└─────1차 반복─────┘　└─────2차 반복─────┘　…　n차 반복

while문을 이용하여 1부터 10까지의 정수 중에서 짝수의 합을 출력해보자.

```
                                                        WhileTest1.java
public class WhileTest1 {

    public static void main(String[] args) {
        int sum = 0;
        int i = 1;

        while (i <= 10) {
            if(i % 2 == 0) {
                sum = sum + i;
                System.out.println(i);
            }
            i++;
        }
        System.out.println("1 ~ 10까지 짝수의 총합 : " + sum);
    }
}
```

실행 결과

```
2
4
6
```

```
8
10
1 ~ 10까지 짝수의 총합 : 30
```

while문에 대한 이해가 어느 정도 됐다면 앞에서 작성한 이중 for문을 이용하여 작성했던 구구단을 while문으로 변경해보기 바란다.

```
                                                           WhileTest2.java
public class WhileTest2 {

    public static void main(String[] args) {

        int dan = 2;
        while (dan <= 9) {

            System.out.println("== " + dan + " 단 ==");
            int i = 1;
            while (i <= 9) {
                System.out.println(dan + " X " + i + " = " + (dan * i));
                i++;
            }

            dan++;
            System.out.println("=========");
        }
    }
}
```

3.2.4 무한 루프

for와 while을 사용할 때 특정 순간이 되면 반복 수행을 종료해야 한다. 그런데 조건식이 false가 되지 않아 반복문이 종료되지 않고 계속 실행되는 상황이 발행하기도 하는데, 이를 무한 루프(infinite loop)라고 한다.

일반적으로 무한 루프는 증감식을 누락했거나 조건식을 잘못 기술하는 실수에서 발생한다.

간단한 예제를 통해 무한 루프가 발생하는 상황을 확인해보자.

```java
                                                              WhileTest3.java
public class WhileTest3 {

    public static void main(String[] args) {
        int i = 1;

        while (i <= 10) {
            System.out.println(i);
        }
    }
}
```

이 프로그램을 실행하면 1이라는 값을 무한정 출력하면서 프로그램이 종료되지 않는다. 이클립스에서 무한 루프에 빠진 프로그램을 강제로 종료하기 위해서는 [Console] 탭에서 제공하는 〈Terminate〉 버튼을 눌러야 한다.

무한 루프는 개발자의 부주의나 논리적 오류에 의해서 주로 발생하기 때문에 일반적인 상황에서는 무한 루프가 발생되지 않도록 해야 한다. 하지만 가끔은 고의로 무한 루프를 발생시키기도 한다.

다음 프로그램은 무한 루프를 돌면서 사용자가 입력한 메시지를 콘솔에 출력하고, 사용자가 입력한 메시지가 "quit"인 경우 무한 루프를 종료하는 프로그램이다.

```java
                                                              WhileTest4.java
import java.io.IOException;
import java.util.Scanner;

public class WhileTest4 {
```

```java
    public static void main(String[] args) throws IOException {
        // 사용자가 입력한 메시지를 읽기 위한 Scanner 객체
        Scanner input = new Scanner(System.in);

        // 사용자가 입력한 메시지를 읽는 작업을 무한 반복하는 반복문
        while (true) {
            System.out.println("메시지 입력 후 Enter를 치세요.(종료는 quit)");
            String message = input.nextLine();
            if(message.equals("quit")) {
                // 읽은 메시지가 quit인 경우 while 블록을 종료
                break;
            }
            System.out.println("입력한 메시지 : " + message);
        }

        // Scanner를 종료한다.
        input.close();
    }
}
```

당연히 현재 시점에서 전체 소스를 이해하는 것은 불가능하다. 다만 프로그램 목적상 고의로 무한 루프를 발생시킬 수도 있다는 것만 기억하기 바란다. 실행 결과는 다음과 같다.

실행 결과

```
메시지 입력 후 Enter를 치세요.(종료는 quit)
hello
입력한 메시지 : hello
메시지 입력 후 Enter를 치세요.(종료는 quit)
java
입력한 메시지 : java
메시지 입력 후 Enter를 치세요.(종료는 quit)
quit
```

위 프로그램은 사용자가 "quit"을 입력하거나 [Console]의 〈Terminate〉 버튼을 누르기 전까지 종료되지 않는다.

3.2.5 do~while문

for문과 while문은 조건식을 평가할 때 처음 평가된 조건식의 결과가 거짓이면 반복 수행문이 한 번도 실행되지 않는다. 이를 보완하기 위해 만든 것이 do~while문이다.

다음 두 반복문은 반복 수행문이 한 차례도 실행되지 않는다.

```for (int i = 10; i < 10; i++) {```
```   System.out.println(i);```
```}```
	```int i = 10;```
	```while (i < 10) {```
	``` System.out.println(i);```
	``` i++;```
	```}```

초기식을 ①, 반복 수행문을 ②, 증감식을 ③, 조건식을 ④라고 했을 때, do~while문의 수행 순서는 다음과 같다.

```
①초기식;
do {
    ②반복 수행문;
    ③증감식;
} while (④조건식);
```

① → ② → ③ → ④ → ② → ③ → ④
        1차 반복   2차 반복   ... n차 반복

do~while문은 반복 수행문이 조건식 전에 실행되기 때문에 처음부터 조건식의 결과가 false라 하더라도 반복 수행문이 한 번은 실행된다. do~while문을 테스트하는 프로그램을 작성하고 실행 결과를 확인한다.

DoWhileTest1.java

```java
public class DoWhileTest1 {

    public static void main(String[] args) {
```

```
        int i = 10;

        do {
            System.out.println(i);
            i++;
        } while (i < 10);
    }
}
```

실행 결과

```
10
```

사실 프로그램을 작성하면서 반복 처리가 필요한 경우, 대부분 for문이나 while문을 사용하지 do~while문을 사용하지는 않는다. 따라서 do~while문은 단지 for문과 while문을 보완하기 위한 보조적 개념으로 이해하기 바란다.

3.3 이동 제어문

프로그램을 작성하다 보면 특정 조건이 충족되어 더 이상 프로그램을 진행할 필요가 없는 경우가 있다. 예를 들어 100명의 학생 중에서 100점 만점자가 있는지 확인하는 프로그램은 첫 번째 100점자를 확인하는 순간 더 이상의 확인 작업은 의미가 없다. 이동 제어문은 이렇게 프로그램의 수행을 중단하고 특정 위치로 제어를 이동시킬 때 사용한다.

3.3.1 break문

우리는 break를 이미 앞에서 학습한 switch문에서 사용해본 경험이 있다. switch에서의 break는 switch 블록 바깥으로 제어를 이동시킬 때 사용했다. 반복 제어문에서도 break를 이용하여 특정 조건을 만족하는 순간 반복문을 종료시킬 수 있다.

예를 들어 i 변숫값을 1부터 10까지 증가시키면서 i 변숫값을 출력하는 for문을 작성하되, i 변숫값이 5가 되는 순간 for문을 종료시켜보자.

```java
// BreakTest1.java
public class BreakTest1 {
    public static void main(String[] args) {
        for (int i = 1; i <= 10; i++) {
            if(i == 5) {
                break;
            }
            System.out.println("i 변숫값 : " + i);
        }
    }
}
```

실행 결과

```
i 변숫값 : 1
i 변숫값 : 2
i 변숫값 : 3
i 변숫값 : 4
```

여기에서 주의할 점은 break가 if문 안에서 사용됐다고 해서 if문을 종료하는 것이 아니라는 것이다. 즉, break는 for 같은 반복문을 종료시키는 것이다.

중첩된 for문에서 break를 사용하는 경우는 break를 포함하는 for문만 종료한다. 예를 들어 다음과 같이 이중 for문을 작성하고 실행하면, 한 줄에 5개의 '*'을 5줄 반복하는 출력을 확인할 수 있다.

```java
// BreakTest2.java
public class BreakTest2 {
    public static void main(String[] args) {
        for (int i = 1; i <= 5; i++) {
            for (int j = 1; j <= 5; j++) {
                System.out.print("*");
            }
            System.out.println();
        }
    }
}
```

실행 결과
```
*****
*****
*****
*****
*****
```

만약 현재 소스를 수정하여 실행 결과가 다음과 같게 하려면 어떻게 해야 할까?

```
*
**
***
****
*****
```

BreakTest2.java를 다음과 같이 수정하고 실행 결과를 확인한다.

```java
                                                              BreakTest2.java
public class BreakTest2 {
    public static void main(String[] args) {

        for (int i = 1; i <= 5; i++) {
            for (int j = 1; j <= 5; j++) {
                if(j > i) {
                    break;
                }
                System.out.print("*");
            }
            System.out.println();
        }
    }
}
```

j 변수의 값이 i 변수의 값보다 커지는 상황이 되면 더 이상 '*'을 출력하지 않도록 코드를 수정했다. 여기에서 중요한 것은 break문의 역할인데, break는 j 변수를 사용하는 중첩된 for

문만 종료시킨다. 만약 break를 통해 바깥에 있는 for문을 종료하려면 이름이 있는 break를 사용해야 한다.

3.3.2 이름이 있는 break

for문을 중첩하여 사용할 때 for문을 식별하기 위한 이름을 붙일 수 있다. 중첩된 for문에 이름을 설정하면 break문을 사용하여 특정 for문을 종료시킬 수 있다.

BreakTest3.java
```java
public class BreakTest3 {

    public static void main(String[] args) {

        outer: for (int i = 1; i <= 5; i++) {
            for (int j = 1; j <= 5; j++) {
                if(j > i) {
                    break outer;
                }
                System.out.print("#");
            }
            System.out.println();
        }
    }
}
```

실행 결과
```
#
```

실행 결과를 통해 확인할 수 있듯이 j 변숫값이 i 변숫값보다 커지는 상황이 되면 바로 'outer: '가 설정된 외부 for문이 종료된다.

3.3.3 continue문

break와 비슷하면서도 조금은 다른 continue라는 예약어도 있다. continue는 프로그램의 수행을 중단시킨다는 점에서는 break와 비슷하다. 하지만 continue 이후에 작성된 코드 실행을 중단하는 것뿐이지 break처럼 반복문 자체를 종료시키지는 않는다.

ContinueTest1.java를 작성하고 앞에서 작성한 BreakTest1.java와 비교해보자.

BreakTest1.java
```java
public class ContinueTest1 {
    public static void main(String[] args) {

        for (int i = 1; i <= 10; i++) {
            if(i == 5) {
                break;
            }
            System.out.println("i 변숫값 : " + i);
        }
    }
}
```

```
i 변숫값 : 1
i 변숫값 : 2
i 변숫값 : 3
i 변숫값 : 4
```

i값이 5가 되는 순간 for문이 종료된다.

ContinueTest1.java
```java
public class ContinueTest1 {
    public static void main(String[] args) {

        for (int i = 1; i <= 10; i++) {
            if(i == 5) {
                continue;
            }
            System.out.println("i 변숫값 : " + i);
        }
    }
}
```

```
i 변숫값 : 1
i 변숫값 : 2
i 변숫값 : 3
i 변숫값 : 4
i 변숫값 : 6
i 변숫값 : 7
i 변숫값 : 8
i 변숫값 : 9
i 변숫값 : 10
```

i값이 5가 되는 순간만 해당 출력문이 실행되지 않고, 6부터는 계속 수행된다.

다시 확인하면 break와 continue 둘 다 프로그램 수행을 중단시키는 것까지는 동일하다. 하지만 break가 아예 for문을 종료시킨다면 continue는 continue 아래의 수행 문장을 한 차례만 건너뛰고 다음 반복을 계속 진행시킨다.

3.3.4 return문

이동 제어문 중에 break와 continue 외에 return이라는 것도 있는데, 사실 return은 지금까지 살펴본 break나 continue와는 전혀 다른 개념의 예약어다. break와 continue가 일반적으로 반복문에서 사용된다면 return은 이후에 학습할 5장(클래스)의 메소드에서 사용한다.

return을 이해하려면 먼저 메소드의 호출 과정을 이해해야 한다. 다음과 같이 ReturnTest1.java 파일을 작성하고 실행 결과를 확인한다.

ReturnTest1.java
```java
public class ReturnTest1 {

    public static void main(String[] args) {
        System.out.println("main() 시작");
        otherMethod();   // 메소드 호출
        System.out.println("main() 종료");
    }

    private static void otherMethod() {
        System.out.println("otherMethod() 시작");
        System.out.println("otherMethod() 종료");
    }
}
```

<> 실행 결과
```
main() 시작
otherMethod() 시작
otherMethod() 종료
main() 종료
```

메소드는 다른 누군가가 해당 메소드를 호출했을 때 실행된다. 사실 우리가 지금까지 사용했던 main()이라는 것도 메소드이며, 프로그램을 실행하는 순간 JVM이 우리가 작성한 프로그램의 main() 메소드를 호출했기 때문에 main() 메소드 안의 소스 코드가 실행될 수 있었던 것이다.

실행 결과를 바탕으로 메소드의 호출 과정을 그림으로 확인해보자.

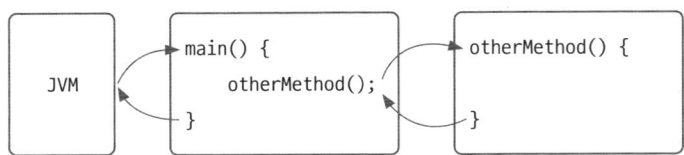

우선 JVM이 main() 메소드를 호출하면 main() 메소드는 다시 otherMethod()를 호출한다. 메소드가 가진 모든 소스 코드가 실행되면 자동으로 메소드를 호출한 곳으로 제어가 되돌아온다. 따라서 otherMethod()의 코드가 모두 실행되면 main() 메소드로 되돌아오고, 마찬가지로 main() 메소드의 소스 코드가 모두 실행되면 제어는 JVM으로 되돌아온다.

여기에서 중요한 것은 호출된 메소드에서 return을 사용하면 return 이후에 작성된 소스 코드의 실행을 중단하고 곧바로 메소드가 호출된 곳으로 제어가 이동한다는 것이다. 이를 확인하기 위해 방금 작성한 소스를 다음과 같이 수정하고 실행 결과를 확인한다.

ReturnTest1.java
```java
public class ReturnTest1 {

    public static void main(String[] args) {
        System.out.println("main() 시작");
        otherMethod();   // 메소드 호출
        System.out.println("main() 종료");
    }

    private static void otherMethod() {
        System.out.println("otherMethod() 시작");
        for (int i = 1; i <= 10; i++) {
            if (i == 5) {
                return;
            }
        }
        System.out.println("otherMethod() 종료");
    }
}
```

실행 결과

```
main() 시작
otherMethod() 시작
main() 종료
```

실행 결과를 통해 확인할 수 있듯이 return을 만나면 메소드의 수행은 중단되고 해당 메소드가 호출된 곳으로 이동한다. return에 대해서는 이후에 클래스와 메소드를 설명할 때 다시 살펴보도록 한다.

마무리하며

이번 장에서는 프로그램의 흐름을 제어할 때 사용하는 제어문에 대해서 살펴봤다. 제어문은 변수나 연산자와 더불어 프로그램의 핵심 문법으로, 크게 조건 제어문과 반복 제어문으로 구성된다. 특히 반복 제어문인 for와 while은 프로그램 개발에서 활용도가 매우 높기 때문에 반복적인 연습을 통해 숙달하기 바란다. 제어문에는 break나 continue 같은 독특한 형태의 이동 제어문도 있다.

이어지는 학습에서는 배열(array)에 대해서 살펴볼 것이다. 배열은 자바 프로그램에서 자주 사용하는 컬렉션으로 '동일한 타입의 데이터가 일정한 순서대로 모여 있는 것'을 의미한다. 자바는 배열을 참조 타입으로 사용하기 때문에 배열을 통해 참조 타입에 대한 개념도 더불어 정리할 수 있을 것이다.

04장

배열

4.1 배열 기초

배열(array)은 자바 프로그램에서 자주 사용하는 매우 중요한 개념이다. 배열의 사전적 의미는 '동일한 타입의 데이터가 일정한 순서로 모여 있는 것'을 의미하는데, 자바는 이런 배열을 참조 타입이라는 독특한 형태로 사용한다.

4.1.1 배열의 필요성

예제를 통해 배열의 개념과 용도를 확인해보자. 다음은 시험에 응시한 다섯 학생의 총점과 평균 점수를 출력하는 프로그램이다.

```java
                                                          ArrayTest1.java
public class ArrayTest1 {

    public static void main(String[] args) {
        int kimScore = 76;
        int partScore = 92;
        int leeScore = 49;
        int choiScore = 78;
        int pyoScore = 83;
```

```
            int sum = kimScore + partScore + leeScore + choiScore + pyoScore;
            double avg = (double) sum/5;

            System.out.println("총점 : " + sum);
            System.out.println("평균 : " + avg);
    }
}
```

실행 결과

총점 : 378
평균 : 75.6

학생 다섯 명이 획득한 점수의 총합과 평균을 구하는 것은 그리 어려운 일이 아니다. 그런데 만약 시험에 응시한 학생 수가 늘어서 1,000명의 합과 평균을 출력해야 한다고 가정하자. 프로그램에서는 당연히 1,000명의 점수를 저장할 1,000개의 변수가 필요할 것이고, 중복되지 않는 1,000개의 변수를 선언하는 데에 많은 시간과 노력이 필요할 것이다.

이때 다시 한번 생각해야 할 것이 프로그램의 목적이다. 프로그램은 시험에 응시한 학생들이 획득한 점수의 총합과 평균을 구하는 것이 목적이지, 누가 몇 점을 획득했는지는 전혀 중요하지 않다. 따라서 1,000명의 시험 점수를 위한 중복되지 않는 변수는 의미가 없으며, 이런 변수를 선언하기 위한 노력 역시 필요 없는 것이다.

이런 상황에서 배열은 매우 적절한 해결 방법이 될 수 있다. 배열은 동일한 타입의 데이터를 한곳에 모으고, 순차적으로 처리할 목적으로 사용하는 데이터의 집합이다. 자바에서는 이런 데이터의 집합을 컬렉션(collection)이라고 한다.

4.1.2 배열 객체 생성

지금까지 우리는 프로그램을 작성하면서 기본 타입의 데이터만 사용해왔다. 그런데 자바는 배열을 객체라는 독특한 타입의 데이터로 취급하며, 이를 참조 타입이라고도 한다. 배열 객체를 생성하기 위한 문법은 다음과 같다.

배열 객체를 생성할 때 가장 먼저 등장하는 것이 new라는 예약어다. JVM은 new라는 예약어를 만나는 순간 가장 먼저 객체 생성에 필요한 메모리 공간을 확보한다. 이때 중요한 정보가 바로 배열의 데이터 타입과 크기다. 만약 new int[5];라고 했다면 int 타입(4byte)의 데이터 5개를 저장한다는 의미이므로 정수 5개를 저장할 수 있는 20byte만큼의 메모리 공간이 확보되는 것이다. 이 과정을 그림으로 표현하면 다음과 같다.

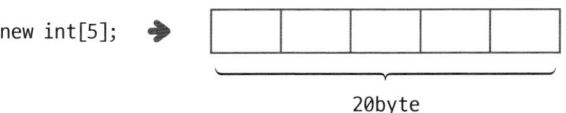

배열 객체는 생성되는 순간 각 저장 공간에 0부터 시작하는 인덱스 번호가 자동으로 부여되며, 각 인덱스에는 기본값이 자동으로 할당된다. 이를 배열의 기본 초기화라고 하며, 그림으로 표현하면 다음과 같다.

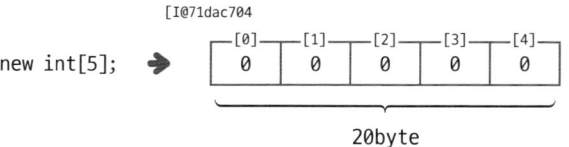

지금은 int 타입의 배열 객체를 생성했기 때문에 각 인덱스가 0으로 초기화되지만, 만약 double 타입이라면 0.0이, boolean 타입이라면 false가 기본값으로 초기화될 것이다.

위 그림에서 가장 중요한 개념은 배열 객체 위에 있는 '[I@71dac704'라는 정보인데, 이것이 바로 배열 객체의 메모리 위치, 즉 주소 정보다. 메모리에 생성된 배열 객체는 고유한 메모리 주소 정보를 갖기 때문에 이 주소 정보를 통해 메모리에 생성된 수많은 배열 객체들을 식별할 수 있는 것이다.

4.1.3 배열과 참조 변수

객체지향 언어를 이용하여 프로그램을 개발하면 수많은 객체들이 메모리에 생성되며, 각 객체는 고유한 메모리 주소를 갖는다. 그런데 프로그램에서 객체를 사용하기 위해 객체들의 메모리 위치를 외워서 사용하는 것은 불가능하다.

따라서 메모리 주소를 사람이 기억할 수 있는 참조 변수라는 것에 할당하고, 이 참조 변수를 통해 메모리상의 객체를 사용하는 것이다. 다음은 배열 객체를 위한 참조 변수를 선언하는 문법이다.

> **형식**
>
> **데이터타입[] 참조변수;**
>
> 예) int[] scoreList;
> 　　double[] avgList;
> 　　String[] addressList;

배열 참조 변수 선언과 관련된 각 요소의 의미는 다음과 같다.

배열 요소	의미
데이터 타입	배열에 저장되는 데이터의 종류를 결정한다.
[]	배열 첨자라고 읽으며, 현재 변수가 배열 변수임을 의미한다.
	이 첨자의 개수에 따라 배열의 차원이 결정된다. 즉, int[]이면 1차원 배열이며, int[][]은 2차원 배열을 의미한다.
참조 변수	배열 객체의 주소가 할당될 참조 변수의 이름이다.

참조 변수에 실제로 배열 객체의 주소를 할당하기 위해서는 다음과 같은 과정이 필요하다.

> **형식**
>
> **참조변수 = new 데이터타입[배열크기];**
>
> 예) scoreList = new int[5];
> 　　avgList = new double[5];
> 　　addressList = new String[5];

물론 배열 변수의 선언과 객체 할당 역시 다음과 같이 한 줄로 처리할 수 있다.

> **형식**
>
> 데이터타입[] 참조변수 = new 데이터타입[배열크기];
>
> 예) int[] scoreList = new int[5];
> 　　double[] avgList = new double[5];
> 　　String[] addressList = new String[5];

배열 참조 변수가 배열 객체의 메모리 주소 정보를 가진다는 것을 확인하기 위한 간단한 실습을 진행해보자.

ArrayTest2.java
```java
public class ArrayTest2 {

    public static void main(String[] args) {
        int score = 83;
        int[] scoreList = new int[5];

        System.out.println("기본형 score : " + score);
        System.out.println("참조형 scoreList : " + scoreList);
    }
}
```

실행 결과

기본형 score : 83
참조형 scoreList : [I@71dac704　　→ 출력되는 메모리 주소는 다를 수 있음

실행 결과를 통해 기본 타입 변수인 score에는 값 자체가 할당되는 반면, 참조 타입 변수인 scoreList에는 배열 객체의 메모리 주소가 할당됨을 확인할 수 있다. 다음은 프로그램의 실행 결과를 그림으로 표현한 것이다.

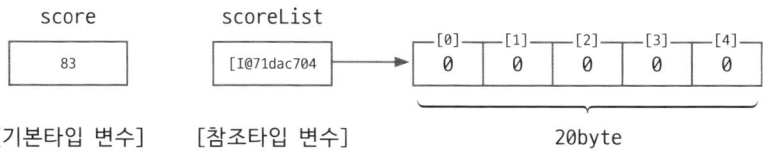

그림에서 확인할 수 있듯이 new 연산자에 의해 int 타입의 정수 5개를 저장할 수 있는 배열 객체가 생성되고, scoreList 변수에는 생성된 배열 객체의 메모리 주소 정보가 할당된다.

4.1.4 배열의 사용

배열의 참조 변수를 이용하면 배열 객체가 생성된 메모리의 특정 위치까지 접근할 수 있다. 이는 마치 주소를 통해 특정 건물을 찾아가는 과정과 동일하다. 즉, scoreList라는 참조 변수를 이용하면 메모리에 다른 객체가 있다 하더라도 정확하게 scoreList 변수가 참조하는 배열 객체를 찾아갈 수 있는 것이다.

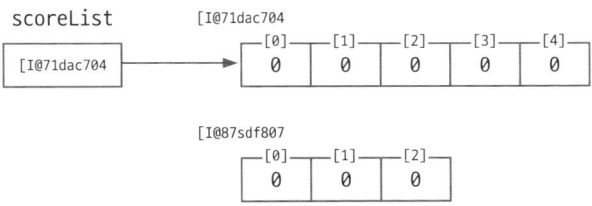

참조 변수를 통해 배열 객체에 접근했으면 인덱스를 이용하여 실질적인 데이터가 저장되는 공간에 접근할 수 있다. 만약 scoreList[0]이라고 하면 배열 객체가 가지고 있는 여러 저장 공간 중에 [0]번 인덱스에 접근하는 것이다.

배열의 인덱스에 접근하여 값을 할당하고 할당된 값을 출력하는 예제를 작성해보자.

ArrayTest3.java
```java
public class ArrayTest3 {

    public static void main(String[] args) {
        int[] scoreList = new int[5];
        scoreList[0] = 76;
```

```
        scoreList[1] = 92;
        scoreList[2] = 49;

        System.out.println("scoreList[0] : " + scoreList[0]);
        System.out.println("scoreList[1] : " + scoreList[1]);
        System.out.println("scoreList[2] : " + scoreList[2]);
        System.out.println("scoreList[3] : " + scoreList[3]);
        System.out.println("scoreList[4] : " + scoreList[4]);
    }
}
```

위 소스에서는 생성된 배열 객체에 접근하여 [0]번 인덱스에는 76, [1]번 인덱스에는 92, [2]번 인덱스에는 49라는 값을 각각 할당했다.

원래 배열 객체가 생성되는 순간에는 기본 초기화에 의해 다섯 개의 인덱스에 모두 0이라는 값이 할당되었다가 [0], [1], [2] 인덱스에만 각각 76, 92, 49라는 새로운 값을 할당했다. 따라서 [3]과 [4]번 인덱스에는 0값이 유지된다.

작성한 프로그램의 실행 결과는 다음과 같다.

실행 결과

```
scoreList[0] : 76
scoreList[1] : 92
scoreList[2] : 49
scoreList[3] : 0
scoreList[4] : 0
```

배열 객체를 생성하면서 동시에 초기화까지 처리할 수도 있다. 아래의 코드는 정수 5개를 저장하는 배열 객체를 생성하고, 각각의 인덱스에 값을 할당하는 것을 한 줄의 자바 코드로 처리한 것이다.

```
//    int[] scoreList = new int[5];
//    scoreList[0] = 76;
//    scoreList[1] = 92;
//    scoreList[2] = 49;
```

```
//      scoreList[3] = 83;
//      scoreList[4] = 100;

        int[] scoreList = {76, 92, 49, 83, 100};
```

배열에 저장하는 값이 많다면 각 인덱스에 일일이 값을 할당하기보다는 위와 같이 블록을 이용하는 것이 훨씬 편리하다.

참고로 블록 형태로 배열 객체를 초기화한 후에는 다른 배열 객체로 변경할 수 없다. 즉, 다음의 경우는 에러가 발생한다.

```
12      int[] scoreList = {76, 92, 49, 83, 100};
●13     scoreList = {99, 65, 77, 90, 48};
```

일반적으로 배열에 들어있는 값들을 순차적으로 처리할 때는 앞에서 학습한 for문을 사용한다. 다음은 배열에 저장된 점수의 목록을 출력하는 간단한 프로그램이다.

ArrayTest4.java
```java
public class ArrayTest4 {

    public static void main(String[] args) {
        int[] scoreList = {76, 92, 49, 83, 100};

        for (int i = 0; i < 5; i++) {
            System.out.println("scoreList[" + i + "] : " + scoreList[i]);
        }
    }
}
```

<> 실행 결과

```
scoreList[0] : 76
scoreList[1] : 92
scoreList[2] : 49
scoreList[3] : 83
scoreList[4] : 100
```

배열에 대한 for문을 사용할 때 다음과 같이 향상된 for문을 사용할 수도 있다. 향상된 for문은 기존에 사용하던 for문에 비해 코드도 간결하고 처리 속도 역시 빠르다.

> **형식**
>
> for(데이터타입 변수 : 배열참조변수) {
>   반복 수행문;
> }

앞에서 작성한 ArrayTest4.java 소스에 향상된 for문을 적용해보자.

```
                                                              ArrayTest4.java
public class ArrayTest4 {

    public static void main(String[] args) {
        int[] scoreList = {76, 92, 49, 83, 100};
//      for (int i = 0; i < 5; i++) {
//          System.out.println("scoreList[" + i + "] : " + scoreList[i]);
//      }

        for (int score : scoreList) {
            System.out.println("score : " + score);
        }
    }
}
```

실행 결과는 이전과 동일하다.

4.1.5 배열의 크기와 length 변수

배열은 생성되는 순간 저장할 수 있는 데이터의 개수가 결정된다. 따라서 new int[3];이라고 했다면 총 3개의 정수를 저장할 수 있는 배열 객체가 생성되는 것이다. 그런데 만약 생성된 배열 객체를 사용할 때 존재하지 않는 인덱스에 접근하려고 하면 문제가 발생한다. 이를 확인하기 위한 프로그램을 작성하고 실행 결과를 확인한다.

```java
ArrayTest5.java
public class ArrayTest5 {

    public static void main(String[] args) {

        int[] scoreList = {76, 92, 49, 83, 100};

        for (int i = 0; i <= 5; i++) {
            System.out.println("scoreList[" + i + "] : " + scoreList[i]);
        }
    }
}
```

프로그램을 실행하면 콘솔에 다음과 같은 에러 메시지가 출력되는 것을 확인할 수 있다.

실행 결과
```
scoreList[0] : 76
scoreList[1] : 92
scoreList[2] : 49
scoreList[3] : 83
scoreList[4] : 100
Exception in thread "main" java.lang.ArrayIndexOutOfBoundsException: Index 5 out of bounds for length 5
        at ArrayTest5.main(ArrayTest5.java:8)
```

문제가 발생한 곳은 ArrayTest5.java 파일의 8번째 줄인데, 에러의 원인은 존재하지 않는 배열 인덱스에 접근하고 있기 때문이다. 5개의 정수가 등록된 배열 객체의 마지막 인덱스 번호는 [4]다. 그런데 for문의 조건식이 i <= 5로 되어있기 때문에 존재하지 않는 [5]번 인덱스에서 값을 꺼내려고 했던 것이다. 이런 조건의 에러를 ArrayIndexOutOfBoundsException이라고 한다.

배열을 이용하다 보면 이렇게 배열의 길이를 잘못 계산해서 문제가 발생하는 경우가 있다. 그렇다고 배열을 사용할 때마다 매번 배열의 저장 공간이 몇 개인지 확인하면서 프로그램을 작성하는 것은 매우 번거로운 일이다. 이를 위해 자바는 length라는 변수를 제공한다.

length 변수는 배열 객체의 길이를 확인할 때 사용하는데, 만약 생성된 배열 객체의 길이가 5라면 length 변수에는 자동으로 5가 할당되는 것이다. 이제 프로그램에서는 배열 객체의 마지막 인덱스 번호를 length - 1로 간단하게 구할 수 있다.

앞에서 작성한 ArrayTest5.java를 다음과 같이 수정하고 실행 결과를 확인한다.

ArrayTest5.java
```java
public class ArrayTest5 {

    public static void main(String[] args) {

        int[] scoreList = {76, 92, 49, 83, 100};

        System.out.println(scoreList.length + "개의 점수 현황");
        for (int i = 0; i < scoreList.length; i++) {
            System.out.println("scoreList[" + i + "] : " + scoreList[i]);
        }
    }
}
```

<> 실행 결과

```
5개의 점수 현황
scoreList[0] : 76
scoreList[1] : 92
scoreList[2] : 49
scoreList[3] : 83
scoreList[4] : 100
```

참고로 배열은 생성되는 순간 크기가 결정되기 때문에 배열에 저장하는 데이터의 개수를 늘리려면 새로운 배열을 생성하고 기존의 값들을 복사해야 한다.

4.1.6 배열과 타입 변환

앞에서 배열은 동일한 타입의 데이터만 저장할 목적으로 사용하는 컬렉션이라고 했다. 하지만 타입 변환이 가능한 경우에 한해서 다른 타입의 데이터도 저장할 수 있는데, 이를 확인하기 위한 예제를 작성해보자.

```java
                                                          ArrayTest6.java
public class ArrayTest6 {

    public static void main(String[] args) {
        double[] scoreList = {76, 92.4, 49, 78.3, 83.7};

        System.out.println(scoreList.length + "개의 점수 현황");

        for (int i = 0; i < scoreList.length; i++) {
            System.out.println("scoreList[" + i + "] : " + scoreList[i]);
        }
    }
}
```

작성된 소스를 보면 생성된 배열 객체는 double 타입이지만 int 타입의 데이터가 double 타입으로 변환될 수 있기 때문에 double 타입의 배열에 등록될 수 있는 것이다. 실행 결과는 다음과 같다.

실행 결과

```
5개의 점수 현황
scoreList[0] : 76.0
scoreList[1] : 92.4
scoreList[2] : 49.0
scoreList[3] : 78.3
scoreList[4] : 83.7
```

4.1.7 배열을 이용한 통계 데이터

배열에 저장된 데이터를 반복문을 이용하여 처리하면 다양한 통계 정보를 얻을 수 있다. 다음은 배열에 저장된 점수의 최고 점수, 최저 점수, 점수 총합, 점수 평균을 출력하는 프로그램이다.

ArrayTest7.java

```java
public class ArrayTest7 {

    public static void main(String[] args) {
        // 배열 객체를 생성한다.
        int[] scoreList = {76, 92, 49, 78, 83};

        int maxScore = 0;
        int minScore = 100;
        int sumScore = 0;
        int avgScore = 0;

        for (int i = 0; i < scoreList.length; i++) {
            // 배열에서 꺼낸 점수가 min 변숫값보다 낮으면 값을 변경한다.
            if (minScore > scoreList[i]) {
                minScore = scoreList[i];
            }

            // 배열에서 꺼낸 점수가 max 변숫값보다 낮으면 값을 변경한다.
            if (maxScore < scoreList[i]) {
                maxScore = scoreList[i];
            }

            // 배열에서 꺼낸 점수를 sum 변수에 누적한다.
            sumScore = sumScore + scoreList[i];
        }
        avgScore = sumScore / scoreList.length;

        System.out.println("최고 점수 : " + maxScore);
        System.out.println("최저 점수 : " + minScore);
        System.out.println("점수 총합 : " + sumScore);
        System.out.println("점수 평균 : " + avgScore);
    }
}
```

실행 결과

최고 점수 : 92
최저 점수 : 49
점수 총합 : 378
점수 평균 : 75

4.1.8 명령행 매개변수

명령행 매개변수는 프로그램을 실행할 때 프로그램 외부에서 사용자가 전달하는 데이터를 받기 위해 사용하는 변수다. 그렇다면 사용자는 프로그램을 실행할 때 어떻게 데이터를 전달할 수 있으며, 프로그램에서는 어떻게 사용자가 전달한 데이터를 받을 수 있을까?

우선 명령행 매개변수를 활용하는 프로그램을 작성하고 실행 결과를 확인한다.

ArrayTest8.java
```java
public class ArrayTest8 {

    public static void main(String[] args) {

        System.out.println(args.length + "개의 데이터가 전달되었습니다.");

        for (int i = 0; i < args.length; i++) {
            System.out.println(args[i]);
        }
    }
}
```

실행 결과
```
0개의 데이터가 전달되었습니다.
```

위와 같은 결과가 출력된 이유는 프로그램이 실행될 때 외부로부터 아무런 데이터도 전달받지 않았기 때문이다. 외부에서 프로그램에 데이터를 전달하기 위해서는 작성된 소스에서 오른쪽 마우스를 누르고 [Run As] → [Run Configurations…] 메뉴를 순차적으로 선택한다.

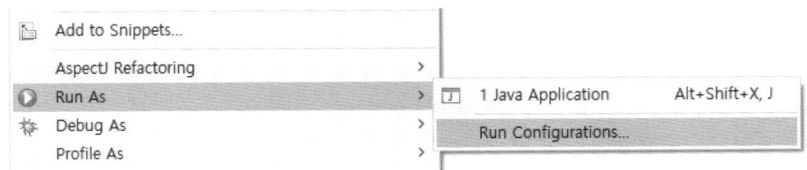

이제 실행할 클래스를 지정해야 하는데, [Main] 탭에서 Project와 Main class를 각각 설정한다. 이때 화면 오른쪽에 있는 〈Browse…〉와 〈Search…〉 버튼을 적절히 이용하면 된다.

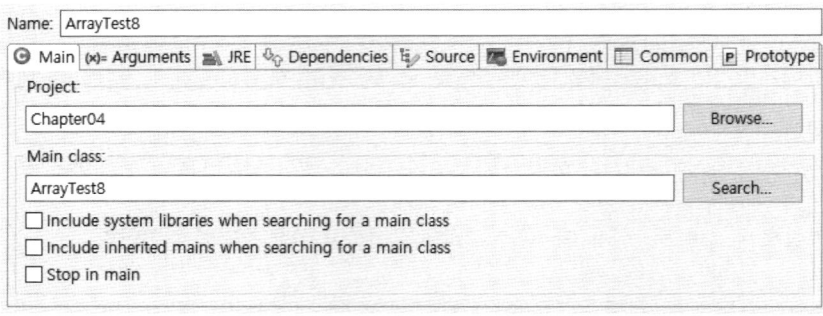

그리고 다음과 같이 [Arguments] 탭을 선택한 상태에서 공백(space)을 기준으로 데이터를 전달하면 된다.

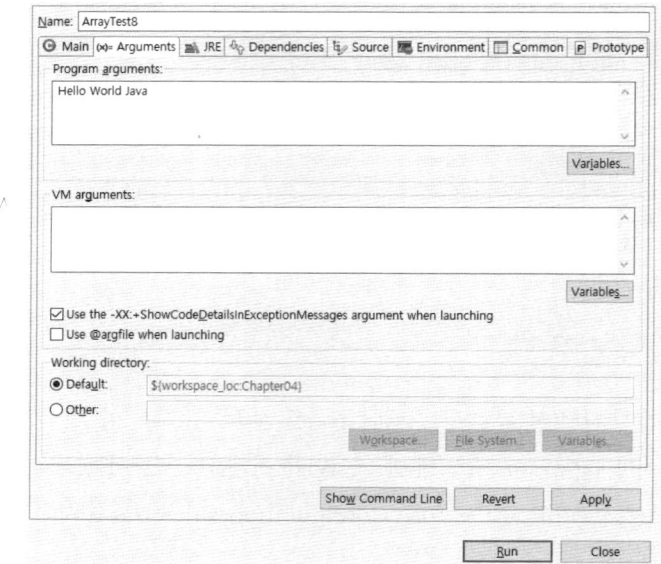

마지막으로 아래쪽에 〈Run〉 버튼을 클릭하면 다음과 같은 결과를 확인할 수 있다.

실행 결과

```
3개의 데이터가 전달되었습니다.
Hello
World
Java
```

이렇게 프로그램을 실행할 때 외부로부터 전달된 데이터는 main() 메소드에서 받아주는데, 이때 사용되는 것이 main() 메소드에 선언된 String[] 타입의 args라는 매개변수다. 다시 말하면 명령행 매개변수로 전달된 데이터는 자동으로 문자열 배열 형태로 전달되는 것이다.

다음은 프로그램을 실행할 때 외부에서 전달되는 데이터에 따라 명령행 매개변수가 받아들이는 배열의 상태를 표현한 것이다.

명령행 매개변수	main() 메소드에서 받아들이는 배열 정보
Hello World Java	String[] args = {"Hello", "World", "Java"};
98 + 83	String[] args = {"98", "+", "83"};
98 83 46 77 100	String[] args = {"98", "83", "46", "77", "100"};

앞에서 작성했던 ArrayTest8.java 프로그램을 명령행 매개변수를 통해 시험 점수 목록을 받아서 평균 점수를 출력하는 프로그램으로 수정한다.

ArrayTest8.java
```java
public class ArrayTest8 {

    public static void main(String[] args) {

        int sum = 0;
        for (int i = 0; i < args.length; i++) {
            sum = sum + Integer.parseInt(args[i]);
        }

        System.out.println(args.length + "명의 평균 점수 : " + (double) sum/args.length);
    }
}
```

위 소스에서 Integer.parseInt(args[i]); 코드는 래퍼(wrapper) 클래스인 Integer를 배워야 이해할 수 있는 코드다. 아직 Integer 클래스를 배우지 않은 상태기 때문에, 지금은 단지 args[i]에 해당하는 문자열을 정수로 변환하는 코드 정도로 이해하자.

중요한 것은 이클립스에서 작성된 ArrayTest8.java 프로그램을 실행할 때 다음과 같이 명령행 매개변수를 설정해야 한다는 것이다.

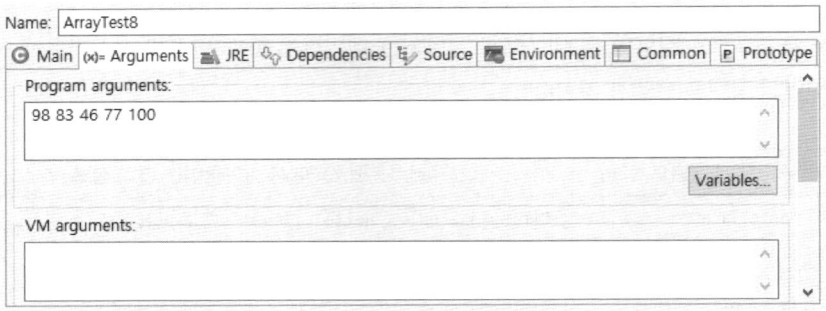

> **실행 결과**
> 5명의 평균 점수 : 80.8

4.2 다차원 배열

지금까지 살펴본 배열은 1차원 배열이며, 자바에서는 2차원 배열부터 다차원 배열이라고 한다. 일반적인 프로그램에서는 최대 2차원 배열 정도만 사용하고 3차원 배열부터는 거의 사용하지 않는다. 따라서 이 책에서도 2차원 배열만 다룰 것이다.

4.2.1 2차원 배열의 선언과 객체 생성

2차원 배열의 선언은 1차원 배열과 동일하다. 다만 배열 첨자([ ])가 하나가 아닌 두 개인 점만 다르다.

> **형식**
> 데이터타입[][] 배열변수;
> 예) int[][] scoreList;

참조 변수에 2차원 배열 객체를 할당하는 과정 역시 1차원 배열과 동일하다.

```
scoreList = new int[3][5];
```

당연히 2차원 배열도 참조 변수 선언과 객체 할당을 다음과 같이 한 줄로 처리할 수 있다.

```
int[][] scoreList = new int[3][5];
```

일반적으로 2차원 배열을 다음 그림과 같은 테이블 구조로 설명한다. 배열 객체를 생성할 때 지정한 두 개의 배열 첨자 중에서 첫 번째는 가로줄의 수를 의미하며, 두 번째는 세로줄의 수를 의미한다고 볼 수 있다.

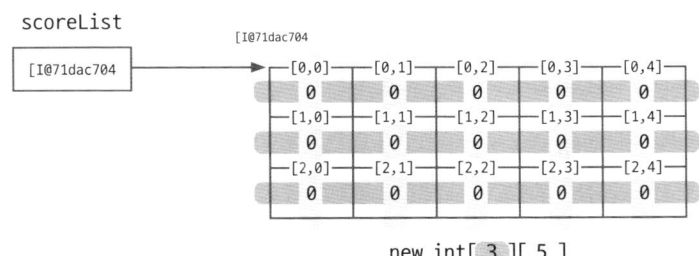

4.2.2 2차원 배열의 사용

2차원 배열에 저장된 데이터에 접근할 때는 배열 객체의 주소가 저장된 참조 변수와 함께 두 개의 인덱스를 이용해야 한다. 만약 첫 번째 줄에 있는 다섯 번째 배열 인덱스에 접근하여 83이라는 값을 할당하려 한다면 다음과 같이 작성한다.

```
scoreList[0][4] = 83;
```

scoreList는 2차원 배열 객체의 주소를 가지고 있기 때문에 참조 변수로는 메모리에 존재하는 배열 객체까지만 접근할 수 있다. 이제 나머지는 두 개의 인덱스를 통해 정확한 위치를 찾아야 하는데, 첫 번째 인덱스는 가로줄의 위치이고 두 번째 인덱스는 세로줄의 위치가 된다.

2차원 배열 객체를 생성하고 사용하는 예제를 작성하고 실행 결과를 확인한다.

ArrayTest9.java
```java
public class ArrayTest9 {

    public static void main(String[] args) {
        int[][] scoreList = new int[3][5];
        // 1열
        scoreList[0][0] = 11;
        scoreList[0][1] = 12;
        scoreList[0][2] = 13;
        scoreList[0][3] = 14;
        scoreList[0][4] = 15;
        // 2열
        scoreList[1][0] = 21;
        scoreList[1][1] = 22;
        scoreList[1][2] = 23;
        scoreList[1][3] = 24;
        scoreList[1][4] = 25;
        // 3열
        scoreList[2][0] = 31;
        scoreList[2][1] = 32;
        scoreList[2][2] = 33;
        scoreList[2][3] = 34;
        scoreList[2][4] = 35;

        for (int i = 0; i < 3; i++) {
            for (int j = 0; j < 5; j++) {
                System.out.print(scoreList[i][j] + " ");
            }
            System.out.println("");
        }
    }
}
```

실행 결과

```
11 12 13 14 15
21 22 23 24 25
31 32 33 34 35
```

2차원 배열도 1차원 배열처럼 객체 생성과 동시에 초기화를 처리할 수 있다. 방금 작성한 코드를 다음과 같이 수정한다.

ArrayTest9.java

```java
public class ArrayTest9 {

    public static void main(String[] args) {
        int[][] scoreList = {   {11, 12, 13, 14, 15},     // 1열
                                {21, 22, 23, 24, 25},     // 2열
                                {31, 32, 33, 34, 35} };   // 3열

        for (int i = 0; i < 3; i++) {
            for (int j = 0; j < 5; j++) {
                System.out.print(scoreList[i][j] + " ");
            }
            System.out.println("");
        }
    }
}
```

실행 결과는 이전과 동일하다.

4.2.3 배열에 대한 또 다른 배열

우리는 지금까지 2차원 배열을 테이블 형태의 구조로 표현했다. 그런데 문제는 다차원 배열을 테이블 구조로 표현하는 것은 2차원 배열까지만 가능하고 3차원 이상부터는 설명이 어렵다는 것이다.

그래서 다차원 배열을 배열에 대한 또 다른 배열이라는 형태로 접근하려고 한다. 배열의 배열이라는 개념을 이해하기 위한 간단한 실습을 진행해보자.

```
                                                          ArrayTest10.java
public class ArrayTest10 {

    public static void main(String[] args) {
        int[][] scoreList = new int[3][5];

        System.out.println(scoreList);
        System.out.println(scoreList[0]);
        System.out.println(scoreList[1]);
        System.out.println(scoreList[2]);
    }
}
```

실행 결과

```
[[I@71dac704
[I@123772c4
[I@2d363fb3
[I@7d6f77cc     → 출력되는 메모리 주소는 다를 수 있음
```

위에서 작성한 소스를 기반으로 메모리에 생성된 2차원 배열 객체의 구조를 그림으로 표현하면 다음과 같다.

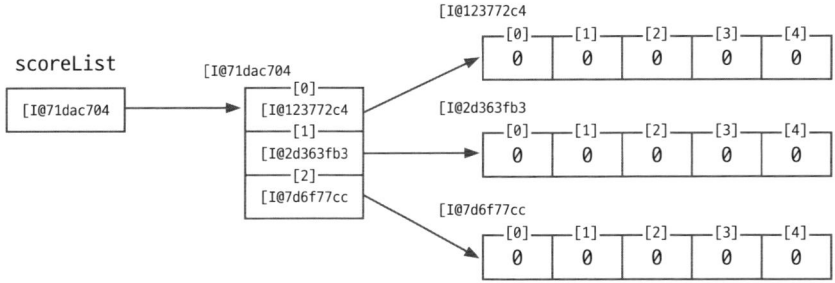

new int[3][5]; 코드가 실행되면 가장 먼저 세 개의 메모리 주소를 저장할 수 있는 1차원 배열 객체가 생성된다. 그리고 생성된 1차원 배열의 주소인 '[I@71dac704'가 scoreList 참조 변수에 할당된다. 여기까지 놓고 보면 마치 1차원 배열 객체를 생성하는 과정과 동일한 상황이다.

이제부터가 중요한데, 이제 int 다섯 개를 저장할 수 있는 또 다른 1차원 배열 객체 세 개가 각각 생성되고, 생성된 배열 객체의 메모리 주소가 먼저 생성된 1차원 배열의 각 인덱스에 각각 할당된다. 이렇게 생성된 2차원 배열에 값을 할당하는 과정을 그림으로 살펴보자.

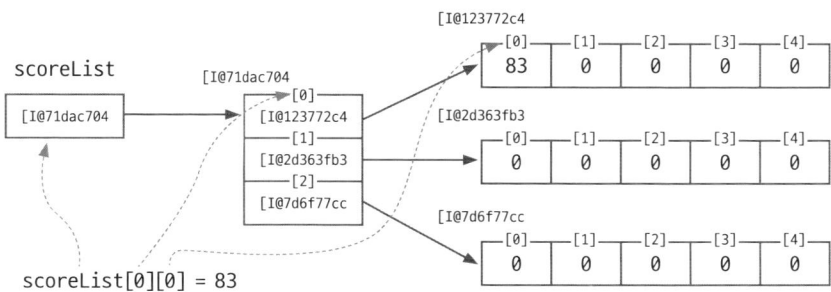

먼저 scoreList에는 메모리 주소가 '[I@71dac704'인 첫 번째 배열 객체의 주소가 할당되어 있다. 따라서 scoreList까지만 언급하면 세 개의 배열 객체의 주소가 저장된 첫 번째 배열 객체까지 접근하는 것이다.

scoreList의 첫 번째 인덱스에 해당하는 [0]에는 또 다른 배열 객체의 주소가 할당되어 있기 때문에 scoreList[0]이라고 하면 그림 맨 오른쪽에 있는 세 개의 배열 중에 주소가 '[I@123772c4'인 첫 번째 배열에 접근한다. 이제 scoreList[0][0]이라고 하면 메모리 '[I@123772c4'에 위치한 배열에 [0]번 인덱스까지 접근할 수 있다.

이렇게 이차원 배열을 배열에 대한 또 다른 배열로 이해하면 다음과 같이 길이가 불규칙적인 2차원 배열도 얼마든지 표현할 수 있다.

ArrayTest11.java

```java
public class ArrayTest11 {

    public static void main(String[] args) {
        int[][] scoreList = {   {76, 92, 49, 78, 83},
                                {88, 69},
                                {99, 92, 89}};

        for (int i = 0; i < scoreList.length; i++) {
```

```
            for (int j = 0; j < scoreList[i].length; j++) {
                System.out.print("["+i+"]["+j+"]("+scoreList[i][j]+") ");
            }
            System.out.println("");
        }
    }
}
```

<> 실행 결과

```
[0][0](76) [0][1](92) [0][2](49) [0][3](78) [0][4](83)
[1][0](88) [1][1](69)
[2][0](99) [2][1](92) [2][2](89)
```

그리고 지금 작성한 예제를 향상된 for문을 이용하면 훨씬 간결하게 작성할 수 있다.

ArrayTest11.java

```
public class ArrayTest11 {

    public static void main(String[] args) {
        int[][] scoreList = {   {76, 92, 49, 78, 83},
                                {88, 69},
                                {99, 92, 89}};

        for (int[] array : scoreList) {
            for (int score : array) {
                System.out.print(score + " ");
            }
            System.out.println("");
        }
    }
}
```

4.2.4 참조 변수와 null

참조 변수에는 특정 객체의 주소 정보가 저장된다고 했다. 그런데 만약 참조 변수가 아무런 주소를 가지지 않는다면 어떻게 될까? 자바에서는 이렇게 참조 변수가 주소를 가지지 않는 상태를 널(null)이라고 표현한다.

널 상태의 의미를 이해하기 위해 다음 소스를 작성하고 실행 결과를 확인한다.

NullTest1.java
```java
public class NullTest1 {

    public static void main(String[] args) {
        int[] scoreList = {83, 76, 99, 100, 68};
        System.out.println(scoreList);
        scoreList = null;
        System.out.println(scoreList);

        String name = "김둘리";
        System.out.println(name);
        name = null;
        System.out.println(name);
    }
}
```

실행 결과
```
[I@3830f1c0      → 출력되는 메모리 주소는 다를 수 있음
null
김둘리
null
```

위 소스에서 scoreList 변수는 처음에는 배열 객체의 주소를 가지고 배열 객체를 참조하다가 null이 할당되면서 주소 정보가 사라지는 null 상태가 되었다. name도 마찬가지다. 처음에는 "김둘리"라는 문자열 객체의 주소를 가지고 있다가 이후에 null이 할당되면서 참조하고 있던 주소 정보가 사라진 것이다.

참조 변수에 null이 할당된 이후의 메모리 상태는 다음과 같다.

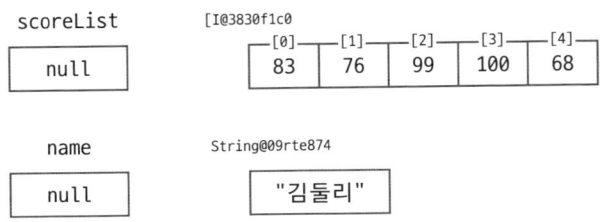

참조 변수에 null이 할당된 이후에 메모리에 있는 배열 객체와 문자열("김둘리") 객체는 JVM에 의해 자동으로 메모리에서 제거되는데, 이것을 가비지 컬렉션(garbage collection)이라고 한다. 이처럼 가비지 컬렉션은 참조되지 않는 객체들을 메모리에서 제거함으로써 메모리의 여유 공간을 늘리는 작업을 말한다.

4.3 정렬 알고리즘

프로그램을 작성하다 보면 배열 같은 컬렉션에 저장된 데이터를 정렬할 필요가 있다. 프로그램에서 데이터를 정렬하는 알고리즘은 매우 다양하다. 우리는 이 중에서 기본이라 할 수 있는 버블 정렬(bubble sort) 알고리즘을 살펴볼 것이다. 현재 시점에서 정렬 알고리즘을 배우는 가장 큰 이유는 이 버블 정렬이 지금까지 학습한 모든 내용을 점검할 수 있는 아주 좋은 예제이기 때문이다.

4.3.1 버블 정렬 알고리즘 이해

우리가 원하는 것은 배열에 저장된 숫자 여섯 개(7, 44, 16, 32, 1, 22)를 작은 숫자부터 큰 숫자까지 오름차순으로 정렬하는 것이다. 구체적인 코딩에 들어가기 앞서서 어떤 식으로 정렬 작업이 처리되는지 이해하자. 우선 앞에서부터 두 개의 수를 비교한다. 그래서 뒤에 있는 수가 크면 자리바꿈 없이 지나가고, 뒤에 있는 수가 작다면 앞에 있는 수와 자리를 바꾼다.

1차 반복

{ 7, 44, 16, 32, 1, 22 }	7 < 44	바꾸지 않음
{ 7, 44, 16, 32, 1, 22 }	44 > 16	바꿈
{ 7, 16, 44, 32, 1, 22 }	44 > 32	바꿈
{ 7, 16, 32, 44, 1, 22 }	44 > 1	바꿈
{ 7, 16, 32, 1, 44, 22 }	44 > 22	바꿈
{ 7, 16, 32, 1, 22, 44 }	1차 반복 결과로 44가 가장 큰 수로 [5]번 인덱스에 위치한다.	

이렇게 1차 반복을 마치면 여섯 개의 숫자 중에서 가장 큰 수가 배열의 오른쪽 끝인 [5]번 인덱스로 이동한다. 그리고 나머지 다섯 개의 숫자를 가지고 동일한 작업을 한 번 더 한다.

2차 반복

{ 7, 16, 32, 1, 22 }	7 < 16	바꾸지 않음
{ 7, 16, 32, 1, 22 }	16 < 32	바꾸지 않음
{ 7, 16, 32, 1, 22 }	32 > 1	바꿈
{ 7, 16, 1, 32, 22 }	32 > 22	바꿈
{ 7, 16, 1, 22, 32 }	2차 반복 결과로 33이 가장 큰 수로 [4]번 인덱스에 위치한다.	

이렇게 2차 반복이 끝나고 나면 두 번째로 큰 수가 [4]번 인덱스에 자리 잡는다. 이런 작업을 3차, 4차, 5차까지 반복한다.

3차 반복

{ 7, 16, 1, 22 }	7 < 16	바꾸지 않음
{ 7, 16, 1, 22 }	16 > 1	바꿈
{ 7, 1, 16, 22 }	16 < 22	바꾸지 않음
{ 7, 1, 16, 22 }	3차 반복 결과로 22가 가장 큰 수로 [3]번 인덱스에 위치한다.	

4차 반복

{ 7, 1, 16 }	7 > 1	바꿈
{ 1, 7, 16 }	7 < 16	바꾸지 않음
{ 1, 7, 16 }	4차 반복 결과로 16이 가장 큰 수로 [2]번 인덱스에 위치한다.	

5차 반복		
{ 1, 7 }	1 < 7	바꾸지 않음
{ 1, 7 }	5차 반복 결과로 1과 7이 각각 [1]번과 [2]번 인덱스에 위치한다.	

중요한 것은 총 5세트의 자리바꿈을 반복하는 과정에서 반복 횟수가 늘어날 때마다 내부 비교 횟수는 1씩 감소한다는 것이다.

4.3.2 버블 정렬 알고리즘 구현

버블 정렬 알고리즘을 적용하기 전에, 먼저 배열에 저장된 데이터를 서로 바꾸는 코드를 작성해보자.

```java
                                                                    SortTest1.java
public class SortTest1 {

    public static void main(String[] args) {
        int[] rotto = {44, 16};
        System.out.println("자리바꿈 이전 상태");
        System.out.println(rotto[0] + ", " + rotto[1]);

        int temp = 0;
        if (rotto[0] > rotto[1]) {
            temp = rotto[0];
            rotto[0] = rotto[1];
            rotto[1] = temp;
        }

        System.out.println("자리바꿈 이후 상태");
        System.out.print(rotto[0] + ", " + rotto[1]);
    }
}
```

실행 결과

자리바꿈 이전 상태
44, 16
자리바꿈 이후 상태
16, 44

이제 본격적으로 앞에서 살펴본 버블 정렬 알고리즘을 이용하여 배열에 저장된 값을 정렬하는 코드를 작성해보자.

SortTest2.java
```java
public class SortTest2 {

    public static void main(String[] args) {
        int[] rotto = {7, 44, 16, 32, 1, 22};

        int temp = 0;
        for (int i = 0; i < rotto.length - 1; i++) {
            // 한 번 반복할 때마다 그다음 반복 횟수를 하나씩 줄인다.
            for (int j = 0; j < rotto.length - (i + 1); j++) {
                // 자리바꿈
                if (rotto[j] > rotto[j + 1]) {
                    temp = rotto[j];
                    rotto[j] = rotto[j + 1];
                    rotto[j + 1] = temp;
                }
            }
        }

        System.out.println("로또 번호 정렬 결과");
        for (int number : rotto) {
            System.out.print(number + ", ");
        }
    }
}
```

> **실행 결과**
>
> 로또 번호 정렬 결과
> 1, 7, 16, 22, 32, 44,

4.3.3 API를 이용한 정렬

복잡한 버블 정렬 알고리즘을 몰라도 자바가 제공하는 유틸리티 클래스를 이용하여 좀 더 쉽게 정렬을 처리할 수 있다. java.util이라는 패키지에 Arrays라는 클래스를 이용하면 다음과 같이 정렬 작업이 매우 간단하게 처리된다.

```java
// SortTest3.java
public class SortTest3 {

    public static void main(String[] args) {
        int[] rotto = {7, 44, 16, 32, 1, 22};

        java.util.Arrays.sort(rotto);

        System.out.println("로또 번호");
        for (int number : rotto) {
            System.out.print(number + ", ");
        }
    }
}
```

마치 System.out.println(); 구문을 사용하듯이 java.util.Arrays.sort(배열 변수); 구문을 사용하면 배열 변수가 참조하는 배열 객체의 숫자가 자동으로 오름차순 정렬된다.

이렇게 자바에서는 개발의 편의성을 위해 다양한 기능들을 제공한다. 여러분이 자바를 이용하여 보다 쉽고 빠르게 기능을 구현하기 위해서는 당연히 이런 편리한 구문들을 많이 알고 있어야 한다. 자바가 제공하는 다양한 기능은 이후에 9장에서 학습하는 자바 API에서 다룰 것이다.

마무리하며

이번 장에서는 배열(array)에 대해서 살펴봤다. 배열은 '동일한 타입의 데이터가 일정한 순서로 모여 있는 것'을 의미하는데, 자바는 배열을 참조 타입이라는 독특한 형태로 사용한다. 프로그램에서 배열을 이용하면 쉽게 데이터를 모을 수도 있고 다양한 정보를 추출할 수도 있다.

2차원 배열부터 다차원 배열이라고 하는데, 2차원 배열을 배열의 배열이라는 개념으로 접근해야 다양한 모양의 2차원 배열을 이해하고 사용할 수 있다.

다음 장에서는 객체지향 언어에서 가장 중요한 개념인 객체와 클래스, 그리고 인스턴스에 대해서 살펴볼 것이다. 이 중에서 클래스는 이후에 진행되는 모든 학습의 근간이 되므로 매우 중요하다.

05장

클래스

5.1 객체, 클래스, 그리고 인스턴스

객체지향 언어인 자바에서 가장 중요한 개념은 당연히 객체다. 그렇다면 객체지향에서 말하는 객체의 개념은 정확하게 무엇이며, 객체와 클래스 그리고 객체와 인스턴스의 관계는 어떻게 되는 것일까?

5.1.1 객체

객체지향 언어에서 말하는 객체(object)는 현실 세계에 존재하는 유/무형의 모든 것을 의미한다. 다시 말해 일상생활에서 눈으로 직접 볼 수 있고, 만질 수 있는 모든 것을 객체라고 생각하면 된다.

그런데 문제는 이렇게 물리적으로 존재하는 유형적인 객체 외에 무형적인 객체도 존재한다는 것이다. 예를 들어 은행의 계좌를 눈으로 직접 볼 수는 없지만, 자바에서는 이런 계좌를 객체로 사용한다. 하지만 눈에 보이지 않는 객체는 당장 이해하기도 어렵고 실제 많이 사용되지 않기 때문에 당분간 객체라고 하면 유형적인 객체만 생각하자.

현실 세계의 객체는 명사적인 특징과 동사적인 특징으로 구성되는데, 예를 들어 학생이라는 객체를 대상으로 명사적 특징과 동사적 특징을 정리해보면 다음과 같은 결과가 나온다.

객체 이름	학생
명사적 특징	학교 이름, 전공, 학년, 학번, 성별, 이름, 시험 점수, 나이, 주소
동사적 특징	점심을 먹는다, 수업을 듣는다, 시험을 본다, 게임을 한다

이런 객체의 명사적 특징과 동사적 특징을 기반으로 소스 코드 형태의 클래스를 만드는 것이다.

5.1.2 클래스

클래스(class)는 지금까지 우리가 작성했던 모든 자바 파일에 포함되어 있었다. 1장에서 작성한 HelloWorld.java 파일에도 클래스가 있었고, if나 for문을 테스트할 때 작성했던 테스트 파일에도 클래스는 포함되어 있었다.

HelloWorld.java (설명을 위한 코드이므로 타이핑하지 않는다)

```java
public class HelloWorld {

    public static void main(String[] args) {

        System.out.print("HelloWorld");

    }
}
```

이렇게 우리가 작성하는 모든 자바 프로그램은 클래스 형태였던 것이다. 하지만 지금까지 테스트를 위해 작성했던 클래스는 실제 프로그램에서 사용되는 클래스와는 많이 다르다.

실제 프로그램에서 사용하는 클래스는 앞에서 살펴본 객체와 관련되어 있다. 현실 세계에 존재하는 학생 객체를 컴퓨터 프로그램에서 이용하기 위해서는 학생 객체가 반드시 컴퓨터 메모리에 존재해야 한다. 하지만 현실 세계에 존재하는 학생을 컴퓨터 메모리에 집어넣는 것이 불가능하기 때문에 학생 객체를 추상화하여 소스 코드 형태의 클래스를 만드는 것이다.

객체를 기반으로 클래스를 만들 때는 객체의 명사적 특징은 멤버 변수로, 동사적 특징은 메소드로 변환한다. 멤버 변수와 메소드라는 새로운 용어가 등장했는데, 이 용어에 대해서는 이후에 자세히 다룰 것이다. 지금은 멤버 변수는 그냥 우리가 알고 있는 변수와 동일하고, 메소드는 어떤 기능을 처리하기 위한 함수 같은 개념으로 이해하면 된다.

다음은 학생 객체로부터 Student 클래스의 멤버 변수와 메소드를 도출한 것이다.

클래스 이름	Student
멤버 변수	schoolName, major, grade, idNumber, gender, name, score, age, address
멤버 메소드	haveLunch(), takeClass(), takeTest(), playGame()

멤버 변수와 메소드를 이용하여 Student 클래스를 작성하면 다음과 같은 소스가 만들어진다.

Student.java (설명을 위한 코드이므로 타이핑하지 않는다)

```java
// 클래스 선언
class Student {

    // 멤버 변수 선언
    String schoolName;
    String major;
    int grade;
    String idNumber;
    char gender;
    String name;
    int score;
    int age;
    String address;

    // 메소드 선언
    void haveLunch() {
        System.out.println("점심을 먹는다.");
    }

    void takeClass() {
        System.out.println("수업을 듣는다.");
    }
```

```
    void takeTest() {
        System.out.println("시험을 본다.");
    }

    void playGame() {
        System.out.println("게임을 한다.");
    }
}
```

그런데 중요한 것은 클래스를 만들 때 어떤 관점에서 객체를 바라보느냐에 따라 클래스의 모습이 달라진다는 것이다. 예를 들어 대학의 학사 관리 시스템을 개발한다면 학생 객체에서 중요한 명사적 특징은 전공, 이름, 시험 점수일 것이다.

하지만 놀이공원 예약 시스템을 개발하는 경우라면 전공이나 시험 점수 같은 정보는 전혀 중요하지 않으며, 오히려 전화번호나 이메일 정도가 중요하게 사용될 것이다. 이렇게 어떤 관점에서 객체를 바라보느냐에 따라 다양한 모습의 클래스가 만들어진다.

5.1.3 인스턴스

인스턴스(instance)는 클래스를 이용하여 메모리에 생성한 객체를 의미한다. 그런데 현실 세계에 존재하는 객체도 객체라고 부르고, 클래스를 통해 메모리에 생성한 객체도 객체라고 부르기 때문에 혼란이 생길 수 있다.

이런 혼란을 피하기 위해 메모리상의 객체를 인스턴스라고 부르는데, 개발자들은 메모리상의 인스턴스를 편의상 객체라고 부르기 때문에 현실 세계의 객체와 혼동되는 것이다. 그런데 프로그램을 개발하는 과정에서 현실 세계의 객체를 언급하는 것은 의미가 없으므로 일반적으로 객체라고 하면 메모리상의 인스턴스를 의미한다고 보면 된다.

지금까지 살펴본 객체와 클래스, 그리고 인스턴스의 개념을 그림으로 정리해보면 다음과 같다.

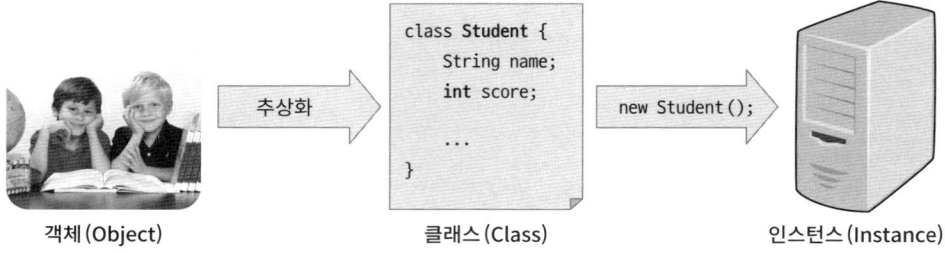

객체(Object)　　클래스(Class)　　인스턴스(Instance)

5.2 클래스

앞에서 언급한 대로 클래스는 현실 세계의 객체를 추상화하여 소스 코드 형태로 만든 결과물이며, 자바 프로그램의 가장 기본이다. 이런 클래스의 구조와 문법에 대해서 구체적으로 살펴보자.

5.2.1 클래스의 구조

클래스는 class라는 예약어를 사용하여 선언하며, 클래스의 일반적인 구조는 다음과 같다.

```
형식
// 클래스 선언부
class 클래스 이름 {

    // 멤버 변수 선언

    // 생성자 메소드 선언

    // 메소드 선언
}
```

먼저 class라는 예약어 뒤에 클래스 이름이 온다. 그리고 클래스 이름 뒤에는 클래스에 대한 시작 블록이 등장하고, 이 블록 안쪽에 클래스의 구성 요소들이 선언된다.

클래스는 멤버 변수, 생성자 메소드 그리고 일반 메소드로 구성되며, 각 요소의 순서는 바뀔 수 있다. 즉, 멤버 변수가 맨 아래 선언돼도 상관없다는 의미다. 하지만 일반적으로는 위 순서대로 작성하는 것이 가독성 측면에서 바람직하다.

위와 같은 구조로 학생에 해당하는 Student 클래스를 작성한다면 다음과 같은 형태가 될 것이다.

Student.java
```java
// 1. 클래스 선언부
public class Student {

    // 2. 멤버 변수
    String name;
    int score;

    // 3. 생성자 메소드
    Student() {
        System.out.println("---> Student 객체 생성");
    }

    // 4. 메소드
    void printInfo() {
        System.out.println(name + "의 점수 : " + score);
    }
}
```

자바는 하나의 파일에 하나의 클래스를 작성하는 것을 원칙으로 한다. 가끔 테스트를 목적으로 하나의 파일에 여러 클래스를 작성하기도 하지만, 이런 경우 public 예약어가 붙은 클래스는 하나만 지정할 수 있다. 그리고 반드시 다음과 같이 public 예약어가 붙은 클래스를 파일 이름으로 지정해야 한다.

MainClass.java
```java
public class MainClass {

}

class SubClass {

}
```

하나의 파일에 여러 클래스를 작성한 경우, 자바 파일은 MainClass.java로 하나지만 컴파일 결과로 만들어진 .class 파일은 다음과 같이 클래스 수만큼 만들어진다.

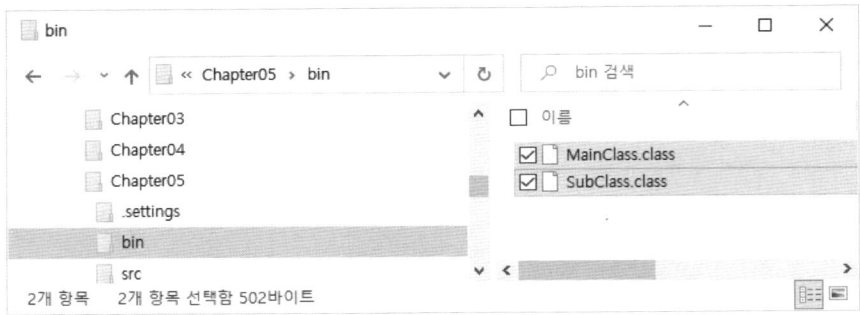

클래스 선언부

클래스 선언부에는 가장 먼저 class라는 예약어가 등장한다. class는 지금부터 새로운 클래스가 정의된다는 것을 JVM에게 알려준다. class 예약어 뒤에 나오는 Student가 클래스 이름이며, 클래스 이름은 대문자로 시작한다는 것만 제외하면 변수 이름 규칙과 동일한 규칙을 적용받는다.

멤버 변수

클래스 선언부 바로 밑에는 가장 먼저 멤버 변수가 등장한다. 멤버 변수는 클래스에 속한 변수라고 하여 '클래스 변수' 또는 '필드'라고 하는데, 우리는 이후에 진행되는 모든 설명과 실습에서 멤버 변수로 통일하여 부를 것이다.

멤버 변수는 우리가 알고 있는 일반 변수와 동일하다. 다만 지금까지 사용했던 변수가 main( )이라는 특수한 메소드 안에서만 선언되고 사용됐던 로컬 변수라면, 멤버 변수는 main( ) 메소드가 아닌 다른 메소드에서도 사용할 수 있는 글로벌 변수다. 심지어 다른 클래스에서도 사용할 수 있다.

클래스에서 멤버 변수가 중요한 이유는 클래스로부터 객체가 생성될 때 객체에 포함되는 유일한 요소이기 때문이다. 즉, 클래스로부터 생성된 객체는 생성자 메소드나 일반 메소드는 포함하지 않고 오직 멤버 메소드만 포함한다.

우리가 프로그램에서 객체를 이용한다는 것은 결국 멤버 변수에 할당된 데이터를 이용한다는 것을 의미한다. 또한 클래스에 포함된 생성자나 메소드는 모두 멤버 변수를 위해 존재한다.

생성자 메소드

멤버 변수 다음에 등장하는 것이 생성자(constructor) 메소드다. 생성자 메소드라는 이름이 길다 보니 일반적으로 생성자라고 부른다. 생성자는 클래스 이름과 동일한 이름을 가지고 있으며, 기능적으로는 멤버 변수의 초기화를 담당한다.

생성자 역시 큰 범위에서 보면 메소드에 해당하기 때문에 누군가에 의해 호출되어야만 한다. 생성자가 호출되는 시점은 클래스로부터 객체(인스턴스)를 생성할 때다. 즉, 생성자를 통해 클래스로부터 객체를 생성할 수 있으며, 이때 객체에 포함되는 멤버 변수가 초깃값을 갖게 된다. 생성자 메소드에 대해서는 이후에 좀 더 자세히 다룰 것이다.

메소드

클래스 마지막에 선언된 것이 메소드인데, 지금 단계에서는 메소드를 함수(function)와 동일한 개념으로 이해하면 된다. 즉, 메소드는 객체가 제공하는 동사적 특징인 기능인 것이다. 클래스에 선언된 메소드를 실행하기 위해서는 우선 메소드가 포함된 클래스의 객체가 생성되어야 한다. 그래야 객체를 참조하는 참조 변수를 통해 메소드를 호출할 수 있다.

대부분의 메소드는 메소드 이름에 해당하는 기능을 제공하며, 메소드에 포함된 기능이 실행되기 위해서 데이터가 필요하다. 이런 데이터는 멤버 변수에 할당된 데이터를 이용할 수도 있지만, 매개변수를 통해 전달된 데이터를 이용할 수도 있다. 매개변수에 대해서는 이후에 메소드 유형을 학습할 때 자세히 다룰 것이다.

5.3 객체의 생성과 사용

클래스를 작성하는 유일한 목적은 인스턴스, 즉 메모리상의 객체를 생성하기 위해서다. 다시 말해 인스턴스를 생성할 수 없는 클래스는 의미가 없다는 것이다. 클래스로부터 객체를 생성하고 사용하는 방법에 대해서 살펴보자.

5.3.1 객체의 생성

클래스로부터 객체를 생성하기 위해서는 new라는 예약어를 사용해야 한다. new는 객체 생성 연산자로서, 이전에 배열 객체를 생성할 때 사용했던 경험이 있다. 클래스로부터 객체를 생성하는 것과 배열 객체를 생성하는 것의 가장 큰 차이점은 클래스는 다음과 같이 생성자를 이용한다는 것이다.

```
형식
new 생성자();
```

다음은 Student 클래스로부터 객체를 생성하는 과정이다.

Student 클래스	`public class Student {`
	    `String name;`
	    `int score;`
	`}`

Student 객체 생성	`new Student();`

클래스로부터 객체를 생성할 때 생성자가 자동으로 호출되는데, 이때 클래스의 멤버 변수가 초기화된다. 클래스로부터 객체를 생성하는 것은 배열 객체를 생성하는 것과 비슷하다. 다만 배열은 동일한 타입의 데이터만 저장할 수 있지만 클래스는 다른 타입의 데이터도 저장할 수 있다. 이는 클래스에 선언된 멤버 변수들의 타입이 다르기 때문이다.

```
new int[2];      // 정수 두 개를 저장할 수 있는 배열 객체 생성

new Student();   // 문자열(name) 하나와 정수 하나(score)를 저장할 수 있는 Student 객체 생성
```

앞 코드의 결과로 메모리에 생성된 배열 객체와 Student 객체를 그림으로 확인해보면 다음과 같다.

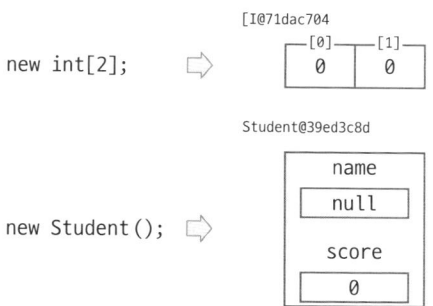

int 타입의 배열 객체가 생성되면 [0]번부터 인덱스가 할당되고, 각 인덱스는 0으로 기본 초기화된다. 반면 Student 객체는 인덱스 대신 멤버 변수에 해당하는 name과 score 변수가 포함되면서 기본값인 null과 0으로 각각 초기화된다.

5.3.2 객체의 사용

클래스로부터 생성된 객체는 배열과 동일하게 참조 변수를 통해서만 접근할 수 있다. 참조 변수에 생성된 객체의 주소를 할당하는 과정은 다음과 같다.

> **형식**
>
> 클래스이름 참조변수;
> 참조변수 = new 생성자();
>
> 예) Student kim;
>   kim = new Student();

물론 참조 변수 선언과 객체의 주소를 할당하는 과정을 다음처럼 한 줄로 작성할 수도 있다.

> **형식**
>
> 클래스이름 참조변수 = new 생성자();
>
> 예) Student kim = new Student();

결국 Student 타입의 kim이라는 참조 변수가 Student 클래스로부터 생성된 객체의 주소 정보를 가지게 되는데, 이 과정을 그림으로 표현하면 다음과 같다.

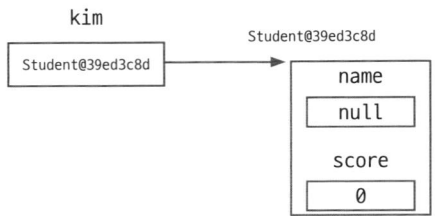

이제 kim이라는 참조 변수를 통해서 메모리에 생성된 Student 객체에 접근할 수 있고, Student 객체에 포함된 멤버 변수를 사용할 수 있다. 물론 그림상에는 표현되지 않았지만 참조 변수를 통해서 printInfo() 같은 메소드도 호출할 수 있다. 다음 코드를 작성하고 실행 결과를 확인해보자.

```java
public class StudentTest {

    public static void main(String[] args) {
        // Student 객체 생성 및 초기화(by 생성자)
        Student kim = new Student();
        kim.name = "둘리";
        kim.score = 83;

        // Student 객체의 요소 사용
        System.out.println("이름 : " + kim.name);
        System.out.println("점수 : " + kim.score);
        kim.printInfo();
    }
}
```
StudentTest.java

먼저 생성자를 통해 Student 클래스의 객체를 생성했다. 그리고 kim이라는 참조 변수를 통해 Student 객체에 포함된 name과 score 변수에 각각 "둘리"와 83이라는 값을 할당했다. 그리고 나서 Stuedent 객체가 가진 name과 score 변수의 값을 출력하고, 마지막으로 printInfo() 메소드도 호출했다. 프로그램의 실행 결과는 다음과 같다.

> 실행 결과

```
---> Student 객체 생성
이름 : 둘리
점수 : 83
둘리의 점수 : 83
```

5.3.3 참조 변수의 특징

참조 변수에는 기본 타입의 변수와 달리 객체의 주소 정보가 할당된다. 예를 들어 다음과 같이 score 변수에 83을 할당하고, score 변수에 할당된 값을 다시 copyScore 변수에 할당하면 두 변수는 동일한 값을 가지게 된다.

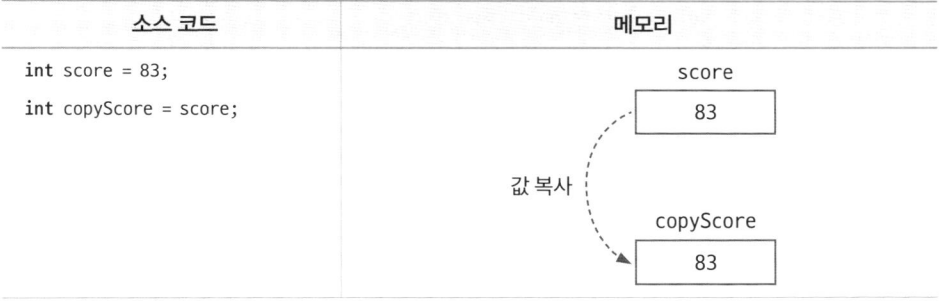

그런데 참조 변수는 이런 기본 타입의 변수와 달리 객체에 대한 주소 정보를 가지기 때문에 동일한 코드에 대해서 주소 정보를 복사한다. 다음 코드를 보자.

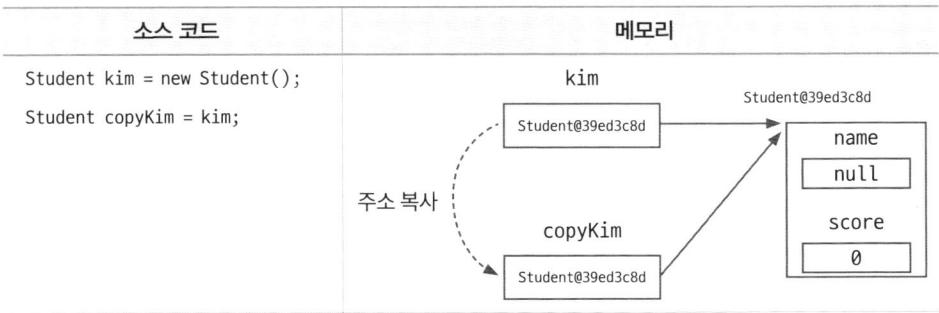

kim이라는 참조 변수에 저장된 Student 객체의 주소를 copyKim 변수에 할당하고 있다. 결과적으로 kim과 copyKim, 두 참조 변수에 동일한 주소가 할당되어 하나의 객체를 두 개의 참조 변수가 참조한다.

그림에서 알 수 있듯이 kim과 copyKim은 동일한 메모리 주소를 가지고 있다. 이것을 객체의 공유라고 한다. 따라서 kim을 통해 Student 객체의 name이나 score 변수의 값을 변경하면 copyKim을 통해 해당 멤버 변수에 접근했을 때 변경된 값이 출력되는 것이다.

다음 소스를 작성하고 실행 결과를 확인해보자.

ObjectTest1.java
```java
public class ObjectTest1 {

    public static void main(String[] args) {
        Student kim = new Student();
        kim.score = 83;
        System.out.println("kim 점수 : " + kim.score);

        // 객체의 주소 복사
        Student copyKim = kim;

        copyKim.score = 65;
        System.out.println("copyKim 점수 : " + copyKim.score);
        System.out.println("kim 점수 : " + kim.score);
    }
}
```

실행 결과
```
---> Student 객체 생성
kim 점수 : 83
copyKim 점수 : 65
kim 점수 : 65
```

Student 객체의 처음 score는 83이었다. 그러다가 kim의 주소가 복사된 copyKim을 통해 score 값을 65로 변경한 후에 copyKim과 kim으로 각각 score 변숫값을 출력하니 동일하게 65가 출력됐다.

5.4 객체와 접근 제어

이클립스로 클래스를 작성하면 클래스 이름 앞에 자동으로 public이라는 예약어가 붙는다. public은 접근 제어와 관련된 예약어로 클래스나 멤버 변수, 메소드에 대한 접근을 제어할 때 사용한다.

5.4.1 접근 제어 개념

객체에 포함된 멤버 변수 중에는 중요한 변수와 별로 중요하지 않은 변수가 있다. 예를 들어 Student 객체의 이름(name)은 외부에 공개해도 상관없지만 점수(score)를 공개하는 것은 문제가 될 수 있다. 이렇게 외부에 공개할 정보와 그렇지 않은 정보를 구분하여 외부로부터 의 접근을 제어하기 위해 접근 제어를 사용하는 것이다.

접근 제어와 관련한 예약어 중에서 public은 해당 요소(클래스, 멤버 변수, 메소드)에 대한 모든 접근을 허용한다는 의미이며, 반대로 private은 모든 접근을 차단한다는 의미다.

간단한 예제를 통해 public과 private의 의미를 확인하자.

```java
// 1. 클래스 선언부
public class Student {

    // 2. 멤버 변수
    public String name = "둘리";
    private int score = 83;

    // 3. 생성자 메소드
    Student() {
        System.out.println("---> Student 객체 생성");
    }

    // 4. 멤버 메소드
    public void printInfo() {
        System.out.println(name + "의 점수 : " + score);
    }
}
```
Student.java

Student 클래스의 name 변수에는 public을, score 변수에는 private을 각각 설정했다. 따라서 public이 설정된 name 변수는 외부의 모든 클래스에서 접근할 수 있지만, private이 설정된 score 변수는 Student 클래스 내부를 제외한 모든 접근을 차단한다.

필자가 어렸을 때 먹었던 알약은 절반 정도가 투명하게 되어있어서 내부를 들여다볼 수 있었다. public과 private은 이런 알약에 포함된 알갱이 같은 것이다.

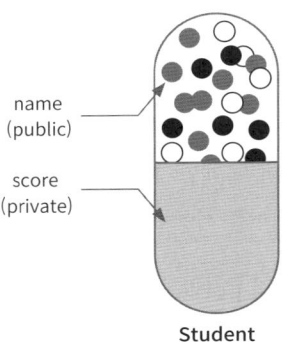

Student

즉, 객체가 외부의 접근으로부터 보호해야 하는 요소들(멤버 변수, 메소드)은 private으로 은닉하고 외부에서 마음대로 접근해도 되는 요소들은 public으로 공개하는 것이다.

그런데 수정된 Student 클래스를 저장하는 순간, 앞에서 작성했던 StudentTest.java와 ObjectTest1.java 파일에 에러가 발생한다. 이는 기존의 Student 객체의 score 변수를 사용했던 소스에서 에러가 발생한 것인데, 에러가 발생한 소스에 마우스를 올려놓으면 이클립스가 다음과 같은 에러 메시지를 제공한다.

```
public class StudentTest {
    public static void main(String[] args) {
        // Student 객체 생성 및 초기화(by 생성자)
        Student kim = new Student();
        kim.name = "들리";
        kim.score = 83;

        // S  The field Student.score is not visible
        Syst  2 quick fixes available:
        Syst
        kim.     Change visibility of 'score' to 'package'
    }        Create getter and setter for 'score'...
}
```

에러 메시지의 내용은 Student 객체가 가지고 있는 score 변수가 private으로 설정되어 외부에서 접근할 수 없다는 것이다.

우선 StudentTest.java 파일에서 에러가 발생하는 코드를 모두 주석으로 처리한다.

```java
                                                              StudentTest.java
public class StudentTest {

    public static void main(String[] args) {
        // Student 객체 생성 및 초기화(by 생성자)
        Student kim = new Student();
        kim.name = "둘리";
        //kim.score = 83;

        // Student 객체의 요소 사용
        System.out.println("이름 : " + kim.name);
        //System.out.println("점수 : " + kim.score);
        kim.printInfo();
    }
}
```

위 소스를 보면 public으로 공개된 printInfo( ) 메소드를 사용하여 score 변수에 할당된 값을 출력했다. 이렇게 private으로 감춰진 변수를 public으로 공개된 메소드를 통해서만 사용할 수 있도록 제어할 수도 있다.

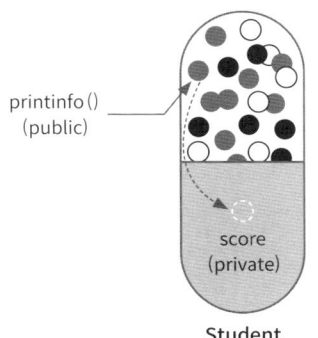

Student

ObjectTest1.java 파일도 다음과 같이 수정하자.

ObjectTest1.java
```java
public class ObjectTest1 {

    public static void main(String[] args) {
        Student kim = new Student();
        //kim.score = 83;
        //System.out.println("kim 점수 : " + kim.score);
        kim.printInfo();

        Student copyKim = kim;
        //copyKim.score = 65;
        //System.out.println("copyKim 점수 : " + copyKim.score);
        //System.out.println("kim 점수 : " + kim.score);
        copyKim.printInfo();
    }
}
```

이렇게 멤버 변수나 메소드, 또는 클래스의 접근을 통제함으로써 중요한 데이터나 데이터 처리를 외부로부터 보호할 수 있다. 그런데 클래스에 포함되는 요소 중에서 생성자 앞에 private을 설정하는 것은 조금 더 생각해볼 필요가 있다.

다음과 같이 Student 클래스의 생성자를 private으로 설정하자.

Student.java
```java
// 1. 클래스 선언부
public class Student {

    // 2. 멤버 변수
    public String name = "둘리";
    private int score = 83;

    // 3. 생성자 메소드
    private Student() {
```

```
            System.out.println("---> Student 객체 생성");
        }

        // 4. 멤버 메소드
        public void printInfo() {
            System.out.println(name + "의 점수 : " + score);
        }
    }
```

이제 수정된 소스를 저장하는 순간, Student 클래스로부터 객체를 생성하는 모든 소스에 문제가 발생한다. 이는 외부 클래스에서 Student 클래스의 생성자에 접근할 수 없는데, Student 클래스의 생성자를 호출하여 객체를 생성하려 했기 때문이다.

물론 디자인 패턴 중에서 싱글톤 패턴(singleton pattern) 같은 아주 특수한 상황에서 가끔 private 생성자를 사용하기도 한다. 하지만 이는 정말 특수한 경우이고 일반적으로는 생성자 앞에 private을 설정하지 않는다.

Student.java 파일을 다시 열어서 생성자 앞에 원래대로 아무것도 설정하지 않는다.

Student.java
```
// 1. 클래스 선언부
public class Student {

    // 2. 멤버 변수
    public String name = "둘리";
    private int score = 83;

    // 3. 생성자 메소드
    Student() {
        System.out.println("---> Student 객체 생성");
    }

    // 4. 멤버 메소드
    public void printInfo() {
        System.out.println(name + "의 점수 : " + score);
    }
}
```

접근 제한과 관련된 예약어 중에는 protected와 default라는 것도 있다. 이 중에서 protected는 상속과 관련된 접근 제한 예약어로서 프로그램의 가독성을 떨어뜨리기 때문에 거의 사용하지 않지만, default는 패키지와 관련된 접근 제한이므로 다음에 설명할 패키지와 더불어 이해할 수 있다.

5.5 패키지

자바에서의 패키지(package)는 디렉터리의 개념과 동일하다. 따라서 패키지를 이용하면 비슷한 기능의 클래스들을 같은 디렉터리로 묶어서 관리할 수 있다.

5.5.1 패키지 선언

패키지를 이용하면 연관된 클래스들을 하나의 디렉터리로 묶어서 관리할 수 있다. 그런데 사실 이런 패키지의 가장 근본적인 용도는 동일한 이름의 클래스를 다른 용도로 사용하기 위함이다.

예를 들어 현재 작업 중인 디렉터리에 학생 클래스에 해당하는 Student.java 파일이 존재하는데, 이 Student 말고 다른 용도의 Student 클래스를 작성한다고 가정해보자. 당연히 같은 디렉터리에 두 개의 Student.java 파일이 존재할 수 없으므로 문제가 생길 것이다. 자바에서는 이런 경우 패키지를 통해 클래스를 분리한다.

클래스에 패키지를 선언할 때는 package라는 예약어를 사용한다.

> **형식**
> **package** 패키지경로;

패키지 선언은 주석을 제외하고 반드시 클래스 파일의 가장 첫 번째 줄에 위치해야 한다. 그리고 패키지가 여러 개의 디렉터리로 구성되는 경우, 패키지 경로를 점(.)을 이용하여 구분하되 관례상 소문자로만 구성한다.

현재 대학생의 시험 결과만 관리하던 프로그램에서 고등학생의 성적을 추가로 관리한다고 가정하자. 그런데 현재 프로젝트에 고등학생에 해당하는 Student 클래스를 작성하려고 하면 이미 Student 클래스가 존재한다는 경고 메시지가 출력될 것이다.

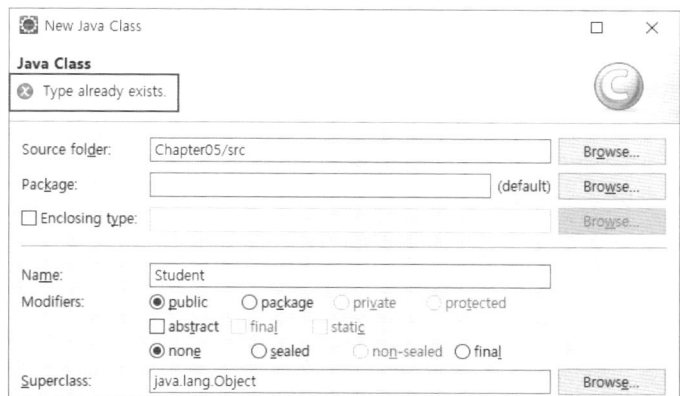

이때 다음과 같이 school.high라는 패키지를 지정하면 경고는 사라지고 정상적으로 Student 클래스를 생성할 수 있다.

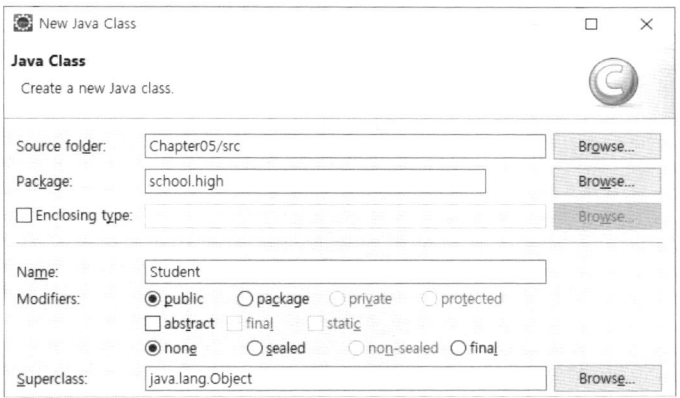

이제 생성된 Student 클래스에 다음과 같은 코드를 작성한다.

school/high/Student.java

```
package school.high;

public class Student {

    public String name = "또치";
    public int score = 52;
```

```
    public Student() {
        System.out.println("===> 고등학생 생성");
    }

    public void printInfo() {
        System.out.println(name + "의 점수 : " + score);
    }
}
```

패키지는 물리적으로 디렉터리이기 때문에 클래스에 패키지를 선언하면 패키지에 해당하는 디렉터리들이 만들어진다. 따라서 school/high 디렉터리에 Student.java 파일이 위치한 것을 확인할 수 있다.

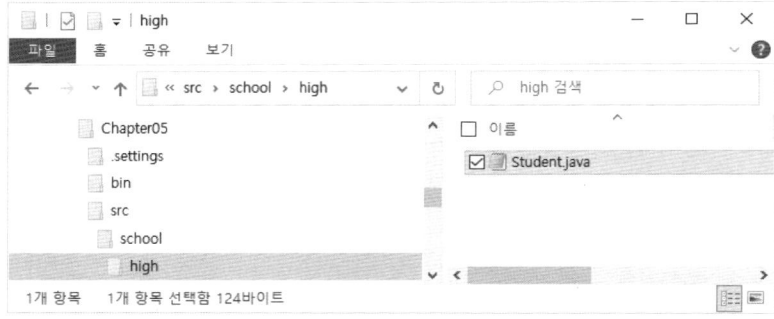

물론 컴파일된 Student.class 파일도 패키지 선언대로 bin 디렉터리에 위치한다.

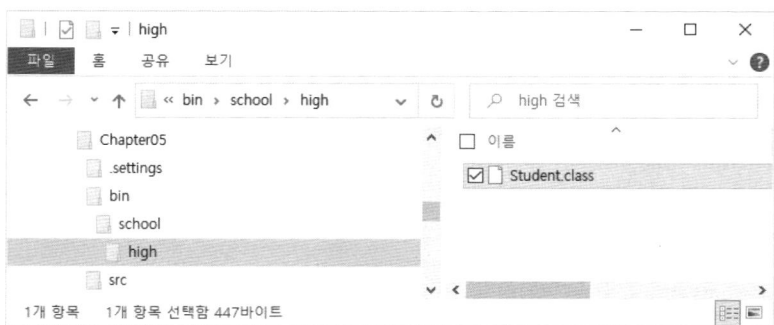

이제 Chapter05 프로젝트에는 다음과 같이 두 개의 Student 클래스가 존재한다.

```
∨ 🐱 Chapter05
  > 🗾 JRE System Library [JavaSE-17]
  ∨ 🗁 src
    ∨ ⊞ (default package)
      > 🗋 MainClass.java
      > 🗋 ObjectTest1.java
      > 🗋 Student.java
      > 🗋 StudentTest.java
    ∨ ⊞ school.high
      > 🗋 Student.java
```

그런데 현재 상태에서 StudentTest.java 프로그램을 실행하면 무조건 같은 패키지인 (default package)에 있는 Student 클래스만 동작하는 것을 확인할 수 있을 것이다. 이는 여러 패키지에 동일한 이름의 클래스가 존재하는 경우, 같은 패키지에 있는 클래스가 우선 적용되기 때문이다.

이번에는 (default package)에 있는 Student 클래스에 명시적으로 school.university라는 패키지를 선언한다. 그러면 다음과 같이 에러가 표시되는데, 이는 Student 클래스의 위치가 선언된 패키지와 다르기 때문이다.

에러를 해결하기 위해 에러가 발생한 패키지 선언 부분으로 마우스를 옮기면 이클립스가 다음과 같이 해결 방법을 제시해준다.

```
1 // package 선언
2 package school.university;
3
4 // 1. 클래스 선언부
5 public class St
6
7   // 2. 멤버 변수
8   public String name = "둘리";
9   private int score = 83;
```

The declared package "school.university" does not match the expected package ""
2 quick fixes available:
  Move 'Student.java' to package 'school.university'
  Remove package declaration 'package school.university'

[Move 'Student.java' to package 'school.university'] 링크를 클릭하면 다음과 같이 school.university 패키지가 생성되고 Student.java 파일이 이동할 것이다.

```
✓ 🗂 Chapter05
  > 🛋 JRE System Library [JavaSE-17]
  ✓ 🗃 src
    ✓ 🌐 (default package)
      > 🗒 MainClass.java
      > 🗒 ObjectTest1.java
      > 🗒 StudentTest.java
    ✓ 🌐 school.high
      > 🗒 Student.java
    ✓ 🌐 school.university
      > 🗒 Student.java
```

5.5.2 패키지 임포트

Chapter05 프로젝트에는 school.high 패키지와 school.university 패키지에 Student 클래스가 각각 위치한다. 그러면서 StudentTest.java와 ObjectTest1.java 소스에 문제가 생기는데, 이는 두 파일에서 사용하는 Student가 같은 패키지에 존재하지 않기 때문이다.

다른 패키지에 있는 클래스를 사용하기 위해서는 두 가지 방법 중 하나를 선택해서 사용해야 한다. 첫 번째는 다음과 같이 사용하고자 하는 Student 클래스의 패키지 경로를 명확하게 지정하는 것이다.

StudentTest.java
```java
public class StudentTest {

    public static void main(String[] args) {
        // Student 객체 생성 및 초기화(by 생성자)
        school.high.Student kim = new school.high.Student();
        kim.name = "둘리";
        //kim.score = 83;

        // Student 객체의 요소 사용
        System.out.println("이름 : " + kim.name);
        //System.out.println("점수 : " + kim.score);
        kim.printInfo();
    }
}
```

두 번째는 import 예약어를 사용하는 것이다. import를 사용하면 매번 패키지 경로를 지정하지 않아도 되기 때문에 편하다.

```java
                                                              ObjectTest1.java
import school.university.Student;

public class ObjectTest1 {

    public static void main(String[] args) {
        Student kim = new Student();
        //kim.score = 83;
        //System.out.println("kim 점수 : " + kim.score);
        kim.printInfo();

        Student copyKim = kim;
        //copyKim.score = 65;
        //System.out.println("copyKim 점수 : " + copyKim.score);
        //System.out.println("kim 점수 : " + kim.score);
        copyKim.printInfo();
    }
}
```

그런데 문제는 위와 같이 수정했을 때 school.university.Student 클래스의 생성자를 호출하는 코드에서 에러가 발생한다는 것이다. 이 에러는 다음에서 설정할 패키지와 접근 제어의 관계를 이해해야 해결할 수 있다.

5.5.3 패키지와 접근 제어

접근 제한과 관련된 예약어 중에 public, protected, private 외에 아무것도 설정되지 않은 default라는 것이 있다. default는 명시적인 예약어로 존재하는 것이 아니라 단어의 의미 그대로 아무런 접근 제한도 설정되지 않은 상태를 의미한다.

default 접근 제한이 설정된 클래스나 멤버 변수, 메소드, 생성자는 반드시 동일한 패키지에 속한 클래스에서만 접근할 수 있다. 따라서 ObjectTest1.java 파일이 컴파일되기 위해서는

school.university.Student 클래스의 생성자를 다음과 같이 default가 아닌 public으로 변경해야 한다.

```java
// package 선언
package school.university;

// 1. 클래스 선언부
public class Student {

    // 2. 멤버 변수
    public String name = "둘리";
    private int score = 83;

    // 3. 생성자 메소드
    public Student() {
        System.out.println("---> Student 객체 생성");
    }

    // 4. 멤버 메소드
    public void printInfo() {
        System.out.println(name + "의 점수 : " + score);
    }
}
```
school/university/Student.java

이제 수정된 school.university.Student 클래스를 저장하고 ObjectTest1.java 파일을 확인하면 정상적으로 컴파일되는 것을 확인할 수 있다.

5.5.4 여러 패키지 사용

한 클래스에서 여러 패키지에 있는 같은 이름의 클래스를 사용할 수도 있다. 예를 들어 default 패키지에 있는 클래스에서 school.university.Student와 school.high.Student를 모두 사용하는 경우다. 이때는 자주 사용하는 클래스를 import로 등록하고 나머지는 패키지 경로를 직접 지정하는 것이 좋다.

default 패키지에 ObjectTest2.java 파일을 작성한다.

ObjectTest2.java
```java
import school.university.Student;

public class ObjectTest2 {

    public static void main(String[] args) {
        // school.high.Student 사용
        school.high.Student kim = new school.high.Student();
        kim.printInfo();

        // school.university.Student 사용
        Student student1 = new Student();
        student1.printInfo();

        // school.university.Student 사용
        Student student2 = new Student();
        student2.printInfo();

        // school.university.Student 사용
        Student student3 = new Student();
        student3.printInfo();
    }
}
```

> 실행 결과

===> 고등학생 생성
또치의 점수 : 52
---> Student 객체 생성
둘리의 점수 : 83
---> Student 객체 생성
둘리의 점수 : 83
---> Student 객체 생성
둘리의 점수 : 83

참고로 별표(*)를 사용하면 특정 패키지에 포함된 여러 클래스를 한꺼번에 임포트 시킬 수도 있다. 예를 들어 school이라는 패키지에 Student, Teacher, Professor, Employee 클래스가 있다고 가정하자. 그러면 다음의 두 소스 코드는 동일한 결과를 가져온다.

```
import school.Student;
import school.Professor;
import school.Teacher;
import school.Employee;

public class ObjectTest3 {

}
```

```
import school.*;

public class ObjectTest3 {

}
```

하지만 가독성을 위해 개별적으로 임포트를 처리하는 것을 권장한다.

5.6 메소드

메소드를 처음 본 사람에게 가장 쉬운 비교 대상은 함수(function)다. 사실 자바의 메소드는 형태적으로는 함수와 동일하며, 기능도 함수이기 때문이다. 이번 학습에서는 메소드의 다양한 형태를 이해하고 활용하는 것에 중점을 둔다.

5.6.1 메소드의 구조

메소드는 리턴 타입, 메소드 이름, 매개변수 목록과 같이 세 가지 요소로 구성된다. 그리고 이 세 개의 요소를 합쳐서 메소드 시그니처라고 한다.

> **형식**
>
> 리턴타입 메소드이름(매개변수목록) {
>   // 메소드의 기능(로직);
>   return 메소드 실행 결과;
> }

리턴 타입

리턴 타입은 메소드가 리턴할 데이터에 대한 타입 선언이다. 메소드는 반드시 리턴 타입으로 선언한 데이터를 리턴해야 한다. 만약 데이터를 리턴하지 않거나 선언한 타입과 다른 타입의 데이터를 리턴하면 에러가 발생한다. 다음은 리턴 타입이 int인데 메소드가 double 타입의 데이터를 리턴해서 에러가 발생한 상황이다.

```
public int getScore() {
    return 98.38;
}
```
Type mismatch: cannot convert from double to int
2 quick fixes available:
 Add cast to 'int'
 Change method return type to 'double'

물론 적절하게 타입 변환을 처리하면 에러는 사라질 것이다.

```
public int getScore() {
    return (int) 98.38;
}
```

만약 메소드가 아무것도 리턴하지 않는다면 리턴 타입을 void로 선언해야 한다. void는 리턴값이 없는 메소드를 선언할 때 사용하는 예약어다.

메소드 이름

메소드 이름은 변수 이름 규칙과 동일한 규칙을 적용하여 선언한다. 중요한 것은 메소드 이름은 메소드가 제공하는 기능을 어느 정도 유추할 수 있게 지어야 한다는 것이다. 다음은 메소드 이름을 너무 축약해서 메소드의 기능을 전혀 유추할 수 없다.

```
public double getAS() {
    return 0.0;
}
```

메소드 이름의 길이는 제한이 없으므로 충분히 기능을 유추할 수 있는 적절한 길이의 이름을 사용하는 것이 바람직하다.

```
public double getAverageScore() {
    return 0.0;
}
```

매개변수

메소드는 매개변수를 통해 외부로부터 메소드의 기능을 수행하는 데 필요한 데이터를 받아들인다. 물론 외부로부터 데이터를 받지 않고 멤버 변수만으로 기능을 처리할 수도 있다. 당연히 이런 경우에는 매개변수를 선언하지 않는다.

매개변수는 로컬 변수에 해당하므로 멤버 변수와 달리 메소드가 호출될 때 메모리에 올라간다. 그리고 메소드 수행이 종료되는 순간 곧바로 삭제된다. 결국 메소드의 매개변수는 메소드의 기능을 처리하기 위해 임시로 사용하는 데이터를 받기 위한 목적으로 사용하는 것이다.

참고로 메소드의 매개변수 개수는 적을수록 좋다. 매개변수가 많으면 메소드를 호출할 때마다 매개변수의 개수와 타입을 신경 써야 하기 때문이다.

5.6.2 메소드 호출과 제어의 이동

지금까지 실습에서 사용했던 school.university.Student 클래스에는 printInfo( ) 메소드가 있다. 메소드는 누군가가 자신을 호출했을 때 실행되며, 메소드가 호출되는 순간 일시적으로 호출된 메소드로 제어가 이동했다가 수행이 종료되면 다시 원래 메소드를 호출했던 곳으로 되돌아온다.

메소드 호출과 제어의 이동을 이해하기 위해 다음 소스를 작성하고 실행 결과를 확인한다.

MethodTest1.java

```java
public class MethodTest1 {

    public static void main(String[] args) {
        System.out.println("===> main() start");
        methodA();
        System.out.println("===> main() end");
    }
```

```java
    private static void methodA() {
        System.out.println("---> methodA() start");
        methodB();
        System.out.println("---> methodA() end");
    }

    private static void methodB() {
        System.out.println("methodB() 실행");
    }
}
```

실행 결과

```
===> main() start
---> methodA() start
methodB() 실행
---> methodA() end
===> main() end
```

메소드가 호출되는 순간, 제어의 흐름을 그림으로 보면 이해하기 쉬울 것이다.

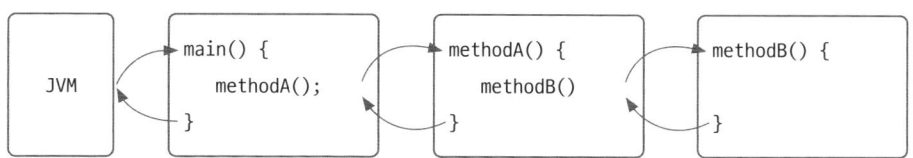

5.6.3 매개변수와 인자

매개변수는 메소드 이름 뒤에 괄호로 묶어서 선언한다. 매개변수를 확인하기 위해 school. university.Student 클래스에 printAvg() 메소드를 추가한다.

school/university/Student.java

```java
package school.university;

public class Student {

    public String name = "둘리";
    private int score = 83;

    public Student() {
        System.out.println("---> Student 객체 생성");
    }

    public void printInfo() {
        System.out.println(name + "의 점수 : " + score);
    }

    public void printAvg(int javaScore, int pythonScore, int sqlScore) {
        System.out.println("printAvg(int, int, int) 호출");
        int sumScore = javaScore + pythonScore + sqlScore;
        int avgScore = sumScore/3;
        System.out.println(name + "의 세 과목 평균 점수 : " + avgScore);
    }
}
```

printAvg() 메소드는 int 타입의 매개변수 세 개(javaScore, pythonScore, sqlScore)를 갖는다. 앞에서도 언급했듯이 매개변수는 매개변수가 선언된 메소드 안에서만 사용할 수 있고, 다른 메소드에서는 사용할 수 없는 로컬 변수다.

이제 Student 클래스에 추가된 printAvg() 메소드를 호출하는 MethodTest2 클래스를 작성해보자.

MethodTest2.java

```java
import school.university.Student;

public class MethodTest2 {

    public static void main(String[] args) {
```

```
            Student kim = new Student();
            kim.printAvg(83, 77, 79);
    }
}
```

메소드를 호출할 때는 반드시 메소드를 호출하는 쪽에서 호출하려는 메소드의 매개변수에 해당하는 데이터를 전달해야 한다. 메소드를 호출할 때 전달되는 데이터를 인자 또는 아규먼트(argument)라고 하는데, 우리는 편의상 인자로 통일할 것이다.

메소드를 호출하기 위해서는 반드시 매개변수의 개수와 타입에 맞게 인자를 전달해야 한다.

<> 실행 결과

```
---> Student 객체 생성
printAvg(int, int, int) 호출
둘리의 세 과목 평균 점수 : 79
```

5.6.4 메소드 유형

메소드의 유형은 너무나 다양하지만 크게 두 가지 기준으로 나누면 다음과 같다.

- 매개변수의 유무
- 리턴 타입의 유무

매개변수의 유무

먼저 매개변수를 사용하지 않는 메소드를 살펴보자. 매개변수가 없는 메소드는 두 가지 형태가 있다. 첫 번째는 자체적으로 변수를 선언하여 사용하는 메소드가 있고, 두 번째는 오직 멤버 변수만을 사용하여 기능을 처리하는 메소드가 있다.

앞에서 작성한 school.university.Student 클래스를 다음과 같이 수정한다.

school/university/Student.java

```java
package school.university;

public class Student {

    public String name = "둘리";
    private int score = 83;

    public Student() {
        System.out.println("---> Student 객체 생성");
    }

    // 로컬 변수만 사용하는 메소드
    public void forTest() {
        int sum = 0;
        for (int i = 1; i <= 100; i++) {
            sum = sum + i;
        }
        System.out.println("1 ~ 100까지의 합 : " + sum);
    }

    // 멤버 변수만 사용하는 메소드
    public void printInfo() {
        System.out.println(name + "의 점수 : " + score);
    }

    // 멤버 변수와 로컬 변수를 모두 사용하는 메소드
    public void printAvg(int javaScore, int pythonScore, int sqlScore) {
        System.out.println("printAvg(int, int, int) 호출");
        int sumScore = javaScore + pythonScore + sqlScore;
        int avgScore = sumScore/3;
        System.out.println(name + "의 세 과목 평균 점수 : " + avgScore);

    }
}
```

forTest( )는 sum이라는 로컬 변수를 선언하여 1에서 100 사이 정수의 합을 출력하는 테스트용 메소드로서, 매개변수가 필요 없다. 특히 forTest( )는 멤버 변수도 사용하지 않고 로컬 변수(sum, i)만 사용하여 기능을 수행한다.

printInfo( )는 두 개의 멤버 변수(name, score)만을 이용하여 학생의 정보를 출력하며, 마지막으로 printAvg( )는 세 개의 매개변수(javaScore, pythonScore, sqlScore)와 두 개의 로컬 변수(sumScore, avgScore)를 사용하고 있다.

이제 앞에서 작성했던 MethodTest2.java 프로그램을 수정하여 매개변수가 없는 메소드를 호출해보자.

MethodTest2.java
```java
import school.university.Student;

public class MethodTest2 {

    public static void main(String[] args) {
        Student kim = new Student();
        kim.forTest();
        kim.printInfo();
    }
}
```

실행 결과

```
---> Student 객체 생성
1 ~ 100까지의 합 : 5050
둘리의 점수 : 83
```

리턴 타입 유무

메소드를 구분하는 두 번째 기준은 리턴 타입의 유무다. 현재 school.university.Student 클래스의 모든 메소드는 리턴 타입이 없어 리턴 타입을 void로 지정했다.

school/university/Student.java (설명을 위한 코드이므로 타이핑하지 않는다)

```java
package school.university;

public class Student {

    public String name = "둘리";
    private int score = 83;

    public Student() {
        System.out.println("---> Student 객체 생성");
    }

    // 로컬 변수만 사용하는 메소드
    public void forTest() {
        int sum = 0;
        for (int i = 1; i <= 100; i++) {
            sum = sum + i;
        }
        System.out.println("1 ~ 100까지의 합 : " + sum);
    }

    // 멤버 변수만 사용하는 메소드
    public void printInfo() {
        System.out.println(name + "의 점수 : " + score);
    }

    // 멤버 변수와 로컬 변수를 모두 사용하는 메소드
    public void printAvg(int javaScore, int pythonScore, int sqlScore) {
        System.out.println("printAvg(int, int, int) 호출");
        int sumScore = javaScore + pythonScore + sqlScore;
        int avgScore = sumScore/3;
        System.out.println(name + "의 세 과목 평균 점수 : " + avgScore);

    }
}
```

이렇게 리턴 타입이 없는 메소드는 대부분 단순 계산 로직만 제공하거나 메소드 내에서 수행 결과를 직접 출력하고 종료되는 경우가 많다. 따라서 이런 메소드를 호출하는 소스 역시 메소드를 호출만 하고, 호출 이후에 별다른 조치를 취할 필요가 없다.

이번에는 세 개의 메소드에 모두 리턴 타입을 지정해보자.

school/university/Student.java

```java
package school.university;

public class Student {

    public String name = "둘리";
    private int score = 83;

    public Student() {
        System.out.println("---> Student 객체 생성");
    }

    // 로컬 변수만 사용하는 메소드
    public int forTest() {
        int sum = 0;
        for (int i = 1; i <= 100; i++) {
            sum = sum + i;
        }
        return sum;
    }

    // 멤버 변수만 사용하는 메소드
    public String printInfo() {
        return name + "의 점수 : " + score;
    }

    // 멤버 변수와 로컬 변수를 모두 사용하는 메소드
    public double printAvg(int javaScore, int pythonScore, int sqlScore) {
        System.out.println("printAvg(int, int, int) 호출");
        int sumScore = javaScore + pythonScore + sqlScore;
```

```
            int avgScore = sumScore/3;
            return avgScore;
        }
    }
```

메소드는 자신을 호출한 쪽으로 메소드 수행 결과 데이터를 반환하면서 제어를 넘길 때 return이라는 예약어를 사용한다. 먼저 forTest( )는 1에서 100까지의 합을 리턴하며, printInfo( )는 멤버 변수인 name과 score를 결합하여 적절한 문자열을 리턴한다. 그리고 마지막으로 printAvg( ) 메소드는 매개변수로 받은 세 과목의 평균값을 리턴한다.

이제 printAvg( ) 메소드를 호출하는 쪽에서는 메소드가 리턴한 결괏값을 받아서 사용하면 된다.

MethodTest2.java

```java
import school.university.Student;

public class MethodTest2 {

    public static void main(String[] args) {
        Student kim = new Student();
        int sum = kim.forTest();
        System.out.println("1 ~ 100까지의 합 : " + sum);

        String studentInfo = kim.printInfo();
        System.out.println(studentInfo);

        double avgScore = kim.printAvg(83, 77, 79);
        System.out.println(kim.name + "의 세 과목 평균 점수 : " + avgScore);
    }
}
```

수정된 세 개의 메소드를 호출하는 쪽에서는 메소드가 리턴한 값을 받아줄 로컬 변수가 필요하다. 위 소스에서는 sum, studentInfo, avgScore가 그런 용도의 로컬 변수인 것이다.

물론 로컬 변수를 선언하기 싫으면 다음과 같이 메소드 호출 결과를 바로 사용할 수도 있다.

MethodTest2.java
```java
import school.university.Student;

public class MethodTest2 {

    public static void main(String[] args) {
        Student kim = new Student();

        System.out.println("1 ~ 100까지의 합 : " + kim.forTest());
        System.out.println(kim.printInfo());
        System.out.println(kim.name + "의 세 과목 평균 점수 : " +
            kim.printAvg(83, 77, 79));
    }
}
```

수정된 프로그램의 실행 결과는 다음과 같다.

실행 결과
```
---> Student 객체 생성
1 ~ 100까지의 합 : 5050
둘리의 점수 : 83
printAvg(int, int, int) 호출
둘리의 세 과목 평균 점수 : 79.0
```

참고로 메소드의 리턴 타입을 void로 지정했다는 것은 해당 메소드가 아무것도 리턴하지 않는다는 것을 의미하므로 리턴 타입을 void로 선언하고 단순히 제어만 이동하기 위해서 return을 사용하는 것은 상관이 없다. 그러나 만약 리턴 타입이 void인 메소드에서 return 뒤에 어떤 값을 지정하면 문법 오류가 발생한다. 즉, 리턴 타입이 void인 메소드는 결괏값을 반환해서는 안 된다.

`public void testMethodA() {`
`    return;`
`}`
	정상적으로 컴파일

`public void testMethodB() {`
`    return 0;`
`}`
	컴파일 에러 발생

5.6.5 Getter/Setter 메소드

자바로 프로그램을 개발하다 보면 클래스의 멤버 변수를 private으로 선언하고 멤버 변수에 접근하여 값을 처리하는 public 메소드가 필요한 경우가 있다. 이때 이클립스의 소스 생성 기능을 이용하면 간단하게 관련된 메소드를 생성할 수 있다.

private 멤버 변수에 값을 할당하는 메소드를 Setter 메소드라고 하고, private 멤버 변수에 할당된 값을 리턴하는 메소드를 Getter 메소드라고 한다. 그리고 이 둘을 합쳐서 Getter/Setter라고 한다.

이클립스의 Getter/Setter 생성 기능을 확인하기 위해 MethodTest3 클래스에 다음과 같은 멤버 변수를 추가한다.

```java
public class MethodTest3 {
    private String name;
    private int score;
    private char grade;
    private boolean isPassed;
}
```

private 멤버 변수를 선언할 때 특이한 점은 boolean 타입의 변수 이름은 is로 시작한다는 것이다. 이제 이클립스의 단축키 〈Alt〉 + 〈Shift〉 + 〈S〉를 누르고 [Generate Getters and Setters...] 메뉴를 선택한다.

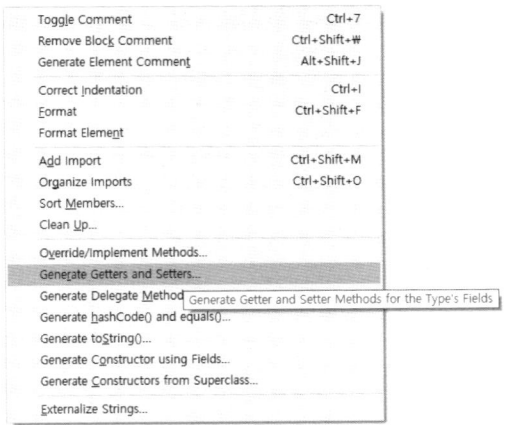

Generate Getters and Setters 화면에서 Getter와 Setter 메소드를 모두 생성하려면 오른쪽에 있는 〈Select All〉 버튼을 누른다.

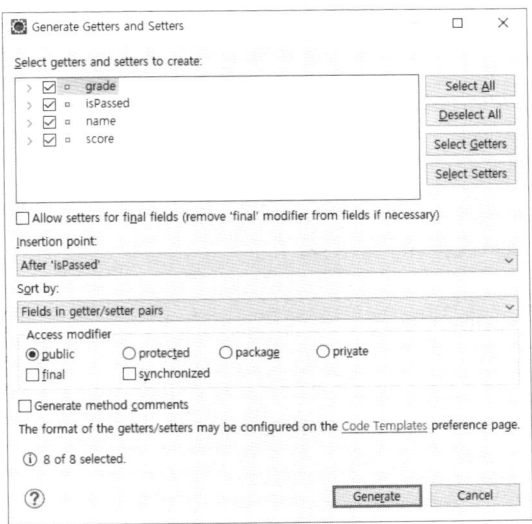

물론 Getter만 만들거나 Setter만 생성할 수도 있다. 그리고 Insertion point 설정을 통해 Getter/Setter를 생성할 위치도 지정할 수 있다.

Getter/Setter 메소드가 모두 생성된 소스의 모습은 다음과 같다.

```java
                                                              MethodTest3.java
public class MethodTest3 {
    private String name;
    private int score;
    private char grade;
    private boolean isPassed;

    public String getName() {
        return name;
    }
    public void setName(String name) {
        this.name = name;
    }
    public int getScore() {
        return score;
    }
    public void setScore(int score) {
        this.score = score;
    }
    public char getGrade() {
        return grade;
    }
    public void setGrade(char grade) {
        this.grade = grade;
    }
    public boolean isPassed() {
        return isPassed;
    }
    public void setPassed(boolean isPassed) {
        this.isPassed = isPassed;
    }
}
```

생성된 메소드 중에서 boolean 타입의 Getter 메소드는 getPassed( )가 아니라 isPassed( )로 생성된다. 그리고 Getter 메소드에는 this라는 예약어가 사용됐는데, 현재 단계에서는 매개변수와 멤버 변수를 구분하기 위한 특수한 참조 변수 정도로만 이해하자.

5.6.6 메소드 오버로딩

자바는 하나의 클래스에 이름이 같은 메소드를 여러 개 선언할 수 있는데, 이를 메소드 오버로딩(overloading) 또는 메소드 중복 정의라고 한다.

그러면 이름이 같은 메소드는 어떻게 식별할 수 있을까? 정답은 매개변수에 있다. 메소드 이름이 동일해도 매개변수의 개수와 타입이 다르면 메소드를 호출할 때 매개변수의 개수와 타입을 통해 정확하게 원하는 메소드를 호출할 수 있다.

Student 클래스에 다음과 같이 세 개의 printAvg( ) 메소드가 작성되어 있다고 가정하자.

①
```
int printAvg(int javaScore, int pythonScore) {
    int sumScore = javaScore + pythonScore;
    int avgScore = sumScore/2;
    return avgScore;
}
```

②
```
int printAvg(int javaScore, int pythonScore, int sqlScore) {
    int sumScore = javaScore + pythonScore + sqlScore;
    int avgScore = sumScore/3;
    return avgScore;
}
```

③
```
int printAvg(double javaScore, int pythonScore) {
    int sumScore = (int) javaScore + pythonScore;
    int avgScore = sumScore/2;
    return avgScore;
}
```

메소드 오버로딩에서 가장 중요한 것은 매개변수의 개수와 타입이다.

- ①번과 ②번은 매개변수의 개수가 다르기 때문에 오버로딩이다.
- ①번과 ③번은 매개변수의 개수는 같지만 데이터 타입이 다르기 때문에 오버로딩이다.
- ②번과 ③번은 개수와 타입이 모두 다르기 때문에 오버로딩이다.

그런데 만약 현재 상태에서 다음과 같은 메소드를 추가하면 에러가 발생하는데, 이유는 ①번 메소드와 매개변수의 개수와 타입이 동일하기 때문이다.

```java
int printAvg(int javaScore, int sqlScore) {
    int sumScore = javaScore + sqlScore + javaScore;
    int avgScore = sumScore/3;
    return avgScore;
}
```

메소드 오버로딩에서 매개변수의 이름과 구현 로직은 전혀 중요하지 않다. 오로지 개수나 데이터 타입만 다르면 된다.

오버로딩을 테스트하기 위해 school.high 패키지에 있는 Student 클래스를 다음과 같이 수정한다.

school/high/Student.java

```java
package school.high;

public class Student {
    public String name = "또치";
    public int score = 52;

    public Student() {
        System.out.println("===> 고등학생 생성");
    }

    public void printInfo() {
        System.out.println(name + "의 점수 : " + score);
    }

    public int printAvg(int javaScore, int pythonScore) {
        System.out.println("printAvg(int, int) 호출");
        int sumScore = javaScore + pythonScore;
        int avgScore = sumScore/2;
        return avgScore;
    }
```

```java
    public int printAvg(int javaScore, int pythonScore, int sqlScore) {
        System.out.println("printAvg(int, int, int) 호출");
        int sumScore = javaScore + pythonScore + sqlScore;
        int avgScore = sumScore/3;
        return avgScore;
    }

    public int printAvg(double javaScore, int pythonScore) {
        System.out.println("printAvg(double, int) 호출");
        int sumScore = (int) javaScore + pythonScore;
        int avgScore = sumScore/2;
        return avgScore;
    }
}
```

이제 Student 클래스에 오버로딩된 메소드를 호출하는 테스트 프로그램을 작성하고 실행 결과를 확인하자.

MethodTest4.java
```java
import school.high.Student;

public class MethodTest4 {

    public static void main(String[] args) {
        Student kim = new Student();
        int result = kim.printAvg(83, 77);
        System.out.println("두 과목의 평균 점수 : " + result);

        result = kim.printAvg(83, 77, 79);
        System.out.println("세 과목의 평균 점수 : " + result);

        result = kim.printAvg(83.23, 77);
        System.out.println("두 과목의 평균 점수 : " + result);
    }
}
```

> **실행 결과**
>
> ===> 고등학생 생성
> printAvg(int, int) 호출
> 두 과목의 평균 점수 : 80
> printAvg(int, int, int) 호출
> 세 과목의 평균 점수 : 79
> printAvg(double, int) 호출
> 두 과목의 평균 점수 : 80

실행 결과를 보면 Student 클래스에 오버로딩한 세 개의 메소드가 순차적으로 실행되는 것을 확인할 수 있다.

5.6.7 메소드 호출과 타입 변환

자바는 메소드를 호출할 때 매개변수의 타입이 일치하지 않아도 타입 변환이 가능하다면 메소드 호출을 처리한다. 우선 school.high.Student 클래스의 메소드를 다음과 같이 수정한다.

```java
// school/high/Student.java
package school.high;

public class Student {

    public String name = "또치";
    public int score = 52;

    public Student() {
        System.out.println("===> 고등학생 생성");
    }

    public void printInfo() {
        System.out.println(name + "의 점수 : " + score);
    }

    public int printAvg(double javaScore, double pythonScore) {
```

```
            int sumScore = (int) (javaScore + pythonScore);
            int avgScore = sumScore/2;
            return avgScore;
        }
    }
```

그리고 printAvg( ) 메소드를 호출하는 MethodTest4.java를 다음과 같이 수정한다.

MethodTest4.java
```
import school.high.Student;

public class MethodTest4 {

    public static void main(String[] args) {
        Student kim = new Student();
        double result = kim.printAvg(83, 77);
        System.out.println("두 과목의 평균 점수 : " + result);

        result = kim.printAvg(83.2, 77.4);
        System.out.println("두 과목의 평균 점수 : " + result);
    }
}
```

우선 첫 번째로 Student 객체의 printAvg( ) 메소드를 호출하는 코드를 보자. 분명히 int 타입의 인자를 두 개(83, 77) 전달했는데, Student 클래스에는 int 두 개를 매개변수로 받는 printAvg( ) 메소드가 없다.

원래 이런 경우는 에러가 발생해야 하는데 double 타입의 매개변수 두 개짜리 메소드가 호출되었다. 이런 호출이 가능한 이유는 내부적으로 묵시적 타입 변환이 동작했기 때문이다. 즉, 메소드가 호출되는 시점에 인자로 전달한 두 정수가 double 타입으로 변환되었기 때문에 정상적인 메소드 호출로 처리된 것이다.

그리고 이런 묵시적 타입 변환은 한 번 더 적용됐는데, 그건 바로 printAvg( ) 메소드의 리턴값을 받는 MethodTest4 클래스에서다. 분명히 Student의 printAvg( ) 메소드의 리턴 타입은 int다. 그러나 MethodTest4에서 printAvg() 메소드의 리턴값을 받는 result 변수는 double 타입이다. 이렇게 메소드 실행 결과를 받는 쪽에서 타입 변환을 통해 원하는 타입으로 결괏값을 받을 수도 있다.

실행 결과는 다음과 같다.

실행 결과

```
===> 고등학생 생성
두 과목의 평균 점수 : 80.0
두 과목의 평균 점수 : 80.0
```

5.6.8 값 복사와 주소 복사

앞에서 기본 타입의 변수는 값 자체가 복사되고, 참조 타입의 변수는 주소가 복사된다는 것을 확인했다. 이 개념은 메소드를 호출할 때도 동일하게 적용된다.

값 복사

메소드의 매개변수가 기본 타입인 경우는 인자로 전달된 값이 매개변수에 복사되어 전달된다. 이를 확인하기 위한 간단한 실습을 진행해보자.

```java
                                                                MethodTest5.java
public class MethodTest5 {

    public static void main(String[] args) {
        int firstScore = 99;
        int secondScore = 33;

        System.out.println("before(firstScore) : " + firstScore);
        System.out.println("before(secondScore) : " + secondScore);

        swapScore(firstScore, secondScore);

        System.out.println("after(firstScore) : " + firstScore);
```

```
                System.out.println("after(secondScore) : " + secondScore);
    }

    private static void swapScore(int score1, int score2) {
        int temp = score1;
        score1 = score2;
        score2 = temp;
        System.out.println("swapScore() 에서 score1 : " + score1);
        System.out.println("swapScore() 에서 score2 : " + score2);
    }
}
```

실행 결과

```
before(firstScore) : 99
before(secondScore) : 33
swapScore() 에서 score1 : 33
swapScore() 에서 score2 : 99
after(firstScore) : 99
after(secondScore) : 33
```

메소드가 호출되면서 매개변수를 통해 값이 복사되는 과정을 그림으로 살펴보면 다음과 같다.

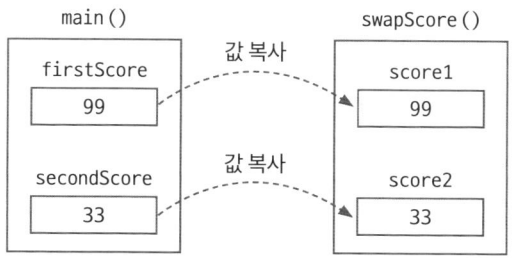

main() 메소드 안에서 선언된 firstScore, secondScore 변수의 값이 swapScore() 메소드가 호출되는 순간 매개변수에 해당하는 score1, score2 변수에 복사되어 전달된다.

이제 swapScore() 메소드에서 temp 변수를 사용하여 score1과 score2의 값을 교환하면 swapScore() 메소드 안에서는 당연히 값이 바뀐다.

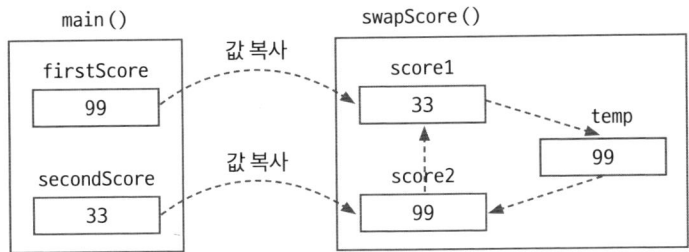

그런데 swapScore( ) 메소드가 종료되는 순간 swapScore( ) 메소드에서 사용했던 로컬 변수인 score1, score2, temp 변수는 모두 메모리에서 사라진다. 그러므로 제어가 다시 main( ) 메소드로 돌아왔을 때 firstScore, secondScore 변수에는 여전히 99와 33이라는 값이 유지되는 것이다.

주소 복사

이번에는 메소드 매개변수가 참조형인 경우를 확인해보자. 먼저 school.high.Student 클래스에 멤버 변수 두 개를 추가한다.

```
                                                        school/high/Student.java
package school.high;

public class Student {

    public String name = "또치";
    public int score = 52;
    public int firstScore;
    public int secondScore;

    ~ 생략 ~
```

이제 MethodTest6.java 파일을 작성하고 실행 결과를 확인한다.

MethodTest6.java

```java
import school.high.Student;

public class MethodTest6 {

    public static void main(String[] args) {
        Student kim = new Student();
        kim.firstScore = 99;
        kim.secondScore = 33;

        System.out.println("before(kim.firstScore) : " + kim.firstScore);
        System.out.println("before(kim.secondScore) : " + kim.secondScore);

        swapScore(kim);

        System.out.println("after(kim.firstScore) : " + kim.firstScore);
        System.out.println("after(kim.secondScore) : " + kim.secondScore);
    }

    private static void swapScore(Student std) {
        int temp = std.firstScore;
        std.firstScore = std.secondScore;
        std.secondScore = temp;
        System.out.println("swapScore()에서 firstScore : " + std.firstScore);
        System.out.println("swapScore()에서 secondScore : " + std.secondScore);
    }
}
```

실행 결과

```
===> 고등학생 생성
before(kim.firstScore) : 99
before(kim.secondScore) : 33
swapScore()에서 firstScore : 33
swapScore()에서 secondScore : 99
after(kim.firstScore) : 33
after(kim.secondScore) : 99
```

앞 소스의 실행 과정을 그림으로 설명하면 다음과 같다.

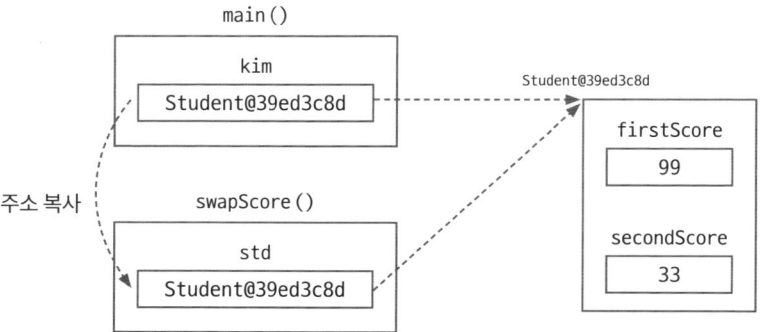

main( ) 메소드에서 swapScore( ) 메소드를 호출할 때 kim이라는 참조 변수가 참조하고 있는 Student 객체의 주소가 매개변수로 선언된 std 변수에 복사된다. 따라서 swapScore( ) 메소드가 호출되는 시점에 Student 객체는 kim과 std, 두 개의 참조 변수에 의해 공유된다.

이제 제어가 swapScore( ) 메소드로 넘어간 상태에서 임시 변수인 temp에 firstScore 변수가 가진 값을 할당한다.

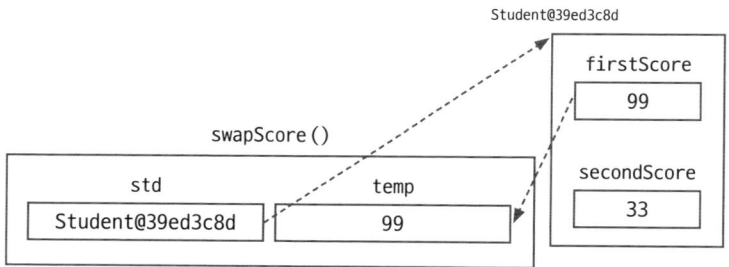

그러고 나서 secondScore 변수가 가지고 있는 값을 firstScore에 할당한다.

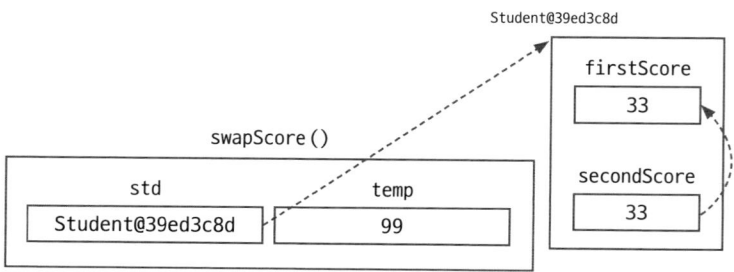

마지막으로 temp 변수가 가진 값을 secondScore 변수에 할당하면 swapScore() 메소드는 마무리된다.

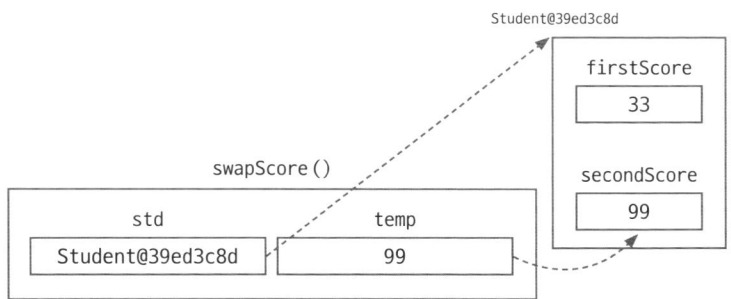

이렇게 swapScore() 메소드에서 std가 참조하는 Student 객체의 firstScore와 secondScore 변수의 값을 변경하면 swapScore() 메소드 실행이 종료되고, 제어가 main() 메소드로 돌아온다 하더라도 kim 변수가 참조하는 Student 객체의 firstScore와 secondScore 변숫값은 그대로 유지되는 것이다.

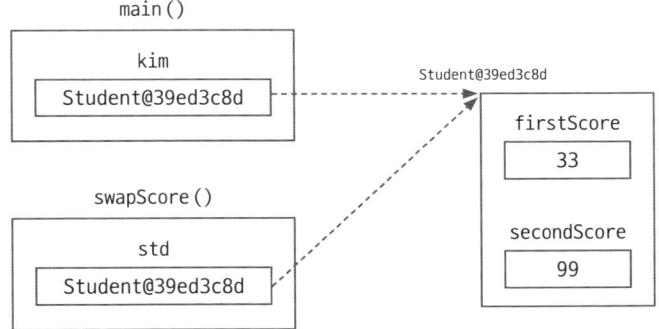

5.7 생성자

생성자는 클래스로부터 객체를 생성할 때 자동으로 호출되며, 객체의 멤버 변수 초기화를 담당하는 특수한 목적의 메소드다. 자바에서 생성자의 역할은 매우 중요하며, 프로그램에서 생성자와 함께 고려해야 할 요소들이 많으므로 그 내용을 정리해보겠다.

5.7.1 생성자의 개념과 특징

다음은 생성자의 특징을 정리한 것이다.

- 메소드 이름이 클래스 이름과 동일하다.
- 리턴 타입이 없으며 void조차 허용하지 않는다.
- 객체 생성 시 자동으로 호출되며, 일반 메소드처럼 참조 변수를 통해 호출할 수 없다.
- 생성되는 객체의 멤버 변수 초기화를 담당한다.
- 생성자가 하나도 정의되지 않은 클래스에는 기본 생성자가 자동으로 제공된다.
- 하나의 클래스에 여러 개의 생성자를 오버로딩할 수 있다.
- this( ) 형태의 특수한 생성자가 있다.

5.7.2 기본 생성자

기본 생성자는 매개변수가 없는 생성자를 의미한다. 생성자의 가장 중요한 기능이 멤버 변수 초기화인데, 기본 생성자는 매개변수를 가질 수 없기 때문에 멤버 변수를 기본값으로 초기화한다. 그래서 기본 생성자라는 이름을 갖게 된 것이다.

기본 생성자의 또 다른 특징으로는 클래스에 생성자가 하나도 없을 때 기본으로 제공된다는 것이다. 따라서 다음 두 클래스는 결국 동일한 코드라고 볼 수 있다.

```java
public class Student {
    String name;
    int score;
}
```

```java
public class Student {
    String name;
    int score;

    Student() {
    }
}
```

우리는 앞에서 배열 객체가 생성되면 자동으로 기본값이 초기화된다는 것을 확인했다. 클래스로부터 생성하는 객체도 마찬가지다. 초깃값이 설정되지 않은 객체를 프로그램에서 사용하는 것은 의미가 없다. 그래서 기본 생성자가 필요한 것이다.

기본 생성자를 통해 객체의 초깃값이 어떻게 할당되는지 확인해보자. 실습을 위해 constructor 패키지에 새로운 Student 클래스를 작성한다.

```
                                                        constructor/Student.java
package constructor;

public class Student {
    public String name;
    public int score;
    public boolean isPassed;
    public String major;

    public Student() {
    }

    public Student(String stdName, int stdScore, boolean stdIsPassed,
    String stdMajor) {
        name = stdName;
        score = stdScore;
        isPassed = stdIsPassed;
        major = stdMajor;
    }

    public void printInfo() {
        System.out.println(name + "의 전공 : " + major + ", 점수 : " + score +
        "(시험 통과 여부 : " + isPassed + ")");
    }
}
```

Student 클래스에는 두 개의 생성자가 선언되어 있다. 첫 번째 생성자는 매개변수가 없는 기본 생성자로서, 기본 생성자는 멤버 변수를 기본값으로 초기화한다. 그리고 두 번째 생성자는 모든 멤버 변수에 매개변수로 받은 값을 설정하는 생성자다.

이제 Student 클래스로부터 객체를 생성하고 사용하는 프로그램을 작성한다.

ConstructorTest1.java
```java
import constructor.Student;

public class ConstructorTest1 {

    public static void main(String[] args) {
        Student kim = new Student();
        kim.printInfo();
    }
}
```

실행 결과
```
null의 전공 : null, 점수 : 0(시험 통과 여부 : false)
```

실행 결과를 통해 확인할 수 있듯이 기본 타입의 데이터는 기본값으로 초기화된다. 따라서 int 타입의 score는 0, boolean 타입의 isPassed 변수는 false로 초기화된 것이다. 물론 name이나 major 같은 참조 타입의 변수는 null로 초기화된다.

참고로 기본 생성자는 클래스에 생성자가 하나도 없을 때 자동으로 제공되므로 생성자가 하나라도 있다면 기본 생성자는 자동으로 제공되지 않는다.

5.7.3 생성자와 멤버 변수 초기화

매개변수가 있는 생성자를 이용하면 클래스로부터 객체를 생성할 때 멤버 변수의 값을 원하는 값으로 초기화할 수 있다. 이전에 배열 객체 생성과 초깃값 설정을 한 줄로 처리했던 것을 기억해보자.

ConstructorTest2.java (설명을 위한 코드이므로 타이핑하지 않는다)
```java
public class ConstructorTest2 {

    public static void main(String[] args) {
```

```
//         배열 객체 생성 및 초기화(방법 1)
//         int[] scoreList = new int[4];
//         scoreList[0] = 83;
//         scoreList[1] = 99;
//         scoreList[2] = 65;
//         scoreList[3] = 92;

//         배열 객체 생성 및 초기화(방법 2)
           int[] scoreList = {83, 99, 65, 92};
    }
}
```

위 소스에서 첫 번째 방법보다 두 번째 방법이 훨씬 편하다는 것은 모두가 공감할 것이다. 마찬가지로 클래스로부터 객체를 생성할 때도 생성자를 이용하면 배열과 비슷한 표현이 가능하다.

먼저 기본 생성자를 이용하여 Student 객체를 생성하는 프로그램을 작성하고 실행 결과를 확인한다.

ConstructorTest2.java
```java
import constructor.Student;

public class ConstructorTest2 {

    public static void main(String[] args) {
        // Student 객체 생성 및 초기화
        Student kim = new Student();
        kim.name = "김둘리";
        kim.score = 83;
        kim.isPassed = true;
        kim.major = "컴퓨터 공학";
        kim.printInfo();
    }
}
```

이 소스는 기본 생성자를 이용하여 Student 객체를 생성한 후에 멤버 변수를 적절한 값으로 초기화하고 있다. 하지만 이렇게 멤버 변수를 초기화한다면 멤버 변수가 늘어나거나 생성해야 할 객체가 많을 때 지루한 작업을 반복해야 한다.

수정된 프로그램의 실행 결과는 다음과 같다.

<> 실행 결과

```
김둘리의 전공 : 컴퓨터 공학, 점수 : 83(시험 통과 여부 : true)
```

이제 두 번째 생성자를 이용하는 코드를 추가해보자.

ConstructorTest2.java
```java
import constructor.Student;

public class ConstructorTest2 {

    public static void main(String[] args) {
        // Student 객체 생성 및 초기화
        Student kim = new Student();
        kim.name = "김둘리";
        kim.score = 83;
        kim.isPassed = true;
        kim.major = "컴퓨터 공학";
        kim.printInfo();

        Student park = new Student("박또치", 100, true, "식품 영양학");
        park.printInfo();
    }
}
```

당연히 처음 작성했던 코드보다 두 번째 코드가 훨씬 간결하고 가독성도 더 좋아 보인다. 실행 결과는 다음과 같다.

<> 실행 결과

```
김둘리의 전공 : 컴퓨터 공학, 점수 : 83(시험 통과 여부 : true)
박또치의 전공 : 식품 영양학, 점수 : 100(시험 통과 여부 : true)
```

생성자와 접근 제어를 적절히 이용하면 좀 더 안전한 시스템을 만들 수도 있다. 예를 들어 지금 사용 중인 Student 클래스의 모든 멤버 변수에 private을 추가한다고 가정하자.

constructor/Student.java (설명을 위한 코드이므로 타이핑하지 않는다)
```
package constructor;

public class Student {
    private String name;
    private int score;
    private boolean isPassed;
    private String major;

    ~ 생략 ~
```

이렇게 하면 Student 객체의 멤버 변수는 처음 객체가 생성될 때 생성자를 통해 설정된 초깃값 외에 다른 값을 가질 수 없다는 의미가 된다.

5.7.4 생성자 오버로딩과 this( )

하나의 클래스에 동일한 이름의 메소드를 여러 개 오버로딩할 수 있듯 생성자 역시 오버로딩할 수 있으며, 이를 통해 원하는 멤버 변수만 초기화할 수 있다.

Student 클래스에 새로운 생성자를 추가하여 총 세 개의 생성자가 오버로딩되도록 한다.

constructor/Student.java
```
package constructor;

public class Student {
    public String name;
    public int score;
    public boolean isPassed;
    public String major;

    public Student() {
```

```java
    }

    public Student(String stdName, int stdScore) {
        name = stdName;
        score = stdScore;
    }

    public Student(String stdName, int stdScore, boolean stdIsPassed,
    String stdMajor) {
        name = stdName;
        score = stdScore;
        isPassed = stdIsPassed;
        major = stdMajor;
    }

    public void printInfo() {
        System.out.println(name + "의 전공 : " + major + ", 점수 : " + score +
        "(시험 통과 여부 : " + isPassed + ")");
    }
}
```

이제 Student 클래스 객체를 생성하는 쪽에서는 자신이 초기화하고 싶은 변수들만 선택적으로 초기화할 수 있다. ConstructorTest2.java를 수정하고 실행 결과를 확인한다.

ConstructorTest2.java
```java
import constructor.Student;

public class ConstructorTest2 {

    public static void main(String[] args) {
        Student kim = new Student("김둘리", 83, true, "컴퓨터 공학");
        kim.printInfo();

        Student park = new Student("박또치", 100);
        park.printInfo();
    }
}
```

실행 결과

```
김둘리의 전공 : 컴퓨터 공학, 점수 : 83(시험 통과 여부 : true)
박또치의 전공 : null, 점수 : 100(시험 통과 여부 : false)
```

실행 결과를 보면 생성자를 통해 네 개의 멤버 변수 중에 두 개(name, score)만 초기화하면 나머지 멤버 변수(isPassed, major)에는 자동으로 기본값이 할당된다.

> **Tip! 쌤 질문 있어요.** / **실수로 생성자에 리턴 타입을 지정하면 어떻게 되나요?**
>
> 원래 생성자는 리턴 타입을 지정하지 않습니다. 생성자의 목적 자체가 생성되는 객체의 멤버 변수를 초기화하는 것으로, 결괏값을 리턴하는 일반 메소드와는 구분되기 때문입니다.
>
> 그런데 만약 생성자에 리턴 타입을 지정하거나 하다못해 void라도 지정한다면, 해당 생성자는 더 이상 생성자가 아닌 일반 메소드로 처리됩니다.

5.7.5 생성자와 this 예약어

생성자를 작성할 때 가장 고민되는 부분이 바로 매개변수 이름이다. 다음 세 개의 생성자는 조금씩 문제가 있는데, 각각 어떤 문제가 있는지 먼저 고민해보기 바란다.

생성자1
```java
public Student(String n, int s, boolean e, String m) {
    name = n;           // 이름 초기화
    score = s;          // 점수 초기화
    isPassed = e;       // 시험 합격 여부 초기화
    major = m;          // 전공 초기화
}
```

생성자2
```java
public Student(String studentName, int studentScore,
    boolean studentIsPassed, String studentMajor) {
    name = studentName;
    score = studentScore;
    isPassed = studentExamPassd;
    major = studentMajor;
}
```

| 생성자3 | ```
public Student(String name, int score, boolean isPassed, String major) {
    name = name;
    score = score;
    isPassed = isPassed;
    major = major;
}
``` |
|---|---|

첫 번째 생성자는 매개변수의 이름이 너무 짧아서 별도로 주석을 확인하지 않으면 각 변수의 의미를 정확하게 이해할 수 없다. 반대로 두 번째 생성자는 별도의 주석은 필요 없지만 매개변수 이름이 너무 길다.

세 번째가 가장 적합해 보이는데, 세 번째 생성자의 문제는 매개변수로 받은 값을 다시 매개변수에 할당하는 형태기 때문에 결과적으로 멤버 변수가 초기화되지 않는다. 이런 경우에 this 예약어를 사용하면 된다.

this는 변수나 메소드 앞에 사용할 수 있으며, 객체에 포함된 멤버 변수나 메소드를 참조할 때 사용한다. this의 기능을 확인하기 위해 constructor.Student 클래스에 있는 세 번째 생성자를 다음과 같이 수정한다.

constructor/Student.java

```
package constructor;

public class Student {
    public String name;
    public int score;
    public boolean isPassed;
    public String major;

    public Student() {
    }

    public Student(String stdName, int stdScore) {
        name = stdName;
        score = stdScore;
    }
```
```

```java
    public Student(String name, int score, boolean isPassed, String major) {
        this.name = name;
        this.score = score;
        this.isPassed = isPassed;
        this.major = major;
    }

    public void printInfo() {
        System.out.println(name + "의 전공 : " + major + ", 점수 : " + score +
            "(시험 통과 여부 : " + isPassed + ")");
    }
}
```

생성자에서 this와 결합된 변수는 자동으로 멤버 변수를 의미하며, this가 없는 변수는 매개 변수로 인식된다. 따라서 동일한 이름의 매개변수와 멤버 변수를 구분하여 사용할 수 있으므로 더 이상 매개변수의 이름을 고민할 필요가 없다.

5.7.6 this() 생성자

생성자의 이름은 반드시 클래스의 이름과 동일해야 한다. 그런데 생성자 중에서 클래스의 이름을 사용하지 않는 this()라는 독특한 생성자가 존재하는데, 이 this() 생성자를 이용하면 같은 클래스에 있는 다른 생성자를 호출할 수 있다. 이를 통해 생성자 내의 코드 중복을 제거할 수 있다.

constructor.Student 클래스에 있는 세 번째 생성자를 다음과 같이 수정한다.

constructor/Student.java
```java
package constructor;

public class Student {
    public String name;
    public int score;
    public boolean isPassed;
    public String major;
```

```java
    public Student() {
    }

    public Student(String stdName, int stdScore) {
        name = stdName;
        score = stdScore;
    }

    public Student(String name, int score, boolean isPassed, String major) {
        this(name, score);
        this.isPassed = isPassed;
        this.major = major;
    }

    public void printInfo() {
        System.out.println(name + "의 전공 : " + major + ", 점수 : " + score +
            "(시험 통과 여부 : " + isPassed + ")");
    }
}
```

ConstructorTest2.java 프로그램을 다시 실행하면 동일한 결과가 출력되는 것을 확인할 수 있다. 참고로 생성자 내에서 this( ) 호출은 반드시 첫 번째 줄에서 이루어져야 한다. 그렇지 않으면 다음과 같은 에러가 발생한다.

```
17   public Student(String name, int score, boolean isPassed, String major) {
18       this.isPassed = isPassed;
19       this.major = major;
20       this(name, score);
21   }
22
```
ⓧ Constructor call must be the first statement in a constructor

5.7.7 생성자 자동 생성

Getter/Setter 메소드를 생성할 때와 마찬가지로 이클립스가 제공하는 단축키를 이용하면 생성자를 쉽게 추가할 수 있다. Student 클래스에서 단축키 ⟨Alt⟩ + ⟨Shift⟩ + ⟨S⟩를 누른다. 그리고 [Generate Constructor using Fields...] 메뉴를 선택한다.

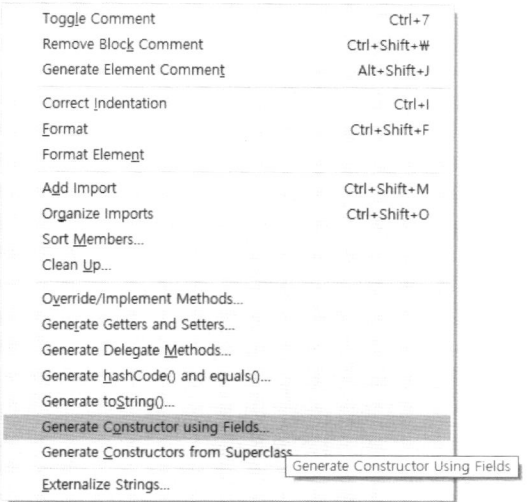

Generate Constructor using Fields 화면에서는 초기화하고자 하는 변수들을 선택하고 생성자를 추가할 위치를 지정한 후에 〈Generate〉 버튼을 클릭하여 생성자를 만든다.

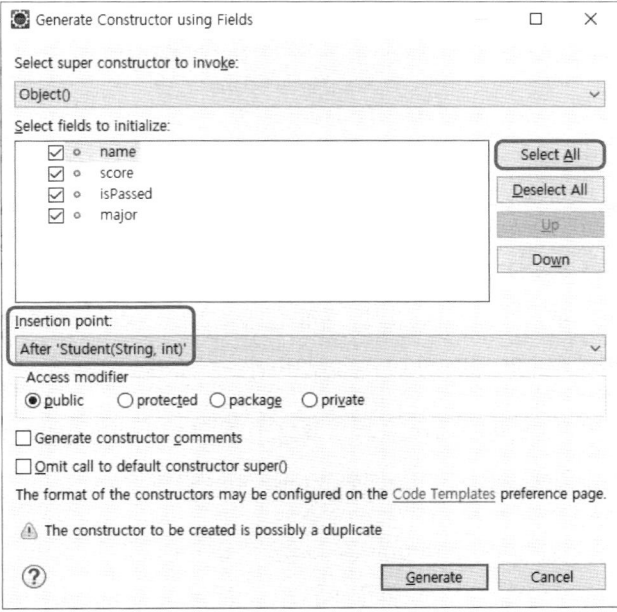

자동 생성으로 추가한 생성자의 모습은 다음과 같다.

```java
public Student(String name, int score, boolean isPassed, String major) {
    super();
    this.name = name;
    this.score = score;
    this.isPassed = isPassed;
    this.major = major;
}
```

위 소스에서 super( )는 상속과 관련된 특수한 생성자인데, 자세한 내용은 6장에서 다루도록 한다. 지금은 의미 없는 코드이므로 삭제해도 된다.

5.8 static 예약어

static은 멤버 변수나 메소드 앞에 붙이는 예약어다. static이 붙은 멤버 변수나 메소드는 클래스로부터 객체를 생성하지 않고, 클래스 이름을 통해 직접 접근할 수 있다. 따라서 프로그램에서 static을 적절히 이용하면 메모리를 효율적으로 사용할 수 있다.

5.8.1 static 변수

만약 여러분이 쌤즈 대학교에 방문하여 강의장에 있는 학생들에게 이름과 전공을 물어보면 각자 자신의 이름과 전공을 말할 것이다. 하지만 학교를 물어본다면 모든 학생들이 동일하게 "쌤즈 대학교"라고 대답할 것이다. 이렇듯 특정 클래스로부터 생성되는 모든 객체들이 동일한 값을 가지는 멤버 변수가 있는 경우, 해당 멤버 변수를 static으로 선언한다.

클래스에 선언된 멤버 변수는 클래스로부터 객체가 생성될 때 객체에 포함되지만, static이 붙은 멤버 변수는 객체에 포함되지 않고 별도의 메모리 공간에 올라간다.

실습을 위해 static1 패키지에 Student 클래스를 작성한다. 참고로 static은 예약어이므로 테스트 목적이 아닌 경우에는 패키지 이름이나 변수 이름으로 사용하면 안 된다.

```
static1/Student.java
```

```java
package static1;

public class Student {
    String schoolName;
    String name;
    int score;

    public Student(String schoolName, String name, int score) {
        this.schoolName = schoolName;
        this.name = name;
        this.score = score;
    }

    public void printInfo() {
        System.out.println(name + " (" + schoolName + ")의 점수 : " + score);
    }
}
```

이제 Student 클래스로부터 세 개의 객체를 생성하는 프로그램을 작성하고 실행 결과를 확인한다.

```
StaticTest1.java
```

```java
import static1.Student;

public class StaticTest1 {

    public static void main(String[] args) {
        Student kim = new Student("쌤즈 대학교", "김둘리", 83);
        kim.printInfo();

        Student park = new Student("쌤즈 대학교", "박또치", 74);
        park.printInfo();

        Student choi = new Student("쌤즈 대학교", "최도우너", 100);
        choi.printInfo();
    }
}
```

실행 결과

```
김둘리 (쌤즈 대학교)의 점수 : 83
박또치 (쌤즈 대학교)의 점수 : 74
최도우너 (쌤즈 대학교)의 점수 : 100
```

클래스로부터 객체를 생성할 때 객체에는 멤버 변수만 포함되고 메소드는 공유된다고 했다. 따라서 세 개의 Student 객체를 생성했을 때 총 세 개(schoolName, name, score)의 멤버 변수가 세 개의 객체에 각각 포함된다.

Student 객체에 포함된 멤버 변수 중에서 name과 score는 각 객체가 다른 값을 가지기 때문에 당연히 생성되는 객체마다 포함되는 것이 맞다. 하지만 schoolName은 어차피 생성된 모든 Student 객체의 학교 이름이 "쌤즈 대학교"이므로 객체가 생성될 때마다 schoolName을 모든 객체에 포함시키는 것은 문제가 있다. 이때 schoolName 변수 앞에 static을 붙이면 이런 문제를 효율적으로 해결할 수 있다.

실습을 위해 앞에서 작성한 Student 클래스를 다음과 같이 수정한다.

static1/Student.java

```java
package static1;

public class Student {
    public static String schoolName = "쌤즈 대학교";
    String name;
    int score;

    public Student(String name, int score) {
        this.name = name;
        this.score = score;
    }

    public void printInfo() {
        System.out.println(name + " (" + schoolName + ")의 점수 : " + score);
    }
}
```

static 예약어가 붙은 schoolName 변수는 Student 객체가 생성될 때 객체에 포함되지 않고 static 코드만을 위한 별도의 메모리 공간에 올라간다. 정확하게는 static 변수는 Student.class 파일이 로딩되는 시점에 메모리에 올라간다.

static 메모리 영역에 있는 static 변수에 접근하는 방법은 두 가지가 있다. 첫 번째는 기존과 동일하게 참조 변수를 사용하는 것이며, 두 번째는 클래스 이름을 통해 직접 접근하는 것이다.

그런데 만약 참조 변수를 사용하면 다음과 같은 경고 메시지가 출력될 것이다.

```
Student kim = new Student("김둘리", 83);
System.out.println(kim.schoolName);
```

이는 static 변수가 static 메모리 영역에 올라간다는 것을 생각하면 당연한 결과다. 따라서 static1.Student 클래스의 printInfo() 메소드를 다음과 같이 수정해야 한다.

```
public void printInfo() {
    System.out.println(name + " (" + Student.schoolName + ")의 점수 : " + score);
}
```

이제 수정된 Student 클래스를 테스트하기 위해서 앞에서 작성한 StaticTest1.java 파일을 다음과 같이 수정하고 실행 결과를 확인한다.

StaticTest1.java

```
import static1.Student;

public class StaticTest1 {
    public static void main(String[] args) {
        System.out.println(Student.schoolName + " 학생들의 시험 결과");
        Student kim = new Student("김둘리", 83);
        kim.printInfo();
```

```
        Student park = new Student("박또치", 74);
        park.printInfo();

        Student choi = new Student("최도우너", 100);
        choi.printInfo();
    }
}
```

실행 결과

```
쌤즈 대학교 학생들의 시험 결과
김둘리 (쌤즈 대학교)의 점수 : 83
박또치 (쌤즈 대학교)의 점수 : 74
최도우너 (쌤즈 대학교)의 점수 : 100
```

5.8.2 static 변수 활용

객체에 포함된 멤버 변수는 값을 변경하면 해당 객체의 값만 변경되고 다른 객체에는 영향을 미치지 않는다. 하지만 static 변수는 값이 변경되는 순간 클래스로부터 생성된 모든 객체에 영향을 미치기 때문에 static 변수의 값을 변경할 때는 신중해야 한다.

StaticTest1.java
```java
import static1.Student;

public class StaticTest1 {

    public static void main(String[] args) {
        System.out.println(Student.schoolName + " 학생들의 시험 결과");
        Student kim = new Student("김둘리", 83);
        kim.printInfo();

        Student.schoolName = "루비 대학교";
        System.out.println(Student.schoolName + " 학생들의 시험 결과");
        Student park = new Student("박또치", 74);
        park.printInfo();
```

```
            Student choi = new Student("최도우너", 100);
            choi.printInfo();
    }
}
```

첫 번째 Student 객체가 생성될 때는 schoolName이 "쌤즈 대학교"로 설정되어 있다. 하지만 두 번째 Student 객체를 생성하기 전에 "루비 대학교"로 변경했기 때문에 이후에 생성되는 Student 객체의 schoolName은 모두 "루비 대학교"로 변경된다.

<> 실행 결과

쌤즈 대학교 학생들의 시험 결과
김둘리 (쌤즈 대학교)의 점수 : 83
루비 대학교 학생들의 시험 결과
박또치 (루비 대학교)의 점수 : 74
최도우너 (루비 대학교)의 점수 : 100

static을 이용하면 클래스로부터 총 몇 개의 객체가 생성되었는지 카운팅할 수도 있다.

static1/Student.java
```
package static1;

public class Student {
    public static String schoolName = "쌤즈 대학교";
    public static int studentCount = 0;
    String name;
    int score;

    public Student(String name, int score) {
        studentCount++;
        this.name = name;
        this.score = score;
    }

    public void printInfo() {
        System.out.println(name + " (" + Student.schoolName + ")의 점수 : " + score);
    }
}
```

위 소스에서 중요한 것은 studentCount 변수가 static이기 때문에 전체 메모리에서 하나만 생기고, 생성자를 통해 객체가 생성될 때마다 studentCount값이 증가한다는 것이다.

이제 Student 객체를 여러 개 생성하고 생성된 객체의 개수를 확인해보자.

StaticTest1.java
```java
import static1.Student;

public class StaticTest1 {

    public static void main(String[] args) {
        System.out.println(Student.schoolName + " 학생들의 시험 결과");
        Student kim = new Student("김둘리", 83);
        kim.printInfo();

        Student.schoolName = "루비 대학교";
        System.out.println(Student.schoolName + " 학생들의 시험 결과");
        Student park = new Student("박또치", 74);
        park.printInfo();

        Student choi = new Student("최도우너", 100);
        choi.printInfo();

        System.out.println("전체 생성된 Student 객체의 수 : " +
            Student.studentCount);
    }
}
```

<> 실행 결과
```
쌤즈 대학교 학생들의 시험 결과
김둘리 (쌤즈 대학교)의 점수 : 83
루비 대학교 학생들의 시험 결과
박또치 (루비 대학교)의 점수 : 74
최도우너 (루비 대학교)의 점수 : 100
전체 생성된 Student 객체의 수 : 3
```

위 프로그램을 실행한 후의 메모리 상태는 다음과 같다.

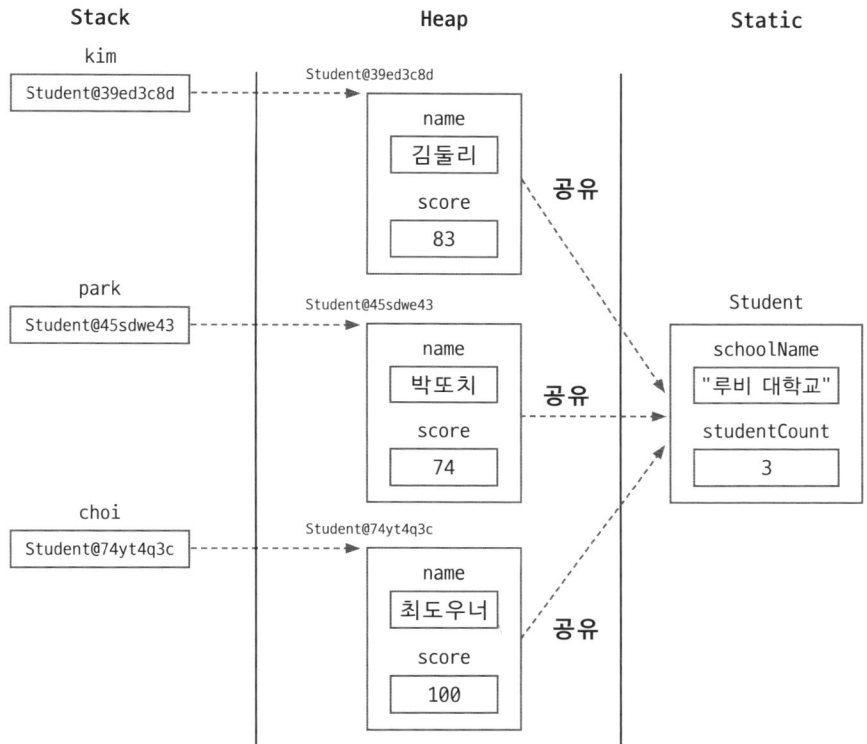

static 변수(schoolName, studentCount)는 프로그램이 실행되는 과정에서 전체 메모리에 하나만 생기고, 생성된 모든 객체가 공유한다.

5.8.3 static 메소드

static 예약어는 멤버 변수뿐만 아니라 메소드 앞에도 설정할 수 있는데, static 메소드 역시 static 변수와 마찬가지로 객체를 생성하지 않고 클래스 이름으로 직접 호출할 수 있다. 따라서 자주 사용하는 메소드지만 그 메소드를 호출하기 위해 메소드가 속해 있는 객체를 생성하기에는 뭔가 부담스러운 경우에 static 메소드로 선언한다.

앞에서 작성했던 printInfo( ) 메소드를 static 메소드로 변경해보자.

```java
 9    public Student(String name, int score) {
10        studentCount++;
11        this.name = name;
12        this.score = score;
13    }
14
15    public static void printInfo() {
16        System.out.println(name + " (" + Student.schoolName + ")의 점수 : " + score);
17    }
18 }
19
```

> Cannot make a static reference to the non-static field name
> 3 quick fixes available:
> - Surround with try/catch
> - Change 'name' to 'static'
> - Create new instance of object 'PrintStream'

위 소스가 컴파일되지 않고 에러가 발생하는 이유는 static 메소드는 static 변수와 동일하게 클래스로부터 객체를 생성하지 않고 접근할 수 있기 때문이다. 따라서 객체를 생성하고 참조 변수를 통해서만 접근할 수 있는 일반 멤버 변수는 static 메소드에서 사용할 수 없다. 즉, 멤버 변수와 static 메소드가 같은 클래스에 존재하더라도 물과 기름이라고 생각하면 된다.

결론은 static 메소드에서는 같은 메모리 공간에 있는 static 변수만 사용할 수 있다는 것이다. 에러가 발생하는 printInfo() 메소드는 원래의 코드로 되돌리고, 새로운 static 메소드를 추가로 작성한다.

static1/Student.java

```java
package static1;

public class Student {
    public static String schoolName = "쌤즈 대학교";
    public static int studentCount;
    String name;
    int score;

    public Student(String name, int score) {
        studentCount++;
        this.name = name;
        this.score = score;
    }

    public void printInfo() {
        System.out.println(name + " (" + Student.schoolName + ")의 점수 : " + score);
    }
```

```
    public static void schoolInfo() {
        System.out.println(Student.schoolName + " 학생 수 : " +
        Student.studentCount);
    }
}
```

물론 이 경우에 static 변수와 static 메소드가 동일한 클래스에 존재하기 때문에 static 변수를 사용할 때 다음과 같이 클래스 이름은 생략할 수 있다.

```
public static void schoolInfo() {
    System.out.println(schoolName + " 학생 수 : " + studentCount);
}
```

이제 Student 객체를 사용하는 StaticTest2.java 프로그램을 작성하고 실행 결과를 확인한다.

StaticTest2.java

```
import static1.Student;

public class StaticTest2 {

    public static void main(String[] args) {
        System.out.println(Student.schoolName + " 학생들의 시험 결과");
        Student kim = new Student("김둘리", 83);
        kim.printInfo();

        Student.schoolName = "루비 대학교";
        System.out.println(Student.schoolName + " 학생들의 시험 결과");
        Student park = new Student("박또치", 74);
        park.printInfo();

        Student choi = new Student("최도우너", 100);
        choi.printInfo();
```

```
            Student.schoolInfo();
    }
}
```

실행 결과

```
쌤즈 대학교 학생들의 시험 결과
김둘리 (쌤즈 대학교)의 점수 : 83
루비 대학교 학생들의 시험 결과
박또치 (루비 대학교)의 점수 : 74
최도우너 (루비 대학교)의 점수 : 100
루비 대학교 학생 수 : 3
```

5.8.4 static 블록

static 변수나 static 메소드 외에 특수한 형태의 static 블록이라는 것도 있다. static 블록으로 지정된 코드는 클래스 파일이 로딩되는 순간 가장 먼저 실행된다.

static 블록을 확인하기 위한 예제를 작성하고 실행 결과를 확인한다.

StaticTest3.java
```java
public class StaticTest3 {

    static {
        System.out.println("프로그램 실행 시 가장 먼저 실행되는 코드 영역");
    }

    public static void main(String[] args) {
        System.out.println("main() 메소드 실행됨");
    }
}
```

실행 결과

```
프로그램 실행 시 가장 먼저 실행되는 코드 영역
main() 메소드 실행됨
```

static 블록을 잘 이용하면 클래스로부터 하나의 객체만 생성되도록 강제할 수 있다. 현재의 Student 클래스는 생성자를 통해 무한대로 객체를 생성할 수 있다. 만약 하나의 객체만 생성하여 여러 곳에서 공유하기 위해서는 객체의 주소를 복사하여 재사용해야 한다. 즉, 객체를 공유하는 가장 기본은 주소를 복사하는 것이다.

StaticTest3.java

```java
import static1.Student;

public class StaticTest3 {

    public static void main(String[] args) {
        Student kim = new Student("김둘리", 93);
        Student park = kim;
        Student choi = park;

        System.out.println(kim);
        System.out.println(park);
        System.out.println(choi);
    }
}
```

실행 결과

```
static1.Student@5ca881b5
static1.Student@5ca881b5
static1.Student@5ca881b5    → 실행 결과는 다를 수 있음
```

그러나 이 방법은 생성된 객체의 주소를 매번 복사해야 하기 때문에 프로그램 관리가 매우 복잡해진다. 가장 좋은 방법은 무조건 클래스로부터 하나의 객체만 생성하도록 강제하는 것인데, static 블록을 이용하면 이런 구현이 가능하다.

먼저 static1.Student 클래스를 다음과 같이 수정한다.

static1/Student.java

```java
package static1;

public class Student {
    public static String schoolName = "쌤즈 대학교";
    public static int studentCount;
    String name;
    int score;
    public static Student studentInstance;

    static {
        if(studentInstance == null) {
            studentInstance = new Student("고길동", 100);
        }
    }

    private Student(String name, int score) {
        studentCount++;
        this.name = name;
        this.score = score;
    }

    public void printInfo() {
        System.out.println(name + " (" + Student.schoolName + ")의 점수 : " + score);
    }

    public static void schoolInfo() {
        System.out.println(schoolName + " 학생 수 : " + studentCount);
    }
}
```

수정된 소스를 보면 우선 생성자가 private으로 막혀 있기 때문에 생성자를 호출하여 Student 객체를 생성할 수는 없다. 다만 static 블록이 있어서 static 블록에서 Student 객체를 생성하여 static 변수인 studentInstance에 할당하고 있다.

결과적으로 전체 시스템 내에서 Student 클래스로부터 생성되는 객체는 이름이 "고길동"인 객체 하나뿐인 것이다. 이제 StaticTest3.java 프로그램을 수정하고 실행 결과를 확인한다.

```java
                                                          StaticTest3.java
import static1.Student;

public class StaticTest3 {

    public static void main(String[] args) {
        Student kim = Student.studentInstance;
        System.out.println(kim);
        kim.printInfo();

        Student park = Student.studentInstance;
        System.out.println(park);
        park.printInfo();

        Student choi = Student.studentInstance;
        System.out.println(choi);
        choi.printInfo();
    }
}
```

static1.Student 클래스의 생성자가 private으로 수정되는 순간 StaticTest1.java와 StaticTest2.java 파일에 에러가 발생한다. 따라서 StaticTest3.java를 실행하려고 하면 다음과 같은 창이 뜬다. 이는 프로젝트에 포함된 다른 소스에 컴파일 에러가 있는데 해당 에러를 무시하고 계속 실행할 것인지를 확인하는 메시지창이다. 〈Proceed〉 버튼을 누르면 이클립스는 에러를 무시하고 현재 프로그램을 계속 실행한다.

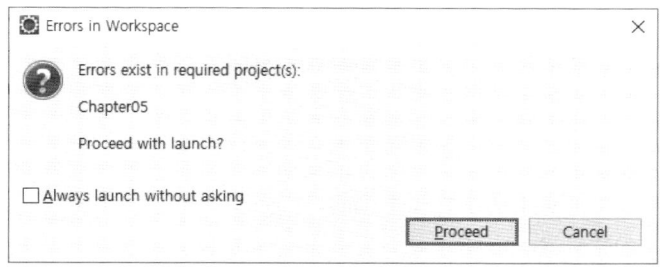

프로그램의 실행 결과는 다음과 같다.

실행 결과

```
static1.Student@123772c4
고길동 (쌤즈 대학교)의 점수 : 100
static1.Student@123772c4
고길동 (쌤즈 대학교)의 점수 : 100
static1.Student@123772c4
고길동 (쌤즈 대학교)의 점수 : 100    ➡ 실행 결과는 다를 수 있음
```

실행 결과를 보면 kim, park, choi, 세 개의 참조 변수가 참조하는 객체의 주소가 모두 동일한 것을 확인할 수 있다.

테스트가 종료된 후에는 static1.Student 클래스의 생성자를 원래대로 public으로 변경한다. 그래야 다른 프로그램(StaticTest1.java와 StaticTest2.java)에서 에러가 발생하지 않는다.

static1.Student.java
```java
package static1;

public class Student {
    public static String schoolName = "쌤즈 대학교";
    public static int studentCount;
    String name;
    int score;
    public static Student studentInstance;

    static {
        if(studentInstance == null) {
            studentInstance = new Student("고길동", 100);
        }
    }

    public Student(String name, int score) {
        studentCount++;
        this.name = name;
        this.score = score;
```

```
    }

~ 생략 ~
```

📄 마무리하며

이번 장에서는 객체지향 언어의 핵심인 객체와 클래스, 그리고 인스턴스에 대해서 살펴봤다. 특히 클래스에 집중했는데, 이는 클래스가 바로 자바 프로그램의 시작과 끝이기 때문이다.

클래스는 멤버 변수, 생성자, 메소드로 구성되며 객체를 생성하기 위한 일종의 템플릿 같은 개념이다. 우리는 접근 제어를 통해 클래스가 가진 멤버 변수나 메소드에 대해 외부의 접근을 제어할 수도 있었고, 패키지를 통해 관련된 클래스들을 하나의 디렉터리로 관리할 수도 있었다.

또한 메소드를 통해서 객체가 제공할 기능을 정의할 수도 있었고, 생성자를 통해 객체의 멤버 변수를 초기화할 수도 있었다. 이 모든 것이 앞으로 학습할 자바 기반의 모든 기술의 기본 문법이 되는 것이다.

다음 장에서는 객체지향 언어의 또 다른 특징인 상속에 대해서 살펴볼 것이다. 현실 세계에서의 상속은 자식이 부모로부터 무언가를 물려받는 것을 의미하는데, 자바도 이런 상속의 개념을 적용하여 특정 클래스로부터 멤버 변수나 메소드를 상속받을 수 있다.

06장

상속

6.1 상속

현실 세계에서의 상속은 자식이 부모로부터 유산을 물려받는 것을 의미한다. 객체지향에서도 이런 상속의 개념을 적용하여 부모 클래스로부터 유산과 비슷한 멤버 변수나 메소드를 상속(extends)받을 수 있다.

6.1.1 상속 기본

상속에서는 부모 클래스와 자식 클래스라는 개념을 사용한다. 그렇다고 부모 클래스와 자식 클래스라는 특별한 형태의 클래스가 있는 것이 아니라 편의상 그렇게 부르는 것이다. 자바는 상속을 표현할 때 확장이라는 의미의 extends 예약어를 사용한다.

> **형식**
> ```
> class 자식클래스 extends 부모클래스 {
> }
> ```

상속과 재사용

우리는 지금까지 대학생의 점수를 관리하기 위해 Student 클래스를 사용했다. 그런데 학생의 범위가 확대되어 고등학생도 관리해야 한다고 가정하자. 그러면 당연히 학생 객체에 해당하는 클래스를 대학생과 고등학생으로 나누어야 한다.

그래서 다음과 같이 두 개의 클래스를 작성한다.

inheritance1/UniversityStudent.java

```java
package inheritance1;

public class UniversityStudent {
  String name;
  int score;
  String major;

  public String getName() {
    return name;
  }

  public void setName(String name) {
    this.name = name;
  }

  public int getScore() {
    return score;
  }

  public void setScore(int score) {
    this.score = score;
  }

  public String getMajor() {
    return major;
  }

  public void setMajor(String major) {
    this.major = major;
  }
}
```

inheritance1/HighStudent.java

```java
package inheritance1;

public class HighStudent {
  String name;
  int score;
  int classNumber;

  public String getName() {
    return name;
  }

  public void setName(String name) {
    this.name = name;
  }

  public int getScore() {
    return score;
  }

  public void setScore(int score) {
    this.score = score;
  }

  public int getClassNumber() {
    return classNumber;
  }

  public void setClassNumber(int classNumber) {
    this.classNumber = classNumber;
  }
}
```

문제는 작성된 두 클래스를 비교했을 때, 회색으로 음영 처리된 부분을 제외한 나머지 코드가 동일하다는 것이다. 그리고 지금은 대학생과 고등학생으로만 구분했지만 관리 대상이 중학생이나 초등학생까지 확대된다면 비슷한 구조의 MiddleStudent 클래스와 ElementaryStudent 클래스도 작성해야 한다.

이렇게 여러 클래스에 걸쳐서 동일한 코드가 반복되면 나중에 프로그램의 구조를 변경하려 할 때 관련된 코드를 모두 수정해야 한다. 자바에서는 이런 코드의 중복 문제를 해결하기 위해 상속을 지원하는 것이다.

상속을 테스트하기 위해 학생 계층의 최상위 클래스인 Student를 작성하자.

```java
// inheritance1/Student.java
package inheritance1;

public class Student {
    String name;
    int score;

    String getName() {
        return name;
    }

    void setName(String name) {
        this.name = name;
    }

    int getScore() {
        return score;
    }

    void setScore(int score) {
        this.score = score;
    }
}
```

이제 UniversityStudent와 HighStudent 클래스를 다음과 같이 Student 클래스를 상속하는 구조로 변경한다.

```java
// inheritance1/UniversityStudent.java
package inheritance1;

public class UniversityStudent extends Student {
  String major;

  public String getMajor() {
    return major;
  }

  public void setMajor(String major) {
    this.major = major;
  }
}
```

```java
// inheritance1/HighStudent.java
package inheritance1;

public class HighStudent extends Student {
  int classNumber;

  public int getClassNumber() {
    return classNumber;
  }

  public void setClassNumber(int classNumber) {
    this.classNumber = classNumber;
  }
}
```

수정된 소스를 보면 UniversityStudent와 HighStudent 둘 다 Student를 부모로 지정하여 멤버 변수와 메소드를 상속하고 있다. 이제 자식 클래스인 UniversityStudent의 객체를 생성하고, UniversityStudent 객체에 포함된 멤버 변수와 메소드를 사용해보자.

InheritanceTest1.java 파일을 작성할 때 다음 그림처럼 참조 변수에 해당하는 kim까지만 타이핑하고 점(.)을 찍으면 kim이라는 참조 변수를 통해 사용할 수 있는 멤버 변수와 메소드 목록을 확인할 수 있다.

```
1 package inheritance1;
2
3 public class InheritanceTest1 {
4     public static void main(String[] args) {
5         UniversityStudent kim = new UniversityStudent();
6         kim.
7     }
8 }
9
10
```

자동완성 목록
△ major : String - UniversityStudent
△ name : String - Student
△ score : int - Student
● equals(Object obj) : boolean - Object
● getClass() : Class<?> - Object
● getMajor() : String - UniversityStudent
▲ getName() : String - Student
▲ getScore() : int - Student
● hashCode() : int - Object
● notify() : void - Object
● notifyAll() : void - Object
● setMajor(String major) : void - UniversityStudent
▲ setName(String name) : void - Student
▲ setScore(int score) : void - Student

이때 UniversityStudent 객체에는 major 변수와 getMajor( ), setMajor( ) 메소드 외에 부모인 Student 클래스로부터 상속받은 멤버 변수와 메소드가 모두 포함되어 있다. 완성된 InheritanceTest1.java 파일은 다음과 같다.

inheritance1/InheritanceTest1.java

```java
package inheritance1;

public class InheritanceTest1 {
    public static void main(String[] args) {
        UniversityStudent kim = new UniversityStudent();
        kim.name = "김둘리";
        kim.setScore(83);
        kim.major = "컴퓨터 공학";
        System.out.println(kim.getName() + "의 점수 : " + kim.score);

        HighStudent park = new HighStudent();
        park.name = "박또치";
        park.setScore(100);
        park.classNumber = 6;
        System.out.println(park.getName() + "의 점수 : " + park.score);
    }
}
```

실행 결과

```
김둘리의 점수 : 83
박또치의 점수 : 100
```

이렇게 상속을 이용하면 클래스에 필요한 변수와 메소드를 재사용할 수 있어서 원하는 클래스를 쉽게 만들 수 있다. 참고로 상속과 관련한 예약어가 inheritance가 아닌 확장이라는 의미의 extends인 이유는 상속이 단순히 소스를 물려받는 것만을 의미하지 않기 때문이다.

만약 Student 클래스를 상속한 UniversityStudent 클래스를 작성할 때 다음과 같이 상속만 표현했다고 가정하자.

```
public class UniversityStudent extends Student {

}
```

그러면 Student와 UniversityStudent 클래스는 동일한 멤버 변수와 메소드를 가진 클래스가 되어 결국 똑같은 소스를 가진 두 개의 클래스가 만들어진 것이다. 이렇게 동일한 멤버 변수와 메소드를 가진 클래스가 두 개 있는 것은 아무런 의미가 없다.

상속은 자식 클래스에서 멤버 변수나 메소드를 추가로 확장했을 때 의미를 가진다. 그래서 예약어로 상속(inheritance)이 아닌 확장(extends)을 사용하는 것이다.

상속과 논리적 포함관계

자바는 문법적으로 모든 클래스를 부모로 지정할 수 있다. 하지만 부모 클래스는 논리적으로 '자식 클래스 is a 부모 클래스' 관계가 성립되어야 한다. 즉, 자식 클래스가 논리적으로 부모 클래스에 포함되어야 한다는 것이다.

예를 들어 '대학생은 학생이다', '학생은 사람이다', '사람은 동물이다' 같은 관계가 성립하는 경우에만 상속을 허용한다. 이런 논리적인 포함 관계를 기반으로 상속을 처리했을 때 프로그램에 대한 가독성을 확보할 수 있기 때문이다. 예를 들어 다음과 같은 상속 구조가 있다고 가정하자.

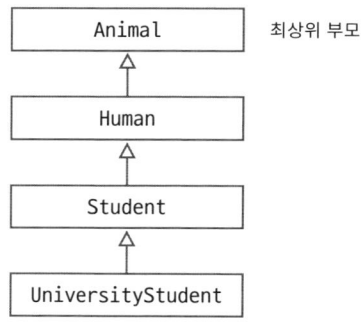

자식 클래스는 상속을 통해 부모의 멤버 변수와 메소드를 물려받는다고 했다. 따라서 UniversityStudent 클래스에는 최상위 부모인 Animal을 비롯하여 Human, 그리고 Student로부터 멤버 변수와 메소드가 상속된다. 즉, UniversityStudent 클래스에 없는 변수와 메소드가 사용된다면 이는 UniversityStudent의 부모로부터 상속된 멤버 변수와 메소드인 것이다.

다시 말해 소스를 분석하다가 UniversityStudent 클래스에 없는 변수와 메소드를 발견한다면 바로 위 부모인 Student 클래스를 확인해야 한다는 얘기다. 그리고 Student 클래스에도 없다면 그 위인 Human을, Human에도 없다면 최상위 부모 클래스인 Animal에서 찾아야 한다.

그런데 만약 클래스의 상속 구조가 다음과 같다면 클래스에 대한 분석은 매우 어려워진다.

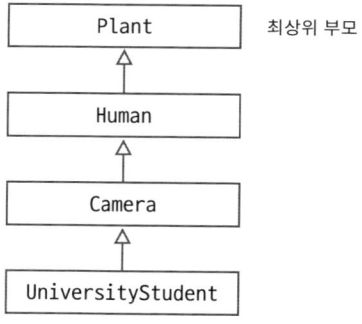

이런 상속 구조라면 UniversityStudent 클래스에 없는 멤버 변수와 메소드를 확인하기 위해 논리적으로 아무 관계가 없는 Camera나 Plant 같은 클래스를 검색해야 하므로 결국 프로그램의 분석이 너무나 어려워질 것이다.

6.1.2 단일 상속과 다중 상속

자바는 부모 클래스를 하나만 지정할 수 있도록 문법적으로 제한한다. 이를 단일 상속이라고 하는데, 자바가 단일 상속만을 지원하는 이유는 같은 이름의 멤버 변수와 메소드가 자식 클래스로 상속되는 것을 방지하기 위해서다.

다음 그림을 보자.

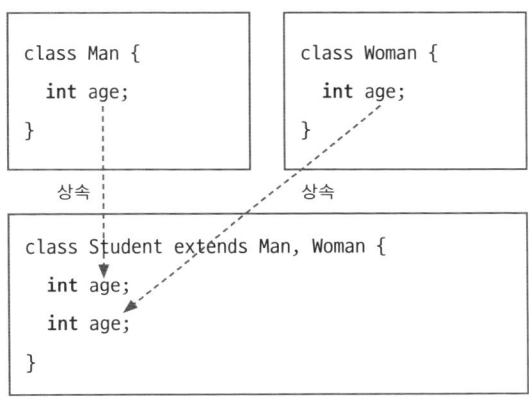

자바가 다중 상속을 허용하면 이 그림처럼 동일한 이름의 멤버 변수가 상속되어 에러가 발생한다. 물론 메소드도 마찬가지다. 그러면 모든 클래스에서 멤버 변수 이름과 메소드를 중복되지 않게 선언하면 될 것 같지만 이는 현실적으로 불가능하다. 왜냐하면 프로그램에서 사용하는 모든 클래스를 한 사람이 만드는 것이 아니기 때문이다.

6.2 상속과 오버라이딩

상속을 통해 부모의 모든 멤버 변수와 메소드를 자식 클래스가 물려받을 수 있지만, 자식 클래스 입장에서 특정 멤버 변수와 메소드에 대한 상속을 거부할 수도 있다. 만약 부모 클래스의 멤버 변수와 메소드를 물려받기 싫으면 자식 클래스에서 해당 멤버 변수와 메소드를 오버라이딩(overriding)하면 된다.

6.2.1 변수의 오버라이딩

오버라이딩은 '다른 것보다 우선한다'라는 의미를 가지고 있다. 이 말은 자식 클래스에서 부모가 가진 멤버 변수를 오버라이딩하면 부모로부터 상속된 멤버 변수보다 오버라이딩한 멤버 변수가 우선적으로 적용된다는 의미다.

실습을 통해 오버라이딩의 개념을 확인해보자. 먼저 inheritance2 패키지에 Student 클래스를 작성한다.

```
inheritance2/Student.java
package inheritance2;

public class Student {
    String name;
    int score;
}
```

Student 클래스에는 name과 score 멤버 변수만 선언되어 있다. 이제 같은 패키지에 Student 클래스를 상속한 UniversityStudent 클래스를 작성한다.

```
inheritance2/UniversityStudent.java
package inheritance2;

public class UniversityStudent extends Student {
    String score;
    String major;
}
```

위 소스에서 중요한 것은 UniversityStudent가 부모인 Student 클래스에 선언된 score 변수와 동일한 이름의 멤버 변수를 선언했다는 것이다. 이것을 변수의 오버라이딩이라고 하는데, 이렇게 부모의 멤버 변수를 자식 클래스에서 오버라이딩하면 부모의 변수는 상속되지 않는다. 따라서 자식 클래스인 UniversityStudent에는 String 타입의 score 변수만 존재하는 것이다.

이제 UniversityStudent 객체의 score 변수에 값을 할당할 때는 int가 아닌 String 타입의 값을 할당해야 한다. InheritanceTest2.java 파일을 작성하고 실행 결과를 확인한다.

```
inheritance2/InheritanceTest2.java
package inheritance2;

public class InheritanceTest2 {
    public static void main(String[] args) {
        UniversityStudent kim = new UniversityStudent();
        kim.name = "김둘리";
        kim.score = "83점";

        System.out.println(kim.name + "의 점수 : " + kim.score);
    }
}
```

실행 결과
김둘리의 점수 : 83점

참고로 만약 위 소스에서 score 변수에 값을 할당할 때 83이라는 정수를 할당하려 한다면 다음과 같은 에러가 출력될 것이다.

```
 1 package inheritance2;
 2
 3 public class InheritanceTest2 {
 4    public static void main(String[] args) {
 5        UniversityStudent kim = new UniversityStudent();
 6        kim.name = "김둘리";
 7        kim.score = 83;
 8                        ⓘ Type mismatch: cannot convert from int to String
 9        System.out.p   1 quick fix available:               : " + kim.score);
10    }                   ⇨ Change type of 'score' to 'int'
11 }
```

만약 score 변수의 타입을 String이 아닌 int로 사용하고 싶다면, 다음과 같이 UniversityStudent 클래스의 score 변수를 주석으로 처리하여 score 변수가 오버라이딩 되지 않도록 하면 된다.

```
inheritance2/UniversityStudent.java
package inheritance2;

public class UniversityStudent extends Student {
//      String score;
        String major;
}
```

6.2.2 메소드의 오버라이딩

멤버 변수의 오버라이딩보다 중요하고 복잡한 것이 메소드의 오버라이딩이다. 메소드 역시 부모 클래스의 메소드를 자식 클래스에서 오버라이딩하면 부모의 메소드가 상속되지 않는다.

실습을 위해 inheritance2.Student 클래스에 printInfo() 메소드를 작성한다.

```
inheritance2/Student.java
package inheritance2;

public class Student {
      String name;
      int score;

      public void printInfo() {
          System.out.println(name + "의 점수 : " + score);
      }
}
```

이제 자식 클래스인 UniversityStudent에 printInfo() 메소드를 오버라이딩한다.

```
inheritance2/UniversityStudent.java
package inheritance2;

public class UniversityStudent extends Student {
//      String score;
```

```
        String major;

    public void printInfo() {
        System.out.println(name + "(" + major + ")의 점수 : " + score);
    }
}
```

메소드의 오버라이딩은 부모 클래스가 가진 메소드와 동일한 시그니처(리턴 타입, 메소드 이름, 매개변수)를 가진 메소드가 자식 클래스에 존재하는 것이다. 메서드를 오버라이딩하면 변수와 동일하게 부모의 메소드가 상속되지 않는다.

이제 오버라이딩한 메소드를 호출하는 프로그램을 작성하고 실행 결과를 확인한다.

inheritance2/InheritanceTest2.java
```
package inheritance2;

public class InheritanceTest2 {

    public static void main(String[] args) {
        UniversityStudent kim = new UniversityStudent();
        kim.name = "김둘리";
        kim.score = "83점";
        kim.major = "컴퓨터 공학";

        kim.printInfo();
    }
}
```

<> 실행 결과

김둘리(컴퓨터 공학)의 점수 : 83점

실행 결과를 통해 자식 클래스인 UniversityStudent의 printInfo() 메소드가 실행된 것을 확인할 수 있다. 이는 부모의 메소드가 상속되지 않기 때문에 당연한 결과다.

6.2.3 메소드 오버로딩 vs 오버라이딩

메소드의 오버로딩(overloading)과 오버라이딩(overriding)은 이름이 비슷하여 혼동하기 쉽지만 내용을 보면 전혀 다른 개념이다. 오버로딩은 하나의 클래스 내에 동일한 이름의 메소드가 여러 개 존재하는 것이다. 이때 메소드 이름은 동일하지만 반드시 매개변수의 개수가 다르거나 타입이 달라야 한다.

오버라이딩은 반드시 상속이라는 것이 전제되어야 한다. 상속 구조에서 부모의 메소드와 동일한 시그니처를 가진 메소드가 자식 클래스에 정의되는 것을 오버라이딩이라고 한다.

앞에서 작성한 inheritance2.Student 클래스에는 다음과 같이 printInfo() 메소드가 선언되어 있다.

inheritance2/Student.java

```java
package inheritance2;

public class Student {
    String name;
    int score;

    public void printInfo() {
        System.out.println(name + "의 점수 : " + score);
    }
}
```

이제 Student를 상속한 inheritance2.UniversityStudent 클래스에 다음과 같이 또 다른 printInfo() 메소드를 작성한다.

inheritance2/UniversityStudent.java

```java
package inheritance2;

public class UniversityStudent extends Student {
//    String score;
    String major;
```

```java
    public void printInfo() {
        System.out.println(name + "(" + major + ")의 점수 : " + score);
    }

    public void printInfo(int grade) {
        System.out.println(name + "(" + grade + ")의 점수 : " + score);
    }
}
```

UniversityStudent 클래스에서 첫 번째 printInfo( )는 부모 클래스인 Student의 printInfo( )를 오버라이딩한 것이다. 그러나 두 번째 printInfo(int grade) 메소드는 매개변수가 추가됐기 때문에 오버라이딩이 아닌 오버로딩이다.

6.2.4 상속과 접근 제한

상속에서 부모 클래스의 멤버 변수나 메소드에 접근 제한을 설정할 때는 주의가 필요하다. 이는 부모 클래스에 선언한 private 멤버 변수와 메소드가 자식 클래스로 상속되지 않기 때문이다.

이를 확인하기 위해 부모 클래스인 Student의 score 변수를 private으로 선언한다.

inheritance2/Student.java
```java
package inheritance2;

public class Student {
    String name;
    private int score;

    public void printInfo() {
        System.out.println(name + "의 점수 : " + score);
    }
}
```

그러면 다음과 같이 자식 클래스인 UniversityStudent 클래스에 에러가 발생한다.

```java
1  package inheritance2;
2
3  public class UniversityStudent extends Student {
4  //    String score;
5      String major;
6
7      public void printInfo() {
8          System.out.println(name + "(" + major + ")의 점수 : " + score);
9      }
10
11     public void printInfo(int grade) {
12         System.out.println(name + "(" + grade + ")의 점수 : " + score);
13     }
14 }
```

이는 UniversityStudent 클래스에 score 변수가 상속되지 않아서 score 변수를 사용할 수 없기 때문이다. 에러를 없애려면 Student 클래스의 score 변수 앞에 설정한 private을 제거하거나 public을 설정해야 한다.

메소드에 private을 설정하면 private 메소드 역시 상속되지 않는다. Student 클래스의 printInfo() 메소드의 접근 제한을 private으로 변경한다.

inheritance2/Student.java

```java
package inheritance2;

public class Student {
    String name;
    private int score;

    private void printInfo() {
        System.out.println(name + "의 점수 : " + score);
    }
}
```

그리고 printInfo() 메소드의 상속 여부를 확인하기 위해 UniversityStudent 클래스의 printInfo() 메소드도 주석 처리한다.

```
inheritance2/UniversityStudent.java
```

```java
package inheritance2;

public class UniversityStudent extends Student {
    String score;
    String major;

//    public void printInfo() {
//        System.out.println(name + "(" + major + ")의 점수 : " + score);
//    }

    public void printInfo(int grade) {
        System.out.println(name + "(" + grade + ")의 점수 : " + score);
    }
}
```

그러면 다음과 같이 printInfo() 메소드를 호출하는 InheritanceTest2.java 파일에서 에러가 발생하는데, 이는 UniversityStudent 클래스에 printInfo() 메소드가 상속되지 않았기 때문이다.

```java
1  package inheritance2;
2
3  public class InheritanceTest2 {
4
5      public static void main(String[] args) {
6          UniversityStudent kim = new UniversityStudent();
7          kim.name = "김둘리";
8          kim.score = "83점";
9          kim.major = "컴퓨터 공학";
10
11         kim.printInfo();
12     }
13 }
```

물론 변수와 마찬가지로 UniversityStudent 클래스에서 주석을 해제하여 printInfo() 메소드를 오버라이딩하면 에러는 사라진다.

```
inheritance2/UniversityStudent.java
package inheritance2;

public class UniversityStudent extends Student {
    String score;
    String major;

    public void printInfo() {
        System.out.println(name + "(" + major + ")의 점수 : " + score);
    }

    public void printInfo(int grade) {
        System.out.println(name + "(" + grade + ")의 점수 : " + score);
    }
}
```

마지막으로, 메소드 오버라이딩에서는 부모의 접근 제한보다 범위가 확대되는 것은 상관없지만 축소되는 것은 안 된다. 확인을 위해 Student 클래스의 printInfo() 메소드의 접근 제한을 다음과 같이 default로 설정한다.

```
inheritance2/Student.java
package inheritance2;

public class Student {
    String name;
    private int score;

    void printInfo() {
        System.out.println(name + "의 점수 : " + score);
    }
}
```

그렇다면 자식 클래스인 UniversityStudent 클래스의 printInfo() 메소드는 default나 default보다 넓은 범위의 접근 제한을 사용해야 한다. UniversityStudent 클래스의 printInfo() 메소드의 접근 제한을 private으로 수정하고 에러 메시지를 확인한다.

```
1  package inheritance2;
2
3  public class UniversityStudent extends Student {
4      String score;
5      String major;
6
7      private void printInfo() {
8          System.ou| Cannot reduce the visibility of the inherited method from Student  ")의 점수 : " + score);
9      }      1 quick fix available:
10              Change visibility of 'UniversityStudent.printInfo' to 'package'
11     public void printInfo(int grade) {
12         System.out.println(name + "(" + grade + ")의 점수 : " + score);
13     }
14 }
```

당연히 printInfo() 메소드의 접근 제한을 public으로 되돌리면 에러는 발생하지 않는다.

6.3 상속과 생성자

자바는 객체의 초기화되지 않은 멤버 변수를 허용하지 않는다. 그래서 기본 생성자를 통해 기본값이라도 설정된 객체를 이용하는 것이다. 그런데 이 개념이 상속에도 적용된다. 이번 학습에서는 상속과 데이터 초기화에 대해서 살펴보자.

6.3.1 생성자 연속 호출

자식 클래스의 객체를 생성하면 무조건 부모 클래스의 생성자가 먼저 실행되는데, 이를 생성자 연속 호출이라고 한다. 부모의 생성자가 먼저 호출되는 이유는 초기화되지 않은 멤버 변수가 상속되는 것을 방지하기 위해서다.

부모 클래스의 생성자 자동 호출을 확인하기 위해 inheritance3 패키지에 Student 클래스를 작성한다.

inheritance3/Student.java

```
package inheritance3;

public class Student {
    String name;
```

```
    Student() {
        System.out.println("===> Student() 생성자 호출");
    }
}
```

Student를 상속하는 UniversityStudent 클래스도 다음과 같이 작성한다.

inheritance3/UniversityStudent.java

```
package inheritance3;

public class UniversityStudent extends Student {
    int score;

    UniversityStudent() {
        System.out.println("===> UniversityStudent() 생성자 호출");
    }
}
```

이제 UniversityStudent 객체를 생성하고 사용하는 InheritanceTest3.java 파일을 작성하고 실행 결과를 확인한다.

inheritance3/InheritanceTest3.java

```
package inheritance3;

public class InheritanceTest3 {

    public static void main(String[] args) {
        new UniversityStudent();
    }
}
```

실행 결과

```
===> Student() 생성자 호출
===> UniversityStudent() 생성자 호출
```

InheritanceTest3 클래스에서는 분명히 UniversityStudent 클래스의 객체만 생성했다. 그런데 실행 결과를 보면 부모 클래스인 Student 클래스의 생성자가 먼저 호출됐다.

부모의 멤버 변수는 자식 클래스로 상속되기 전에 반드시 초기화되어야 한다. 이를 위해 부모의 생성자가 먼저 호출되는 것이다. 만약 Student도 Person 같은 부모 클래스가 있다면 상위 클래스의 생성자가 연속으로 호출된다.

6.3.2 super( ) 생성자

생성자 중에 같은 클래스에 있는 또 다른 생성자를 호출할 때 사용하는 this( )가 있듯이, 상속에서도 부모의 생성자를 호출할 때 사용하는 super( )가 있다.

앞에서 작성한 UniversityStudent 클래스의 생성자를 다음과 같이 수정하고 실행 결과를 확인한다.

```java
inheritance3/UniversityStudent.java
package inheritance3;

public class UniversityStudent extends Student {
    int score;

    UniversityStudent() {
        super();
        System.out.println("===> UniversityStudent() 생성자 호출");
    }
}
```

super( )는 부모 클래스의 기본 생성자를 의미한다. 상속 관계에 있는 클래스에서 별도의 언급이 없으면 부모의 기본 생성자가 자동으로 호출된다.

super( )는 생략할 수 있다. 하지만 부모 클래스에 기본 생성자가 없다면 반드시 인자가 있는 super( )를 사용하여 생성자를 명시적으로 호출해야 한다.

테스트를 위해 Student 클래스를 다음과 같이 수정한다.

inheritance3/Student.java
```java
package inheritance3;

public class Student {
    String name;

    Student(String name) {
        System.out.println("===> Student(String name) 생성자 호출");
        this.name = name;
    }
}
```

Student 클래스를 수정하고 저장하는 순간, 자식 클래스인 UniversityStudent 클래스에 에러가 발생한다. 따라서 UniversityStudent 클래스도 다음과 같이 수정한다.

inheritance3/UniversityStudent.java
```java
package inheritance3;

public class UniversityStudent extends Student {
    int score;

    UniversityStudent(String name, int score) {
        super(name);
        this.score = score;
        System.out.println("===> UniversityStudent(String name, int score) 생성자 호출");
    }
}
```

UniversityStudent의 생성자에 부모의 생성자를 호출하는 코드가 추가됐다. 따라서 Student의 생성자를 통해 초기화된 name 변수를 상속받고, 이후에 자신이 가진 score를 초기화하는 것이다.

마지막으로 테스트 클래스를 수정하고 실행 결과를 확인한다.

inheritance3/InheritanceTest3.java
```java
package inheritance3;

public class InheritanceTest3 {

    public static void main(String[] args) {
        UniversityStudent kim = new UniversityStudent("김둘리", 83);
        System.out.println(kim.name + "의 점수 : " + kim.score);
    }
}
```

◇ 실행 결과

===> Student(String name) 생성자 호출
===> UniversityStudent(String name, int score) 생성자 호출
김둘리의 점수 : 83

참고로 super( ) 역시 this( )와 마찬가지로 반드시 생성자의 첫 번째 줄에 작성해야 한다.

6.3.3 super 예약어

super( ) 생성자가 부모 클래스의 생성자를 호출한다면, super 참조 변수는 부모 클래스의 멤버 변수나 메소드를 참조할 때 사용한다.

먼저 inheritance3 패키지에 있는 Student 클래스에 printInfo( ) 메소드를 추가한다.

inheritance3/Student.java
```java
package inheritance3;

public class Student {
    String name;

    Student(String name) {
        System.out.println("===> Student(String name) 생성자 호출");
```

```
            this.name = name;
        }

        String printInfo() {
            return "학생 이름 : " + name;
        }
    }
```

UniversityStudent 클래스도 다음과 같이 수정한다.

```
                                                    inheritance3/UniversityStudent.java
package inheritance3;

public class UniversityStudent extends Student {
    int score;

    UniversityStudent(String name, int score) {
        super(name);
        this.score = score;
        System.out.println("===> UniversityStudent(String name, int score) 생성자 호출");
    }

    String printInfo() {
        return super.printInfo() + ", 점수 : " + score;
    }
}
```

UniversityStudent의 printInfo( ) 메소드는 부모 클래스의 printInfo( ) 메소드를 오버라이딩했다. 따라서 부모 클래스의 printInfo( ) 메소드는 상속되지 않는다. 이때 super를 이용하여 부모의 printInfo( ) 메소드를 호출할 수 있다.

이렇게 super는 자식 클래스에서 부모 클래스의 멤버 변수나 메소드를 참조할 때 사용한다. 테스트 클래스를 수정하고 실행 결과를 확인한다.

```
inheritance3/InheritanceTest3.java
package inheritance3;

public class InheritanceTest3 {

    public static void main(String[] args) {
        UniversityStudent kim = new UniversityStudent("김둘리", 83);
        System.out.println(kim.printInfo());
    }
}
```

<> 실행 결과

===> Student(String name) 생성자 호출
===> UniversityStudent(String name, int score) 생성자 호출
학생 이름 : 김둘리, 점수 : 83

6.4 final 예약어

변수, 메소드, 클래스 앞에 붙일 수 있는 final은 어디에 설정하느냐에 따라 의미가 달라진다. 특히 final은 상속과 밀접하게 관련되어 있으므로 정확하게 개념을 이해하고 사용하기 바란다.

6.4.1 멤버 변수와 final

멤버 변수 앞에 final을 설정하면 해당 멤버 변수는 상수가 된다. 상수는 한번 값이 초기화된 이후에 다른 값을 할당할 수 없다.

inheritance3.Student에 schoolName이라는 멤버 변수를 추가하고, 변수 앞에 final을 설정한다. 그리고 나서 생성자에서 학교 이름을 변경하려고 하면 다음과 같은 에러가 발생한다.

```java
1  package inheritance3;
2
3  public class Student {
4      final String schoolName = "쌤즈 대학교";
5      String name;
6
7      Student(String name) {
8          System.out.println("===> Student(String name) 생성자 호출");
9          this.name = name;
10         this.schoolName = "루비 대학교";
11     }
12
13     String pr
14         return "학생 이름 : " + name;
15     }
16 }
```

> The final field Student.schoolName cannot be assigned
> 1 quick fix available:
>   Remove 'final' modifier of 'schoolName'

이제 inheritance3.Student 클래스를 이용하여 생성한 모든 객체는 schoolName값이 "쌤즈 대학교"가 된다.

final과 static 예약어를 결합하면 매우 효율적이다. static은 특정 클래스로부터 생성된 모든 객체가 동일한 값을 공유하므로 static과 final을 결합하면 문법적으로 값을 변경할 수 없는 static 변수를 만들 수 있기 때문이다.

실습을 통해 확인해보자.

```
                                                inheritance3/Student.java
package inheritance3;

public class Student {
    static final String schoolName = "쌤즈 대학교";
    String name;

    Student(String name) {
        System.out.println("===> Student(String name) 생성자 호출");
        this.name = name;
    }

    String printInfo() {
        return "학생 이름 : " + name;
    }
}
```

이제 Student.schoolName 변수에 새로운 값을 할당하려고 하면 다음과 같은 에러 메시지가 출력된다.

```java
1  package inheritance3;
2
3  public class InheritanceTest3 {
4
5      public static void main(String[] args) {
6          UniversityStudent kim = new UniversityStudent("김둘리", 83);
7          System.out.println(kim.printInfo());
8
9          Student.schoolName = "루비 대학교";
10     }
11 }
12
```

> The final field Student.schoolName cannot be assigned
> 1 quick fix available:
>   Remove 'final' modifier of 'schoolName'

6.4.2 메소드와 final

메소드 앞에 final을 설정하면 해당 메소드를 오버라이딩할 수 없음을 의미한다. 실습을 위해 Student 클래스에 있는 printInfo( ) 메소드에 final을 추가한다.

inheritance3/Student.java

```java
package inheritance3;

public class Student {
    static final String schoolName = "쌤즈 대학교";
    String name;

    Student(String name) {
        System.out.println("===> Student(String name) 생성자 호출");
        this.name = name;
    }

    final String printInfo() {
        return "학생 이름 : " + name;
    }
}
```

수정된 Student 클래스를 저장하는 순간 Student의 자식인 UniversityStudent 클래스에 다음과 같은 에러가 발생한다.

```java
1 package inheritance3;
2
3 public class UniversityStudent extends Student {
4     int score;
5
6     UniversityStudent(String name, int score) {
7         super(name);
8         this.score = score;
9         System.out.println("===> UniversityStudent(String name, int score) 생성자 호출");
10    }
11
12    String printInfo() {
13        ret  Cannot override the final method from Student      , 점수 : " + score;
14    }           1 quick fix available:
15 }              → Remove 'final' modifier of 'Student.printInfo()'
16                                              Press 'F2' for focus
```

메소드 앞의 final은 오버라이딩 금지를 의미하기 때문에 자식 클래스에서는 메소드의 로직을 변경할 수 없다. 에러가 발생되지 않으려면 UniversityStudent 클래스에 오버라이딩한 printInfo( ) 메소드를 삭제하거나, Student 클래스의 printInfo( ) 메소드 앞에 설정한 final을 제거해야 한다.

6.4.3 클래스와 final

클래스 앞에 설정한 final은 더 이상 클래스를 확장(extends)할 수 없다는 의미로, 상속을 금지한다. 확인을 위해 수정된 Student 클래스 앞에 final을 설정한다.

inheritance3/Student.java

```java
package inheritance3;

public final class Student {
    static final String schoolName = "쌤즈 대학교";
    String name;

    Student(String name) {
        System.out.println("===> Student(String name) 생성자 호출");
        this.name = name;
    }
```

```
    String printInfo() {
        return "학생 이름 : " + name;
    }
}
```

수정된 Student 클래스를 저장하는 순간 Student의 자식 클래스인 UniversityStudent 클래스에 다음과 같은 에러가 발생한다.

```
1  package inheritance3;
2
3  public class UniversityStudent extends Student {
4      int score;
5
6      UniversityStudent(String name, int score) {
7          super(name);
8          this.score = score;
9          System.out.println("===> UniversityStudent(String name, int score) 생성자 호출");
10     }
11
12     String printInfo() {
13         return super.printInfo() + ", 점수 : " + score;
14     }
15 }
16
```

The type UniversityStudent cannot subclass the final class Student
1 quick fix available:
- Remove 'final' modifier of 'Student'

에러가 발생되지 않기 위해서는 UniversityStudent가 Student 클래스를 상속하지 않거나 Student 앞에 설정된 final을 삭제해야 한다.

6.5 객체의 타입 변환

기본 타입에서는 묵시적 타입 변환이나 명시적 타입 변환을 이용하여 특정 데이터를 다른 타입으로 변환할 수 있었다. 자바에서는 객체도 큰 범위에서 보면 데이터다. 따라서 기본 타입의 데이터와 마찬가지로 타입 변환을 지원한다. 이런 객체의 타입 변환은 자바 프로그래밍 전체 내용 중에서 가장 중요한 개념이다.

6.5.1 묵시적 타입 변환

기본 타입에서는 할당 연산자(=)를 중심으로 오른쪽의 타입과 왼쪽의 타입이 일치하지 않더라도 오른쪽의 데이터가 왼쪽보다 크기가 작으면 자동으로 묵시적 타입 변환을 처리한다.

자식 클래스는 부모 클래스보다 더 많은 멤버 변수나 메소드를 가진다. 따라서 크기로 따지면 자식 객체가 부모보다 더 크다고 볼 수 있다. 그런데 자바에서는 자식 객체가 부모 타입의 참조 변수에 할당되는 것을 묵시적 타입 변환이라고 한다.

어떻게 보면 객체의 묵시적 타입 변환은 기본 타입과 반대로 생각할 수 있다. 이 과정을 실습을 통해 확인해보자. 먼저 promotion1 패키지에 Student 클래스를 작성한다.

promotion1/Student.java
```java
package promotion1;

public class Student {
    int score = 100;
}
```

Student 클래스를 상속하는 UniversityStudent 클래스도 작성한다.

promotion1/UniversityStudent.java
```java
package promotion1;

public class UniversityStudent extends Student {
    String major = "컴퓨터 공학";
}
```

마지막으로 작성된 클래스를 테스트하는 PromotionTest1.java 파일을 작성하고 실행 결과를 확인한다.

promotion1/PromotionTest1.java
```java
package promotion1;

public class PromotionTest1 {

    public static void main(String[] args) {
        UniversityStudent kim = new UniversityStudent();
        System.out.println("전공 : " + kim.major);
```

```
            System.out.println("점수 : " + kim.score);
    }
}
```

실행 결과

전공 : 컴퓨터 공학
점수 : 100

현재까지의 메모리 상황을 그림으로 표현하면 다음과 같다.

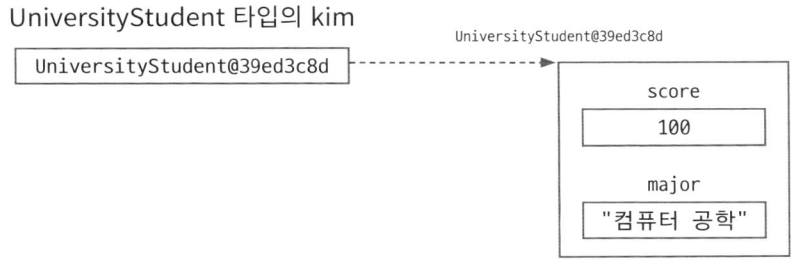

UniversityStudent 타입의 kim이라는 참조 변수에는 UniversityStudent 타입의 객체가 할당되어 있고, kim이라는 참조 변수를 이용하면 부모로부터 상속된 score와 자신이 확장한 major 변수를 모두 사용할 수 있다. 그리고 실제 kim 변수가 참조하는 UniversityStudent 객체 역시 두 개의 멤버 변수를 가지고 있기 때문에 kim을 통해 두 개의 변수(score, major)를 모두 사용할 수 있다.

이제 이 테스트 코드에서 UniversityStudent 객체를 Student 타입의 변수에 할당하도록 수정한다. 그러면 다음과 같은 에러가 발생할 것이고, 해당 소스에 마우스를 옮기면 에러 메시지도 확인할 수 있다.

```
1 package promotion1;
2
3 public class PromotionTest1 {
4
5     public static void main(String[] args) {
6         Student kim = new UniversityStudent();
7         System.out.println("전공 : " + kim.major);
8         System.out.println("점수 : " + kim.
9     }
10 }
11
```

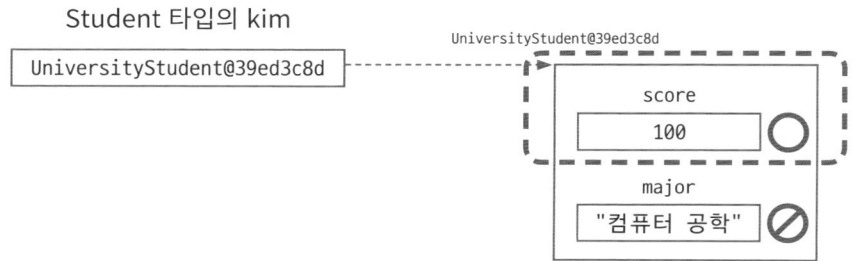

이 과정을 그림으로 표현하면 다음과 같다.

이렇게 참조 변수가 자신이 선언된 타입보다 더 많은 멤버 변수를 가진 객체를 참조하는 것을 묵시적 타입 변환이라고 한다. 위 그림에서 가장 중요한 포인트는 kim이 UniversityStudent 타입의 변수가 아닌 Student 타입이라는 것이며, kim이 참조하는 객체는 score와 major 두 개의 멤버 변수를 가지고 있는 UniversityStudent 객체라는 것이다.

하지만 참조 변수를 통해 실제 사용할 수 있는 멤버 변수는 참조 변수가 선언된 클래스에 속한 변수(score)뿐이다. kim이라는 참조 변수 입장에서는 사용할 수 있는 변수가 score 하나뿐이더라도 선언 자체가 Student 타입이기 때문에 kim 입장에서는 전혀 손해가 아닌 것이다.

이제 PromotionTest1.java에서 다음과 같이 문제가 발생하는 코드를 주석 처리하면 제대로 실행된다.

```
                                            promotion1/PromotionTest1.java
package promotion1;

public class PromotionTest1 {

    public static void main(String[] args) {
        Student kim = new UniversityStudent();
//      System.out.println("전공 : " + kim.major);
        System.out.println("점수 : " + kim.score);
    }
}
```

이렇게 자식 객체를 부모 타입의 참조 변수에 할당하는 것을 묵시적 타입 변환이라고 하는데, 반대로 부모 객체를 자식 타입의 참조 변수에 할당하는 것은 불가능하다.

그렇다면 부모 객체를 자식 타입의 참조 변수에 할당하면 왜 문제가 되는가? PromotionTest1.java를 다음과 같이 수정하고 에러 메시지를 확인한다.

```
 1  package promotion1;
 2
 3  public class PromotionTest1 {
 4
 5      public static void main(String[] args) {
 6          UniversityStudent kim = new Student();
 7          System.out.println("전공
 8          System.out.println("점수
 9      }
10  }
```

> Type mismatch: cannot convert from Student to UniversityStudent
> 2 quick fixes available:
>   Add cast to 'UniversityStudent'
>   Change type of 'kim' to 'Student'

UniversityStudent 타입의 참조 변수인 kim은 두 개의 멤버 변수(score, major)를 사용할 수 있는 클래스 타입으로 선언됐다. 그런데 메모리에서 실제 kim이 참조하는 객체를 확인하면 score 변수 하나만 사용할 수 있는 Student 타입의 객체다. kim 입장에서는 선언된 능력보다 작은 크기의 객체가 할당된 것이다. 자바에서는 이를 '데이터가 잘렸다'고 표현한다.

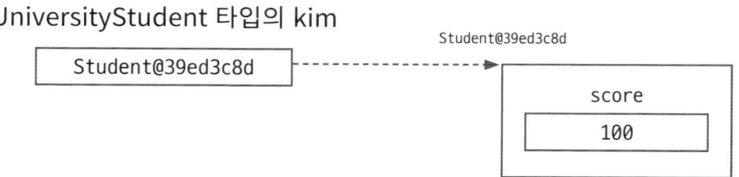

지금까지의 설명이 너무 복잡하다고 생각된다면 '자식 객체는 부모 타입의 변수에 할당될 수 있다'는 한 문장만 기억해도 된다.

6.5.2 묵시적 타입 변환 활용

클래스의 계층 구조가 복잡하다면 묵시적 타입 변환도 그만큼 복잡해질 수밖에 없다. 예를 들어 최상위 부모 클래스인 Human 클래스를 Student 클래스가 상속하고, Student를 HighStudent와 UniversityStudent 클래스가 각각 상속했다고 가정하자.

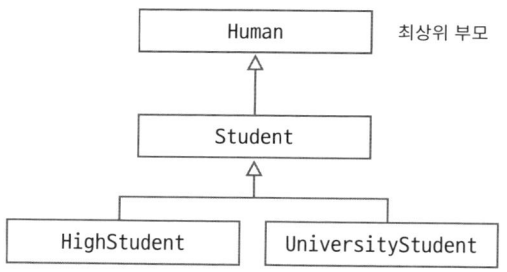

계층 구조상의 최상위 부모 클래스인 Human 클래스를 작성한다.

```
promotion1/Human.java
package promotion1;

public class Human {
    int age = 19;
}
```

이제 기존의 Student 클래스가 Human 클래스를 상속하도록 수정한다.

promotion1/Student.java
```java
package promotion1;

public class Student extends Human {
    int score = 100;
}
```

마지막으로 UniversityStudent처럼 Student 클래스를 상속한 HighStudent 클래스를 작성한다.

promotion1/HighStudent.java
```java
package promotion1;

public class HighStudent extends Student {
    int classNumber = 6;
}
```

이제 다음과 같이 다양한 형태의 묵시적 타입 변환을 적용할 수 있다.

promotion1/PromotionTest2.java
```java
package promotion1;

public class PromotionTest2 {

    public static void main(String[] args) {
        Human kim = new Human();
        kim = new Student();
        kim = new UniversityStudent();
        kim = new HighStudent();
        System.out.println(kim.age);

        Student park = new Student();
```

```java
            park = new UniversityStudent();
            park = new HighStudent();
            System.out.println(park.age);
            System.out.println(park.score);
        }
    }
```

Human 입장에서 Student, UniversityStudent, HighStudent는 모두 자식 클래스다. 그리고 Student는 UniversityStudent, HighStudent를 자식 클래스로 가지고 있다.

하지만 참조 변수가 선언된 클래스 타입에 따라 사용할 수 있는 멤버 변수는 달라진다. 따라서 Human 타입의 참조 변수로는 age만 사용할 수 있고, Student 타입의 참조 변수로는 age와 score만 사용할 수 있다.

묵시적 타입 변환을 이용하면 다양한 타입의 객체를 배열 같은 컬렉션에 저장하고 사용할 수 있다. 원래 배열은 동일한 타입의 데이터만 저장할 수 있지만, 묵시적 타입 변환을 이용하면 이런 제약에서 벗어날 수 있다.

promotion1/PromotionTest3.java
```java
package promotion1;

public class PromotionTest3 {

    public static void main(String[] args) {
        // Human 타입의 객체 4개를 저장할 수 있는 배열 생성
        Human[] humanList = new Human[4];

        // 배열 초기화
        humanList[0] = new Human();
        humanList[1] = new Student();
        humanList[2] = new UniversityStudent();
        humanList[3] = new HighStudent();
    }
}
```

위 소스에서는 Human 타입의 객체만 저장할 수 있는 배열 객체에 다양한 타입의 객체를 저장했다. 하지만 결국 Student, UniversityStudent, HighStudent 모두 Human의 자식이기 때문에 묵시적 타입 변환을 적용할 수 있는 것이다.

물론 위 코드를 다음과 같이 한 줄로 작성할 수도 있다.

```
                                                    promotion1/PromotionTest3.java
package promotion1;

public class PromotionTest3 {

    public static void main(String[] args) {
        // Human 타입의 객체 4개를 저장할 수 있는 배열 생성 및 초기화
        Human[] humanList = {new Human(), new Student(),
                        new UniversityStudent(), new HighStudent()};
    }
}
```

6.5.3 명시적 타입 변환

한번 묵시적 타입 변환이 된 객체를 원래의 타입으로 다시 변환하는 것을 명시적 타입 변환이라고 한다. 여기에서 중요한 포인트는 한번 묵시적 타입 변환이 이루어진 객체에 대해서만 명시적 타입 변환이 가능하다는 것이다. 즉, 묵시적 타입 변환이 된 적 없는 객체를 처음부터 명시적 변환할 수는 없다.

명시적 타입 변환을 확인하기 위한 간단한 프로그램을 작성해보자.

```
                                                    promotion1/CastingTest1.java
package promotion1;

public class CastingTest1 {

    public static void main(String[] args) {
//        UniversityStudent park = (UniversityStudent) new Student();
```

```
            Student student = new Student();
            UniversityStudent park = (UniversityStudent) student;

            System.out.println(park.major);
        }
}
```

주석으로 처리된 코드와 그 밑의 코드는 한 줄로 작성하느냐 두 줄에 걸쳐 작성하느냐의 차이만 있지 결국 동일한 코드다. 작성된 프로그램을 실행하면 다음과 같이 부적절한 명시적 타입 변환을 시도하고 있다는 에러 메시지가 출력된다.

```
Exception in thread "main" java.lang.ClassCastException: class promotion1.Student
cannot be cast to class promotion1.UniversityStudent (promotion1.Student and
promotion1.UniversityStudent are in unnamed module of loader 'app')
    at promotion1.CastingTest1.main(CastingTest1.java:9)
```

에러 메시지를 좀 더 자세히 살펴보면, 부모 타입의 Student 객체를 자식 타입인 University Student 클래스로 변환(casting)할 수 없다는 의미다.

이제 명시적 타입 변환이 성공하는 예제를 확인해보자.

promotion1/CastingTest2.java

```
package promotion1;

public class CastingTest2 {

    public static void main(String[] args) {
        // 묵시적 타입 변환
        Student student = new UniversityStudent();

        // 명시적 타입 변환
        UniversityStudent park = (UniversityStudent) student;
        System.out.println(park.major);
    }
}
```

우선 UniversityStudent 객체를 부모인 Student 타입의 참조 변수에 할당하는 묵시적 타입 변환을 처리했다. 당연히 아무런 문제가 발생하지 않는다.

그리고 나서 Student 타입의 객체를 원래의 타입인 UniversityStudent 타입으로 변환하여 할당하는데, 이를 객체의 명시적 타입 변환이라고 한다. 자바는 이렇게 한번 묵시적 타입 변환됐던 객체를 원래 자신의 타입으로 되돌리는 형태의 명시적 타입 변환만 허용한다.

마무리하며

이번 장에서는 객체지향 언어에서 가장 중요한 상속에 대해서 살펴봤다. 객체지향에서는 상속을 통해 소스의 재사용성을 향상시킬 수 있으며, 다형성(polymorphism)도 지원한다. 다형성은 객체지향의 근간을 이루는 매우 중요한 개념이기 때문에 앞으로 상속과 관련한 여러 개념들이 지속적으로 언급될 것이다.

마지막 부분에서 다뤘던 객체의 타입 변환은 특히 더 중요한데, 이는 여러분이 앞으로 학습하게 될 모든 자바 기술의 핵심 문법이기 때문이다. 만약 객체의 타입 변환을 정확하게 이해하지 못한다면 자바 기반의 대부분 기술을 습득하기 어려울 것이다.

다음 장에서는 추상 클래스와 인터페이스에 대해서 살펴보려고 한다. 추상(abstract)은 직접적으로는 메소드와 관련되어 있지만 궁극적으로는 상속과 깊은 관련이 있는 예약어다. abstract를 이용하여 추상 메소드를 선언할 수 있으며, 추상 메소드를 이용하여 추상 클래스와 인터페이스도 만들 수 있다.

07장

추상 클래스와 인터페이스

7.1 추상 클래스

추상(abstract)이라는 의미의 예약어인 abstract는 직접적으로는 메소드와 관련되어 있지만 궁극적으로는 상속과 깊은 관련이 있다. abstract를 이용하여 추상 메소드를 선언할 수 있으며, 추상 메소드를 이용하여 추상 클래스와 인터페이스도 만들 수 있다.

7.1.1 추상 메소드

추상 메소드는 메소드가 구체적이지 않다는 얘기다. 그렇다면 메소드에서 어떤 부분을 추상적이라고 하며, 구체적이지 않다는 것은 무엇을 의미하는 걸까?

일반적으로 메소드는 리턴 타입, 메소드 이름, 매개변수로 구성된다. 그런데 이런 요소들 외에도 메소드에 반드시 필요한 것이 바로 메소드 몸체에 해당하는 구현부, 즉 블록이다. 추상 메소드는 메소드 시그니처만 있고 구체적인 로직에 해당하는 블록이 없는 메소드다. 그래서 추상 메소드 앞에 추상이라는 의미의 abstract라는 예약어를 설정하는 것이다.

일반 메소드	`int avgScore(int sumScore, int studentCount) {`
	`    return sumScore/studentCount;`
	`}`

추상 메소드	`abstract int avgScore(int sumScore, int studentCount);`

추상 메소드는 구현 코드를 가지고 있지 않기 때문에 일반 메소드처럼 호출할 수도 없고, 호출돼서도 안 된다. 그렇다면 자바는 이렇게 호출할 수 없는 메소드는 왜 지원하는 걸까? 그것은 바로 추상 메소드가 다음에 살펴볼 추상 클래스를 만들기 위한 필수 조건이기 때문이다.

7.1.2 유지보수가 어려운 프로그램

문법적으로 하나 이상의 추상 메소드를 가진 클래스를 추상 클래스라고 한다. 추상 메소드는 로직을 가지지 않기 때문에 일반 메소드처럼 호출되서는 안 된다. 따라서 자바는 추상 메소드를 포함하는 추상 클래스의 객체 생성을 문법적으로 허용하지 않는 것이다.

우리가 클래스를 만드는 목적은 클래스로부터 객체를 생성하고, 객체가 가진 멤버 변수와 메소드를 이용하여 원하는 기능을 실행하기 위해서다. 그런데 클래스로부터 객체를 생성할 수 없다면 그런 클래스는 전혀 쓸모없다. 결국 추상 클래스를 단순히 문법적으로만 접근하는 것은 의미가 없다.

추상 클래스가 왜 필요한지 이해하려면 상속과 연결해서 이해해야 한다. 추상 클래스와 상속의 관계를 이해하기 위한 실습을 진행해보자. 먼저 대학생에 해당하는 UniversityStudent 클래스를 abstract1 패키지에 작성한다.

```
                                                      abstract1/UniversityStudent.java
package abstract1;

public class UniversityStudent {
    String name;
    int score;

    UniversityStudent(String name, int score) {
        this.name = name;
        this.score = score;
    }

    void examTake() {
```

```
            System.out.println(name + "가 강의장에서 시험지를 받는다.");
        }

        void examSolve() {
            System.out.println(name + "가 강의장에서 문제를 푼다.");
        }

        void examSubmit() {
            System.out.println(name + "가 강의장에서 시험지를 제출한다.");
        }
    }
```

이제 UniversityStudent 클래스로부터 객체를 생성하는 프로그램을 작성하고 실행 결과를 확인하자.

abstract1/AbstractTest1.java
```
package abstract1;

public class AbstractTest1 {

    public static void main(String[] args) {
        UniversityStudent kim = new UniversityStudent("김둘리", 83);
        kim.examTake();
        kim.examSolve();
        kim.examSubmit();

        System.out.println("");

        UniversityStudent park = new UniversityStudent("박또치", 100);
        park.examTake();
        park.examSolve();
        park.examSubmit();
    }
}
```

실행 결과

김둘리가 강의장에서 시험지를 받는다.
김둘리가 강의장에서 문제를 푼다.
김둘리가 강의장에서 시험지를 제출한다.

박또치가 강의장에서 시험지를 받는다.
박또치가 강의장에서 문제를 푼다.
박또치가 강의장에서 시험지를 제출한다.

지금까지 작성한 코드와 실행 결과는 쉽게 이해했을 것으로 생각한다. 문제는 프로그램의 성격이 변경되어 대학생을 대상으로 하던 프로그램을 고등학생으로 변경할 때 발생한다.

현재 실행 중인 프로그램에서 고등학생을 관리하려면 당연히 고등학생에 해당하는 HighStudent 클래스를 작성해야 한다.

abstract1/HighStudent.java
```java
package abstract1;

public class HighStudent {
    String name;
    int score;

    HighStudent(String name, int score) {
        this.name = name;
        this.score = score;
    }

    void takeExam() {
        System.out.println(name + "가 교실에서 시험지를 받는다.");
    }

    void solveExam() {
        System.out.println(name + "가 교실에서 문제를 푼다.");
    }

    void submitExam() {
        System.out.println(name + "가 교실에서 시험지를 제출한다.");
    }
}
```

중요한 것은 UniversityStudent와 HighStudent 클래스는 각각 독립된 클래스고, 두 클래스의 메소드 시그니처 역시 클래스를 작성하는 사람이 결정한다는 것이다. 따라서 UniversityStudent 클래스와 HighStudent 클래스의 메소드 시그니처가 다른 것은 전혀 문제가 되지 않는다.

하지만 문제는 UniversityStudent 객체를 사용하던 AbstractTest1.java 프로그램을 다음과 같이 HighStudent 클래스로 변경하려면 대부분의 소스를 수정해야 한다.

```
abstract1/AbstractTest1.java
package abstract1;

public class AbstractTest1 {

    public static void main(String[] args) {
        HighStudent kim = new HighStudent("김둘리", 83);
        kim.takeExam();
        kim.solveExam();
        kim.submitExam();

        System.out.println("");

        HighStudent park = new HighStudent("박또치", 100);
        park.takeExam();
        park.solveExam();
        park.submitExam();
    }
}
```

지금은 학생 객체를 두 개만 생성하지만 만약 생성하는 객체가 100개라면 더 많은 코드를 수정했어야 한다. 그리고 더 큰 문제는 UniversityStudent 클래스를 사용하는 프로그램이 여러 개인 경우, 해당 클래스를 모두 찾아서 수정해야 한다. 결국 프로그램의 유지보수가 점점 어려워지는 것이다.

7.1.3 다형성 적용

자바 같은 객체지향 프로그램에서는 다형성을 통해 유지보수의 편의성을 향상시킨다. 그래서 다형성(polymorphism)을 객체지향의 꽃이라고 얘기한다. 다형성을 가장 쉽게 이해할 수 있는 것이 바로 리모컨 개념이다.

만약 우리가 TV를 시청할 때 TV에 있는 버튼을 직접 누른다면 TV를 바꿀 때마다 새로운 TV의 매뉴얼을 봐야 한다. 따라서 TV를 시청하는 사용자가 100명이라면 100명의 사용자가 TV를 바꿀 때마다 매번 바뀐 TV의 매뉴얼을 숙지해야 한다. 결국 TV를 바꾸는 것은 매우 어려운 일이 된다.

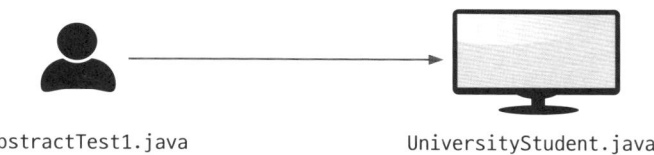

현재 TV 사용자를 AbstractTest1으로, TV를 UniversityStudent와 동일한 관계로 볼 수 있다. 즉, AbstractTest1은 사용하는 학생 클래스(UniversityStudent, HighStudent)를 변경할 때마다 수정되어야 한다.

이런 문제를 가장 쉽게 해결할 수 있는 방법은 사용자에게 리모컨을 제공하는 것이다. 사용자가 TV를 시청할 때 리모컨을 통해 TV를 제어한다면 TV가 어떤 것으로 변경되든 상관없기 때문이다.

다만 중요한 전제 조건은 모든 TV가 반드시 리모컨이 제공하는 버튼의 기능을 구현하고 있어야 한다는 것이다. 그렇지 않으면 리모컨을 눌렀을 때 TV의 특정 기능이 동작하지 않을 수 있기 때문이다.

현재 소스에 다형성의 개념을 적용하기 위해서는 다형성을 구성하는 세 가지 요소인 상속, 메소드 오버라이딩, 그리고 타입 변환이 필요하다.

실습을 위해 앞에서 작성한 프로그램에 상속과 메소드 오버라이딩을 적용해보자. abstract1 패키지에 UniversityStudent와 HighStudent의 부모로 사용할 Student 클래스를 작성한다.

abstract1/Student.java
```java
package abstract1;

public class Student {
    String name;
    int score;

    Student(String name, int score) {
        this.name = name;
        this.score = score;
    }

    void examTake() {
        System.out.println("시험지를 받는다.");
    }

    void examSolve() {
        System.out.println("문제를 푼다.");
    }

    void examSubmit() {
        System.out.println("시험지를 제출한다.");
    }
}
```

이 Student가 바로 TV 사용자(AbstractTest1.java)에게 제공할 리모컨이다. 다형성에서는 바로 이 부모 클래스가 리모컨 역할을 한다.

이제 UniversityStudent 클래스가 Student를 상속하도록 수정한다.

```
abstract1/UniversityStudent.java
package abstract1;

public class UniversityStudent extends Student {

    UniversityStudent(String name, int score) {
        super(name, score);
    }

    void examTake() {
        System.out.println(name + "가 강의장에서 시험지를 받는다.");
    }

    void examSolve() {
        System.out.println(name + "가 강의장에서 문제를 푼다.");
    }

    void examSubmit() {
        System.out.println(name + "가 강의장에서 시험지를 제출한다.");
    }
}
```

리모컨(Student)을 상속한 UniversityStudent가 바로 사용자가 궁극적으로 사용하고자 하는 TV 같은 개념이다. 모든 TV는 리모컨(Student)이 제공하는 기능을 제공해야 한다. 따라서 수정된 UniversityStudent 클래스에서 가장 중요한 것은 Student의 메소드에 대한 오버라이딩이다.

이제 HighStudent 클래스도 Student를 상속하도록 수정한다.

```
abstract1/HighStudent.java
package abstract1;

public class HighStudent extends Student {

    HighStudent(String name, int score) {
        super(name, score);
    }
```

```java
    void takeExam() {
        System.out.println(name + "가 교실에서 시험지를 받는다.");
    }

    void solveExam() {
        System.out.println(name + "가 교실에서 문제를 푼다.");
    }

    void submitExam() {
        System.out.println(name + "가 교실에서 시험지를 제출한다.");
    }
}
```

Student를 상속한 HighStudent는 UniversityStudent와 다르게 부모의 메소드를 오버라이딩하지 않았다. 그러면 결국 HighStudent에는 상속된 메소드와 자신이 추가한 메소드를 포함하여 총 6개의 메소드가 있는 것이다.

문제는 상속에서 부모 클래스의 메소드를 오버라이딩하는 것은 의무가 아니라는 것이다. 따라서 AbstractTest1.java 프로그램을 다음과 같이 수정하고 실행했을 때, UniversityStudent와 HighStudent의 메소드가 다르게 동작한다.

abstract1/AbstractTest1.java

```java
package abstract1;

public class AbstractTest1 {

    public static void main(String[] args) {
        UniversityStudent kim = new UniversityStudent("김둘리", 83);
        kim.examTake();
        kim.examSolve();
        kim.examSubmit();

        System.out.println("");

        HighStudent park = new HighStudent("박또치", 100);
```

```
        park.examTake();
        park.examSolve();
        park.examSubmit();
    }
}
```

실행 결과

김둘리가 강의장에서 시험지를 받는다.
김둘리가 강의장에서 문제를 푼다.
김둘리가 강의장에서 시험지를 제출한다.

시험지를 받는다.
문제를 푼다.
시험지를 제출한다.

이런 결과가 출력된 것은 UniversityStudent는 오버라이딩한 메소드가 실행되었고, HighStudent는 Student로부터 상속된 메소드가 실행됐기 때문이다. 이 문제를 해결하기 위해서는 HighStudent가 반드시 Student의 메소드를 오버라이딩하도록 강제해야 한다.

7.1.4 상속과 추상 클래스

추상 클래스는 추상 메소드를 포함하고 있기 때문에 객체로 생성할 수 없지만, 자식 클래스가 추상 메소드를 오버라이딩한다면 자식 클래스는 객체 생성이 가능하다. 그리고 이렇게 상속 구조에서 최상위 클래스를 추상 클래스로 만들면 모든 자식 클래스들은 추상 클래스가 가진 추상 메소드를 오버라이딩해야 하는 강제성이 생긴다.

테스트를 위해 Student 클래스를 다음과 같이 추상 클래스로 변경한다.

abstract1/Student.java
```java
package abstract1;

// 추상 클래스 선언
public abstract class Student {
    String name;
```

```
    int score;

    Student(String name, int score) {
        this.name = name;
        this.score = score;
    }

    // 추상 메소드 선언
    abstract void examTake();
    abstract void examSolve();
    abstract void examSubmit();
}
```

추상 클래스인 Student로부터 객체를 생성하는 것은 불가능하다. 따라서 Student 클래스의 변수와 메소드를 사용하기 위해서는 반드시 추상 클래스의 변수와 메소드를 상속하는 자식 클래스를 작성해야 한다.

이제 Student를 상속하는 UniversityStudent와 HighStudent가 추상 메소드를 오버라이딩하도록 수정한다. UniversityStudent는 이미 Student의 메소드를 오버라이딩했으므로 수정할 것이 없지만 HighStudent는 다음과 같이 수정해야 한다.

abstract1/HighStudent.java
```
package abstract1;

public class HighStudent extends Student {

    HighStudent(String name, int score) {
        super(name, score);
    }

    void examTake() {
        System.out.println(name + "가 교실에서 시험지를 받는다.");
    }

    void examSolve() {
```

```
            System.out.println(name + "가 교실에서 문제를 푼다.");
        }

        void examSubmit() {
            System.out.println(name + "가 교실에서 시험지를 제출한다.");
        }
    }
```

부모 클래스가 추상 클래스일 때 자식 클래스는 반드시 부모의 추상 메소드를 오버라이딩해야 한다. 그렇지 않으면 자식 클래스로 추상 메소드가 상속되어 자식 클래스도 추상 클래스가 되기 때문이다. 이렇게 함으로써 얻을 수 있는 장점은 클라이언트에 해당하는 AbstractTest1.java의 수정을 최소화하는 것이다.

AbstractTest1.java 프로그램을 다시 실행해보자.

abstract1/AbstractTest1.java

```java
package abstract1;

public class AbstractTest1 {

    public static void main(String[] args) {
        UniversityStudent kim = new UniversityStudent("김둘리", 83);
        kim.examTake();
        kim.examSolve();
        kim.examSubmit();

        System.out.println("");

        HighStudent park = new HighStudent("박또치", 100);
        park.examTake();
        park.examSolve();
        park.examSubmit();
    }
}
```

중요한 것은 AbstractTest1이 사용하는 객체가 HighStudent든 UniversityStudent든 둘 다 동일한 메소드를 가지고 있으므로 어떤 객체를 사용하더라도 클라이언트 소스 수정은 최소화된다는 것이다.

실행 결과

```
김둘리가 강의장에서 시험지를 받는다.
김둘리가 강의장에서 문제를 푼다.
김둘리가 강의장에서 시험지를 제출한다.

박또치가 교실에서 시험지를 받는다.
박또치가 교실에서 문제를 푼다.
박또치가 교실에서 시험지를 제출한다.
```

7.1.5 추상 클래스 응용

추상 클래스는 일반 메소드와 추상 메소드를 모두 가질 수 있다. 따라서 추상 메소드와 일반 메소드를 적절히 이용하면 중요한 알고리즘을 자식 클래스에서 재사용할 수 있다.

Student 클래스에 doExam( )이라는 메소드를 추가한다.

abstract1/Student.java

```java
package abstract1;

// 추상 클래스 선언
public abstract class Student {
    String name;
    int score;

    Student(String name, int score) {
        this.name = name;
        this.score = score;
    }

    // 추상 메소드 선언
    abstract void examTake();
```

```java
        abstract void examSolve();
        abstract void examSubmit();

        // 알고리즘을 제공하는 일반 메소드
        final void doExam() {
            examTake();

            // 5개의 문제를 푼다.
            for (int i = 0; i < 5; i++) {
                examSolve();
            }
            examSubmit();
        }
}
```

이렇게 하면 자식 클래스인 UniversityStudent와 HighStudent가 doExam( ) 메소드를 상속하게 되어 다음과 같이 AbstractTest2 클래스를 간단하게 작성할 수 있다.

abstract1/AbatractTest2.java

```java
package abstract1;

public class AbstractTest2 {

    public static void main(String[] args) {
        UniversityStudent kim = new UniversityStudent("김둘리", 83);
        kim.doExam();

        System.out.println("");

        UniversityStudent park = new UniversityStudent("박또치", 100);
        park.doExam();
    }
}
```

즉, 부모 클래스 입장에서는 모든 자식 클래스에서 공통으로 가져야 하는 기본 기능들을 추상 메소드로 선언하여 자식들 환경에 맞게 오버라이딩하도록 하고, 추상 메소드를 이용하여 핵심 기능이 구현된 메소드로 제공하면 모든 자식 클래스들은 자신이 오버라이딩한 메소드를 이용하여 일관된 로직을 처리할 수 있게 되는 것이다.

참고로 자식 클래스인 UniversityStudent와 HighStudent에서 doExam() 메소드마저 오버라이딩하지 못하도록 doExam() 메소드를 final로 선언하는 것도 중요한 포인트다.

7.2 인터페이스

인터페이스는 형태만 보면 클래스와 비슷하지만 상수와 추상 메소드만 가질 수 있는 특수한 형태의 클래스라 할 수 있다. 즉, 추상 클래스보다 더 추상화가 극대화된 클래스라고 볼 수 있는 것이다. 이런 인터페이스를 이용하면 다형성의 범위를 확대할 수 있다.

7.2.1 인터페이스 작성

인터페이스를 생성하려면 클래스와 동일하게 interface 생성 메뉴를 이용하면 된다.

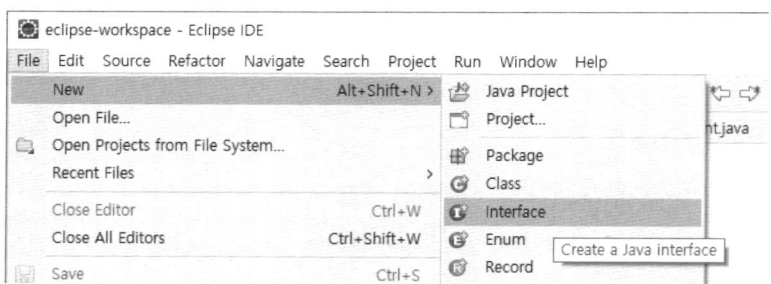

패키지 이름에 interface1을, 인터페이스 이름에 Gamer를 지정한 후에 〈Finish〉 버튼을 누르면 인터페이스가 만들어진다.

```
                                                          interface1/Gamer.java
package interface1;

public interface Gamer {

}
```

생성된 소스를 통해 확인할 수 있듯 인터페이스는 class가 아닌 interface라는 예약어를 사용하며, 다음과 같이 상수와 추상 메소드만 가지는 특수한 클래스다.

> 형식
> ```
> interface 인터페이스이름 {
>       // 상수;
>
>       // 추상 메소드;
> }
> ```

인터페이스와 상수

Gamer 인터페이스에 게임의 최대 레벨에 해당하는 GAME_MAX_LEVEL이라는 상수를 선언한다. 참고로 상수는 멤버 변수와 구분하기 위해 모두 대문자로 작성하고, 단어와 단어를 밑줄(_)로 연결한다.

interface1/Gamer.java
```
package interface1;

public interface Gamer {
    int GAME_MAX_LEVEL = 100;
}
```

그런데 GAME_MAX_LEVEL이라는 상수 앞에 final 예약어가 보이지 않는다. 인터페이스는 문법적으로 상수만 허용되기 때문에 명시적으로 final을 설정하지 않아도 컴파일 시점에 자동으로 final이 붙는다.

그리고 상수 앞에는 final 외에도 static이 자동으로 추가되는데, 이는 추상 클래스처럼 인터페이스도 객체로 생성할 수 없다는 점을 생각하면 쉽게 이해할 수 있는 부분이다. 즉, 인터페이스에 선언된 상수를 사용하기 위해서는 인터페이스 이름으로 접근할 수 있어야 한다.

결국 Gamer 인터페이스에 작성한 GAME_MAX_LEVEL 상수 앞에는 다음과 같이 static과 final이 자동으로 설정되는 것이다.

```
                                                     interface1/Gamer.java
package interface1;

public interface Gamer {
    static final int GAME_MAX_LEVEL = 100;
}
```

인터페이스와 메소드

인터페이스는 문법적으로 추상 메소드만 가진다고 했다. 만약 인터페이스에 일반 메소드를 작성하면 이클립스는 다음과 같은 에러 메시지를 제공한다.

```
1 package interface1;
2
3 public interface Gamer {
4
5   void doGame() {
6       S  Abstract methods do not specify a body    임을 한다.");
7       }                3 quick fixes available:
8   }                    ◆ Change 'doGame' to 'default'
9                        ◆ Change 'doGame' to 'static'
                         ◆ Remove method body
```

Gamer 인터페이스에 doGame()이라는 추상 메소드를 선언하자.

```
                                                     interface1/Gamer.java
package interface1;

public interface Gamer {
    int GAME_MAX_LEVEL = 100;

    void doGame();
}
```

그런데 추상 메소드 앞에 당연히 있어야 할 abstract 예약어가 보이지 않는다. 상수와 마찬가지로 추상 메소드 앞에 abstract를 생략하면 컴파일 시점에 자동으로 추가된다.

7.2.2 인터페이스와 상속

추상 클래스와 마찬가지로 추상 메소드를 포함하고 있는 인터페이스 역시 객체로 생성할 수 없다. 따라서 인터페이스도 추상 클래스처럼 상속 구조에서 최상위 부모 클래스로만 사용된다. 다만 인터페이스를 상속할 때는 extends가 아닌 '구현한다'는 의미의 implements 예약어를 사용한다. 그리고 클래스를 상속할 때와 다르게 인터페이스는 다중 상속을 허용한다. 이는 인터페이스가 상수만을 가지기 때문이다.

> **형식**
> ```
> class 클래스 implements 인터페이스, 인터페이스, ... {
> }
> ```

인터페이스를 상속한 자식 클래스는 반드시 인터페이스에 정의되어 있는 모든 추상 메소드를 오버라이딩해야 한다. 그렇지 않으면 자식 클래스를 추상 클래스로 선언해야 한다.

앞에서 작성한 Gamer 인터페이스를 상속하는 Student 클래스를 작성한다.

interface1/Student.java
```java
package interface1;

public class Student implements Gamer {
    String name;
    int score;

    Student(String name, int score) {
        this.name = name;
        this.score = score;
    }

    public void doGame() {
        System.out.println(name + " 게임을 한다.");
    }
}
```

Student는 Gamer 인터페이스가 제공하는 doGame( )이라는 추상 메소드를 오버라이딩했다. 이제 InterfaceTest1.java 프로그램을 작성하고 실행 결과를 확인한다.

```
interface1/InterfaceTest1.java
package interface1;

public class InterfaceTest1 {

    public static void main(String[] args) {
        Student kim = new Student("김둘리", 83);
        System.out.println("게임의 최고 레벨 : " + Gamer.GAME_MAX_LEVEL);
        kim.doGame();
        System.out.println(kim.name + "의 점수 : " + kim.score);
    }
}
```

실행 결과

```
게임의 최고 레벨 : 100
김둘리 게임을 한다.
김둘리의 점수 : 83
```

7.2.3 인터페이스의 다중 상속

자바는 클래스의 부모를 하나만 지정할 수 있다. 즉, 단일 상속만을 지원하는데, 인터페이스에 한하여 여러 개의 인터페이스를 상속할 수 있도록 한다.

인터페이스의 다중 상속을 확인하기 위해 Singer라는 새로운 인터페이스를 작성한다.

```
interface1/Singer.java
package interface1;

public interface Singer {
    int AUDITION_MAX_CHANCE = 10;
    int GAME_MAX_LEVEL = 99;

    void singSong();
}
```

인터페이스에 대한 다중 상속은 다음과 같이 콤마(,)를 이용하여 인터페이스 목록을 나열하면 된다.

interface1/Student.java

```java
package interface1;

public class Student implements Gamer, Singer {
    String name;
    int score;

    ~ 생략 ~
```

이렇게 두 개의 인터페이스를 상속한 Student 클래스에는 Gamer와 Singer가 가지고 있는 총 세 개의 상수가 상속된다. 이 중에 GAME_MAX_LEVEL은 중복되는 상수다. 하지만 이렇게 중복되는 상수가 있어도 문법적으로 문제가 없는 것은 static이 붙은 상수는 실제 사용할 때 인터페이스 이름과 결합하여 Gamer.GAME_MAX_LEVEL이나 Singer.GAME_MAX_LEVEL처럼 사용하기 때문이다.

그런데 정작 Student 클래스에 발생하는 문제는 상수가 아닌 메소드 부분이다. Student가 Singer라는 새로운 인터페이스를 추가로 상속하는 경우, Singer에 있는 추상 메소드도 오버라이딩해야 하는데 그렇지 않아서 에러가 발생하는 것이다. 이클립스는 추상 메소드를 오버라이딩하지 않은 클래스에 대해서 다음과 같은 에러 메시지를 제공한다.

```
 1 package interface1;
 2
 3 public class Student implements Gamer, Singer {
 4     String na⌇ The type Student must implement the inherited abstract method Singer.singSong()
 5     int score  2 quick fixes available:
 6                   Add unimplemented methods
 7     Student(S    Make type 'Student' abstract
 8         this.name = name;
 9         this.score = score;
10     }
11
12     public void doGame() {
13         System.out.println(name + " 게임을 한다.");
14     }
15 }
```

07 _ 추상 클래스와 인터페이스   251

이 상태에서 [Add unimplemented methods] 링크를 클릭하면 singSong() 메소드가 자동으로 오버라이딩된다. 이때 @Override는 제거하고 다음과 같이 적절한 코드로 메소드를 구현한다.

interface1/Student.java

```java
package interface1;

public class Student implements Gamer, Singer {
    String name;
    int score;

    Student(String name, int score) {
        this.name = name;
        this.score = score;
    }

    public void doGame() {
        System.out.println(name + " 게임을 한다.");
    }

    public void singSong() {
        System.out.println(name + " 노래를 부른다.");
    }
}
```

이제 Student 클래스의 객체를 생성하고 테스트하도록 InterfaceTest1.java 프로그램을 수정하고 실행 결과를 확인한다.

interface1/InterfaceTest1.java

```java
package interface1;

public class InterfaceTest1 {

    public static void main(String[] args) {
        Student kim = new Student("김둘리", 83);
```

```
            System.out.println("게임의 최고 레벨(Gamer) : " + Gamer.GAME_MAX_LEVEL);
            System.out.println("게임의 최고 레벨(Singer) : " + Singer.GAME_MAX_LEVEL);
            kim.doGame();
            System.out.println(kim.name + "의 점수 : " + kim.score);

            System.out.println("오디션 최대 기회 : " + Singer.AUDITION_MAX_CHANCE);
            kim.singSong();
        }
    }
```

실행 결과

```
게임의 최고 레벨(Gamer) : 100
게임의 최고 레벨(Singer) : 99
김둘리 게임을 한다.
김둘리의 점수 : 83
오디션 최대 기회 : 10
김둘리 노래를 부른다.
```

7.2.4 인터페이스 간의 상속

인터페이스도 클래스와 마찬가지로 부모 인터페이스를 지정할 수 있는데, 이때는 implements가 아닌 extends를 사용한다.

기존의 Singer 인터페이스가 Gamer 인터페이스를 상속하도록 수정한다.

interface1/Singer.java

```java
package interface1;

public interface Singer extends Gamer {
    int AUDITION_MAX_CHANCE = 10;
    int GAME_MAX_LEVEL = 99;

    void singSong();
}
```

중요한 것은 클래스와 달리 인터페이스들 간에는 다중 상속이 가능하다는 것이다. 즉, 다중 상속 금지는 클래스에만 적용된다.

이제 Student 클래스는 다음과 같이 Singer 하나만 상속하면 된다.

interface1/Student.java
```
package interface1;

public class Student implements Singer {
    String name;
    int score;

    ~ 생략 ~
```

InterfaceTest1.java 프로그램의 실행 결과는 기존과 동일하기 때문에 생략한다.

7.2.5 인터페이스와 다형성

인터페이스 역시 다형성과 결합했을 때 의미 있게 사용할 수 있다. 우리는 앞에서 추상 클래스가 중요한 이유는 상속 구조에서 최상위 클래스로 사용되기 때문이라고 학습했다. 인터페이스 역시 상속 구조에서 최상위 부모로 사용되는데, 이렇게만 이해하면 인터페이스가 추상 클래스와 별 차이가 없어 보인다.

인터페이스는 부모 클래스 이상의 무언가가 더 있는데, 실습을 통해 이 둘의 차이점을 알아보자. 먼저 interface2 패키지에 Student 인터페이스를 작성한다.

interface2/Student.java
```
package interface2;

public interface Student {
    void takeExam();

    void solveExam();

    void submitExam();
}
```

이제 Student 인터페이스를 상속(implements)하는 UniversityStudent 클래스를 작성한다.

interface2/UniversityStudent.java

```java
package interface2;

public class UniversityStudent implements Student {
    String name;
    int score;
    String major;

    UniversityStudent(String name, int score, String major) {
        this.name = name;
        this.score = score;
        this.major = major;
    }

    public void takeExam() {
        System.out.println(name + "가 강의장에서 시험지를 받는다.");
    }

    public void solveExam() {
        System.out.println(name + "가 강의장에서 문제를 푼다.");
    }

    public void submitExam() {
        System.out.println(name + "가 강의장에서 시험지를 제출한다.");
    }
}
```

동일한 패키지에 Student 인터페이스를 상속(implements)하는 HighStudent 클래스도 작성한다.

interface2/HighStudent.java

```java
package interface2;
```

```java
public class HighStudent implements Student {
    String name;
    int score;
    int classNumber;

    HighStudent(String name, int score, int classNumber) {
        this.name = name;
        this.score = score;
        this.classNumber = classNumber;
    }

    public void takeExam() {
        System.out.println(name + "가 교실에서 시험지를 받는다.");
    }

    public void solveExam() {
        System.out.println(name + "가 교실에서 문제를 푼다.");
    }

    public void submitExam() {
        System.out.println(name + "가 교실에서 시험지를 제출한다.");
    }
}
```

마지막으로 InterfaceTest2.java 프로그램을 작성하고 실행 결과를 확인한다.

interface2/InterfaceTest2.java

```java
package interface2;

public class InterfaceTest2 {

    public static void main(String[] args) {
        Student kim = new UniversityStudent("김둘리", 83, "컴퓨터 공학");
        kim.takeExam();
        kim.solveExam();
        kim.submitExam();
```

```
            System.out.println("");

            Student park = new HighStudent("박또치", 100, 6);
            park.takeExam();
            park.solveExam();
            park.submitExam();
        }
}
```

실행 결과

김둘리가 강의장에서 시험지를 받는다.
김둘리가 강의장에서 문제를 푼다.
김둘리가 강의장에서 시험지를 제출한다.

박또치가 교실에서 시험지를 받는다.
박또치가 교실에서 문제를 푼다.
박또치가 교실에서 시험지를 제출한다.

여기까지만 보면 인터페이스는 추상 클래스와 거의 동일한 역할을 수행한다. 그런데 추상 클래스와 인터페이스 사이에는 아주 중요한 논리적 차이점이 있는데, 그것은 바로 인터페이스는 반드시 'is a' 관계가 성립하지 않아도 된다는 것이다.

다시 말해 'is a' 관계가 성립하는 일반적인 상속에서는 부모를 추상 클래스로 만들고, 'is a' 관계가 성립하지 않는 경우에는 인터페이스로 만든다는 것이다. 예를 들어 다음과 같은 클래스의 계층 구조가 있다고 가정하자.

UniversityStudent와 HighStudent 클래스의 부모는 Student다. 그리고 RPGGamer 클래스의 부모는 당연히 Gamer다. 여기에서 이 두 그룹은 'is a' 관계가 성립한다. 즉, UniversityStudent is a Student와 HighStudent is a Student는 매우 자연스러우며,

RPGGamer is a Gamer도 자연스럽다. 이렇게 extends를 이용한 상속이 되려면 부모 클래스와 자식 클래스 사이에 논리적인 'is a' 관계가 성립해야 한다.

그런데 프로그램을 작성하다 보면 종류가 전혀 다른 객체들을 동일한 타입으로 묶어서 사용해야 하는 경우도 있다. 이때는 'is a' 관계가 성립하지 않는 객체들을 하나의 타입으로 묶을 수 있어야 하는데, 이렇게 종류가 다른 그룹을 하나로 묶을 때 인터페이스를 사용한다.

예를 들어 학생도 시험 점수를 계산할 수 있고 게이머도 게임 점수를 계산할 수 있어야 한다면, 다음 그림처럼 전혀 다른 이 두 그룹의 클래스를 점수를 계산하는 기능의 Calculable 인터페이스로 묶을 수 있는 것이다.

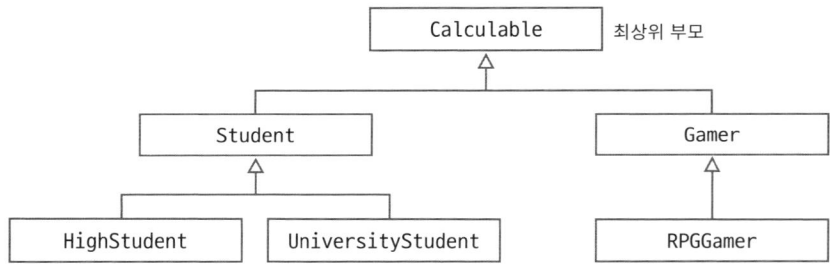

실습을 위해 interface3라는 새로운 패키지에 뭔가를 계산할 수 있는 Calculable 인터페이스를 작성한다.

```
interface3/Calculable.java
package interface3;

public interface Calculable {
    void calculate();
}
```

Calculable 인터페이스에는 calculate( ) 메소드가 추상 메소드로 선언되어 있다. 이제 Calculable 인터페이스를 상속하는 Student 클래스를 작성한다. Student는 모든 학생 클래스 계층의 최상위 부모 클래스다.

```
                                                      interface3/Student.java
package interface3;

public class Student implements Calculable {

    public void calculate() {
        System.out.println("시험 점수를 계산한다.");
    }
}
```

물론 Student 클래스에서 calculate() 메소드를 오버라이딩하지 않고 Student의 자식 클래스에서 오버라이딩하도록 할 수 있다. 그러면 Student는 추상 클래스로 선언해야 한다. 다음에 작성할 Gamer 클래스를 그렇게 작성할 것이다.

이제 Student 클래스를 상속하는 UniversityStudent 클래스를 작성한다.

```
                                              interface3/UniversityStudent.java
package interface3;

public class UniversityStudent extends Student {

    public void calculate() {
        System.out.println("대학생의 시험 점수를 계산한다.");
    }
}
```

UniversityStudent는 Student 클래스의 calculate() 메소드를 UniversityStudent에 맞게 오버라이딩했다. 이 시점에서 학생 계층의 최상위 부모인 Student를 추상 클래스로 할지 고민해야 한다.

만약 Student의 모든 자식이 부모의 calculate() 메소드를 상속받도록 하려면 Student를 일반 클래스로 만들면 된다. 하지만 자식들마다 계산 로직이 달라서 자신에 맞게 오버라이딩할 수 있도록 하려면 Student를 추상 클래스로 만들어야 한다. 지금은 전자를 선택했기 때문에 Student를 일반 클래스로 작성한 것이다.

이제 HighStudent 클래스를 작성해야 하는데, HighStudent는 부모의 calculate() 메소드를 상속받도록 한다.

interface3/HighStudent.java
```java
package interface3;

public class HighStudent extends Student {

}
```

이제 게이머 계층의 최상위 부모 클래스인 Gamer 클래스를 작성한다.

interface3/Gamer.java
```java
package interface3;

public abstract class Gamer implements Calculable {

}
```

Gamer는 추상 클래스로 만들어서 자식 클래스에서 calculate() 메소드를 오버라이딩하도록 했다.

마지막으로 Gamer를 상속하는 RPGGamer 클래스를 작성한다.

interface3/RPGGamer.java
```java
package interface3;

public class RPGGamer extends Gamer {

    public void calculate() {
        System.out.println("게임 점수를 계산한다.");
    }
}
```

이제 다형성을 기반으로 타입이 다른 세 개의 객체를 생성하고 사용하는 프로그램을 작성할 수 있다.

interface3/InterfaceTest3.java
```java
package interface3;

public class InterfaceTest3 {

    public static void main(String[] args) {
//        Calculable[] memberList = new Calculable[3];
//        memberList[0] = new UniversityStudent();
//        memberList[1] = new HighStudent();
//        memberList[2] = new RPGGamer();

        Calculable[] memberList = {new UniversityStudent(), new HighStudent(),
                    new RPGGamer()};

        for (int i = 0; i < memberList.length; i++) {
            memberList[i].calculate();
        }
    }
}
```

실행 결과

대학생의 시험 점수를 계산한다.
시험 점수를 계산한다.
게임 점수를 계산한다.

사실 추상 클래스와 인터페이스를 문법적으로 이해하는 것은 그리 어렵지 않다. 하지만 이 둘은 객체지향의 핵심인 다형성과 결합했을 때 의미가 달라지기 때문에 마지막에 작성한 예제를 반복적으로 실행해보면서 둘의 차이점과 의미를 이해하기 바란다.

마무리하며

이번 장에서는 추상 클래스와 인터페이스에 대해서 살펴봤다. 추상 클래스와 인터페이스는 객체를 생성할 수 없는 특수한 클래스로서, 상속 구조에서 최상위 부모로 사용된다. 결국 추상 클래스나 인터페이스는 상속을 전제로 하는 다형성 때문에 필요한 것이다. 다형성은 이후에 살펴볼 자바 API를 이해하는 데 있어서도 매우 중요한 개념이므로 반복적인 실습을 통해 반드시 이해하기 바란다.

다음 장에서는 예외(exception)에 대해서 살펴보고자 한다. 예외는 프로그램에서 발생된 의도하지 않은 문제다. 프로그램에 예외가 발생하면 해당 프로그램은 비정상적으로 중단되는데, 우리는 프로그램이 정상적으로 종료되도록 적절한 방법을 사용하여 예외를 처리해야 한다.

08장

예외와 예외 처리

8.1 예외

예외(exception)의 사전적 의미는 '일반적이지 않은 상황'으로서 프로그램에 의도하지 않은 문제가 생긴 상황을 의미한다. 자바에서 예외가 발생하면 프로그램은 비정상적으로 중단되는데, 프로그램에서는 이렇게 예외가 발생하더라도 프로그램이 정상적으로 종료되도록 예외를 적절히 처리해야 한다.

8.1.1 예외 발생

예외는 발생할 수도 있고 발생하지 않을 수도 있다. 즉, 정상적인 상황에서는 발생하지 않을 문제가 사용자의 부주의나 소스 코드의 결함으로 인해 발생하는 것이다.

간단한 실습을 통해 예외의 개념과 예외가 발생하는 상황을 확인해보자. 다음 코드는 명령행 매개변수로 전달받은 두 개의 숫자를 int로 변환하여 두 수의 나누기 결과를 출력하는 프로그램이다.

ExceptionTest1.java
```java
public class ExceptionTest1 {

    public static void main(String[] args) {
```

```
            int number1 = Integer.parseInt(args[0]);
            int number2 = Integer.parseInt(args[1]);

            System.out.println("나누기 결과 : " + (number1 / number2));
        }
}
```

프로그램을 실행하고 정상적인 결과를 확인하기 위해서는 반드시 다음과 같이 명령행 매개변수를 설정해야 한다.

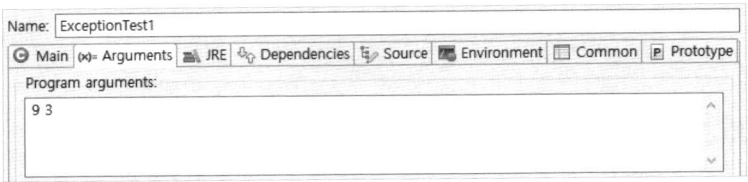

실행 결과

```
나누기 결과 : 3
```

만약 명령행 매개변수를 전달하지 않은 상태에서 다시 프로그램을 실행하면 예외가 발생하고, 콘솔에는 다음과 같이 예외 메시지가 출력된다.

```
Exception in thread "main" java.lang.ArrayIndexOutOfBoundsException: Index 0 out of bounds for length 0
        at ExceptionTest1.main(ExceptionTest1.java:4)
```

ArrayIndexOutOfBoundsException은 존재하지 않은 배열 인덱스를 사용하려고 할 때 발생하는 예외이며, 배열을 학습할 때 본 적이 있을 것이다.

프로그램을 실행할 때 명령행 매개변수를 전달하지 않으면 main( ) 메소드가 명령행 매개변수(args)로 받은 배열의 길이는 0이다. 따라서 ExceptionTest1.java 파일의 4번 라인에서 존재하지 않은 인덱스(args[0])에 접근하려고 하니 문제가 발생한 것이다.

프로그램에서 예외가 발생하면 예외가 발생한 시점에서 프로그램은 중단되므로 예외 발생 이후에 작성된 코드는 절대 실행되지 않는다. 물론 사용자가 명령행 매개변수를 입력하지 않는 상황을 미리 예측해서 다음과 같이 프로그램을 작성할 수도 있다.

ExceptionTest1.java
```java
public class ExceptionTest1 {

    public static void main(String[] args) {
        if(args.length >= 2) {
            int number1 = Integer.parseInt(args[0]);
            int number2 = Integer.parseInt(args[1]);

            System.out.println("나누기 결과 : " + (number1 / number2));
        } else {
            System.out.println("반드시 2개의 정수를 입력하세요.");
        }
    }
}
```

이제 프로그램을 실행할 때 사용자가 명령행 매개변수를 전달하지 않더라도 예외는 발생하지 않고 다음과 같이 정상적으로 종료된다.

실행 결과
반드시 2개의 정수를 입력하세요.

하지만 모든 프로그램에서 이렇게 미리 사용자의 행동을 예측하고 프로그램적으로 처리하는 것은 매우 어렵다. 따라서 개발자는 프로그램에서 예외가 발생할 때마다 발생한 예외를 해석하고 적절히 처리해야 한다.

8.1.2 예외의 종류와 계층 구조

자바는 예외가 발생하는 모든 상황에 대해 적절히 대처할 수 있도록 문제적 상황들을 미리 예외 클래스로 정의해 놓았다. 지금부터 이런 예외 클래스들의 계층 구조와 특징, 그리고 분류 방법에 대해서 살펴보고자 한다.

다음은 자바 프로그램을 작성할 때 반드시 알아야 하는 필수 예외 클래스들과 각 클래스의 계층 구조를 정리한 것이다. 참고로 실제 자바가 제공하는 예외 클래스는 이보다 훨씬 더 많다.

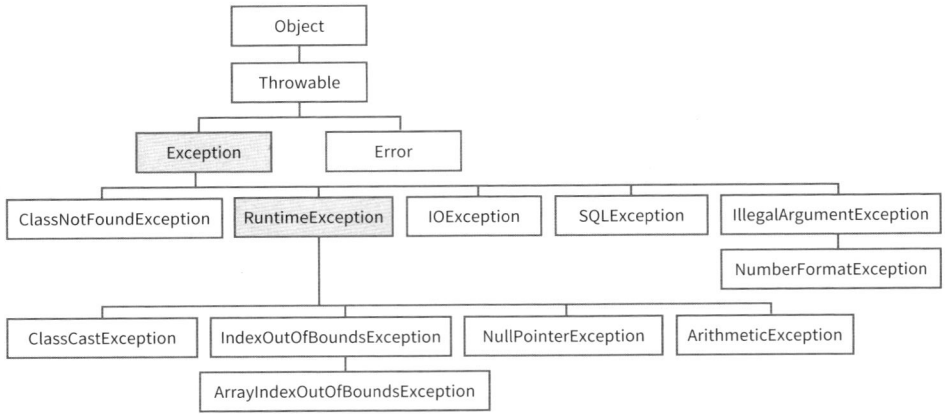

자바의 모든 클래스의 최상위 부모는 Object이며, Object는 모든 자바 클래스들이 반드시 가지고 있어야 하는 공통의 멤버 변수와 메소드를 제공한다. 그리고 이 Object를 Throwable이 상속하고 있다. Object에 대한 자세한 설명은 9장(java.lang 패키지)에서 다룰 것이다.

Throwable은 다시 Exception과 Error로 분기되는데, 우리는 이 중에서 Exception만 신경 쓰면 된다. Error는 개발자가 처리할 수 없는 심각한 문제로서, 대표적인 Error는 갑자기 JVM이 중단되거나 시스템에 더 이상 사용할 메모리가 없는 상황이다. 즉, 프로그램이 마땅히 중단되어야 하는 심각한 문제인 것이다.

개발자가 적절하게 대응할 수 있는 것은 Exception 계층의 클래스다. Exception 클래스는 모든 예외 클래스들의 최상위 부모로서 예외 클래스들이 가지고 있어야 하는 공통의 멤버 변수나 메소드를 가지고 있다.

Exception 계층의 클래스 역시 크게 두 가지 종류로 나뉘는데, 첫 번째는 프로그램 실행 과정(runtime)에서 확인되는 예외로, RuntimeException과 RuntimeException을 상속한 자식 클래스들이 이에 해당한다. 이 클래스들을 다른 말로 Unchecked Exception이라고 한다.

그리고 나머지는 RuntimeException이 아닌 클래스인데, 이 클래스들은 컴파일 과정에서 문제가 확인된다. 다시 말해 RuntimeException이 아닌 예외는 프로그램에 예외 처리 로직이 없으면 아예 컴파일이 되지 않는다. 이런 예외 클래스들을 다른 말로 Checked Exception이라고 한다.

정리해보면 Exception 계층의 클래스는 컴파일을 통과하는 예외와 통과하지 못하는 예외로 나눌 수 있는 것이다. 다음은 Exception 계층 구조에서 언급된 예외와 해당 예외가 발생하는 상황을 정리한 것이다.

예 외	예외가 발생하는 상황
ClassNotFoundException	존재하지 않는 클래스를 사용하려고 했을 때
IOException	입/출력 작업 과정에서 문제가 발생했을 때
SQLException	데이터베이스 연동 과정에서 문제가 발생했을 때
NumberFormatException	숫자 형식이 아닌 데이터를 숫자로 변경하려고 했을 때
ClassCastException	클래스에 대한 불가능한 타입 변환을 시도하려고 했을 때
ArrayIndexOutOfBoundsException	존재하지 않는 배열 공간을 사용하려고 했을 때
NullPointerException	주소가 할당되지 않은 참조 변수를 사용하려고 했을 때
ArithmeticException	숫자를 0으로 나누는 등의 불가능한 산술 연산을 수행할 때
IllegalArgumentException	부적절한 인자가 전달됐을 때

당연한 애기지만 모든 예외 객체는 최상위 부모인 Exception 타입으로 묵시적 타입 변환이 가능하다. 이 개념은 앞으로 예외 처리를 이해하는 데 매우 중요한 개념이므로 꼭 기억하기 바란다.

8.1.3 예외 처리 기본(try~catch)

이제부터 본격적으로 예외 처리에 대해서 살펴보자. JVM은 프로그램을 실행하다가 문제가 발생하는 상황에 맞닥트리면 그 상황에 해당하는 예외 클래스를 예외 객체로 생성한다. 그리고 생성한 예외 객체를 실행 중인 프로그램에 던진다(throw).

앞에서 작성한 프로그램의 경우를 생각해보면 명령행 매개변수가 전달되지 않았을 때, JVM은 args[0]에 해당하는 코드를 실행하는 상황에서 ArrayIndexOutOfBoundsException 객체를 생성하여 실행 중인 프로그램(ExceptionTest1.java) 쪽으로 던진 것이다.

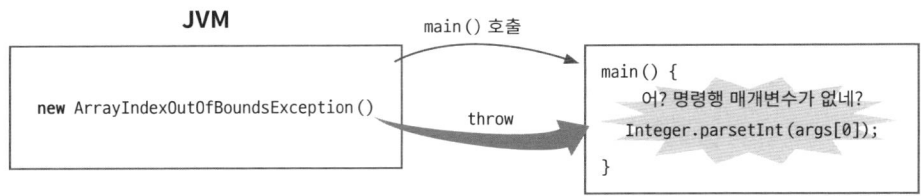

프로그램으로 던져진 예외 객체는 적절하게 잡아서 처리해야 하는데, 이를 '예외를 잡는다 (catch)'고 표현한다. 만약 프로그램으로 던져진 예외를 잡아주지 않으면 프로그램은 비정상적으로 중단된다.

예외 객체를 처리하는 가장 기본적인 방법은 try~catch문을 사용하는 것이다. 다음은 try~catch문의 기본 구조다.

```
형식
try {
        예외 발생이 예상되는 코드;
} catch(예외클래스 참조변수) {
        예외 처리 로직;
}
```

우선 예외 발생이 예상되는 코드들을 try 블록으로 감싼다. try라는 예약어 이름에서 유추할 수 있듯이 예외가 발생하더라도 일단 코드를 실행하라는 의미다.

만약 try 블록에서 예외가 발생하지 않으면 프로그램은 정상적으로 실행 결과를 출력하고 종료되지만, 예외가 발생한다면 catch 블록으로 제어가 이동한다. 이 catch 블록에서 발생된 예외 객체를 잡아서 적절히 처리하는 것이다.

앞에서 작성했던 ExceptionTest1.java 프로그램을 다음과 같이 수정한다.

```
                                                      ExceptionTest1.java
public class ExceptionTest1 {

    public static void main(String[] args) {
        try {
            int number1 = Integer.parseInt(args[0]);
            int number2 = Integer.parseInt(args[1]);

            System.out.println("나누기 결과 : " + (number1 / number2));
        } catch(ArrayIndexOutOfBoundsException e) {
            System.out.println("반드시 2개의 정수를 입력하세요.");
        }
    }
}
```

이제 프로그램을 실행할 때 명령행 매개변수를 입력하지 않거나 하나만 입력하는 경우, 다음과 같은 예외 처리 결과가 출력될 것이다.

실행 결과

반드시 2개의 정수를 입력하세요.

try~catch문을 이용할 때 중요한 것이 바로 catch문 뒤에 지정한 예외 클래스다. 만약 try 블록에서 던져진 예외 객체가 ArrayIndexOutOfBoundsException 타입의 예외라면 당연히 catch문에 지정된 예외 클래스 역시 ArrayIndexOutOfBoundsException이어야 한다.

만약 발생된 예외와 다른 타입의 클래스가 catch문에 지정된다면 당연히 예외 처리가 안 된 것과 동일하게 동작한다. 다음과 같이 소스를 수정하고 명령행 매개변수를 설정하지 않은 상태에서 실행 결과를 확인해보자.

```
                                                      ExceptionTest1.java
public class ExceptionTest1 {

    public static void main(String[] args) {
        try {
```

```
                int number1 = Integer.parseInt(args[0]);
                int number2 = Integer.parseInt(args[1]);

                System.out.println("나누기 결과 : " + (number1 / number2));
        } catch(ArithmeticException e) {
                System.out.println("반드시 2개의 정수를 입력하세요.");
        }
    }
}
```

실행 결과

```
Exception in thread "main" java.lang.ArrayIndexOutOfBoundsException: Index 0 out of
bounds for length 0
        at ExceptionTest1.main(ExceptionTest1.java:5)
```

이런 결과가 출력되는 것은 try 블록에서 발생되는 예외는 ArrayIndexOutOfBoundsException인데, catch 블록에서 전혀 상관없는 ArithmeticException으로 잡았기 때문이다. 즉, 던져진 예외가 적절히 잡히지 않은 것이다.

8.1.4 다중 catch문

try~catch를 이용하여 예외 처리 로직을 추가했는데, 만약 try 블록에서 발생하는 예외가 여러 개라면 어떻게 될까? 이런 경우는 다중 catch문을 사용하여 발생된 예외별로 예외 처리 로직을 작성해야 한다.

형식

```
try {
        예외 발생이 예상되는 코드;
} catch(예외클래스 참조변수) {
        예외 처리 로직1;
} catch(예외클래스 참조변수) {
        예외 처리 로직2;
}
```

앞에서 작성한 ExceptionTest1.java 프로그램을 실행할 때, 두 번째 명령행 매개변수를 0으로 입력해보자. 그러면 다음과 같이 ArithmeticException이 발생할 것이다.

```
Exception in thread "main" java.lang.ArithmeticException: / by zero
    at ExceptionTest1.main(ExceptionTest1.java:8)
```

ArithmeticException은 숫자를 0으로 나눌 때 발생하는 예외다. 결국 현재 실행 중인 프로그램은 ArrayIndexOutOfBoundsException과 ArithmeticException, 두 개의 예외를 모두 처리해야 한다.

ExceptionTest1.java를 수정하여 다음과 같이 다중 catch문을 적용하자.

ExceptionTest1.java
```java
public class ExceptionTest1 {

    public static void main(String[] args) {
        try {
            int number1 = Integer.parseInt(args[0]);
            int number2 = Integer.parseInt(args[1]);

            System.out.println("나누기 결과 : " + (number1 / number2));
        } catch(ArrayIndexOutOfBoundsException e) {
            System.out.println("반드시 2개의 정수를 입력하세요.");
        } catch(ArithmeticException e) {
            System.out.println("두 번째 숫자는 0이 아닌 수를 입력하세요.");
        }
    }
}
```

프로그램을 실행할 때 두 번째 명령행 매개변수를 0으로 설정하고 실행 결과를 확인한다.

실행 결과
두 번째 숫자는 0이 아닌 수를 입력하세요.

이제 명령행 매개변수가 잘못 입력되거나 두 번째가 매개변수에 0이 입력되더라도 프로그램이 비정상적으로 중단되지는 않는다. 문제는 이렇게 모든 예외를 다 잡았다고 생각했는데 숨어있는 예외가 있을 수도 있다는 것이다.

예를 들어 프로그램을 실행할 때, 두 번째 매개변수에 3을 입력해야 하는데 실수로 #을 입력해보자. 그러면 다음과 같은 예외가 발생한다.

```
Exception in thread "main" java.lang.NumberFormatException: For input string: "#"
        at java.base/java.lang.NumberFormatException.forInputString(NumberFormatExceptio
n.java:65)
        at java.base/java.lang.Integer.parseInt(Integer.java:638)
        at java.base/java.lang.Integer.parseInt(Integer.java:770)
        at ExceptionTest1.main(ExceptionTest1.java:6)
```

NumberFormatException은 숫자 형식이 아닌 데이터를 숫자로 변환할 때 발생한다. 이렇게 계속해서 예상하지 못한 예외가 발생하는 경우, 우리는 두 가지 방법을 선택할 수 있다.

첫 번째 방법은 다음과 같이 새롭게 발견된 예외를 처리할 또 다른 catch문을 추가하는 것이다.

ExceptionTest1.java
```java
public class ExceptionTest1 {
    public static void main(String[] args) {
        try {
            int number1 = Integer.parseInt(args[0]);
            int number2 = Integer.parseInt(args[1]);

            System.out.println("나누기 결과 : " + (number1 / number2));
        } catch(ArrayIndexOutOfBoundsException e) {
            System.out.println("반드시 2개의 정수를 입력하세요.");
        } catch(ArithmeticException e) {
            System.out.println("두 번째 숫자는 0이 아닌 수를 입력하세요.");
        } catch(NumberFormatException e) {
            System.out.println("입력한 데이터가 숫자 형식이 아닙니다.");
        }
    }
}
```

두 번째 방법은 모든 Exception 클래스의 최상위 부모인 Exception 타입의 catch문을 맨 마지막에 추가하는 것이다.

```java
                                                              ExceptionTest1.java
public class ExceptionTest1 {

    public static void main(String[] args) {
        try {
            int number1 = Integer.parseInt(args[0]);
            int number2 = Integer.parseInt(args[1]);

            System.out.println("나누기 결과 : " + (number1 / number2));
        } catch(ArrayIndexOutOfBoundsException e) {
            System.out.println("반드시 2개의 정수를 입력하세요.");
        } catch(ArithmeticException e) {
            System.out.println("두 번째 숫자는 0이 아닌 수를 입력하세요.");
        } catch(Exception e) {
            System.out.println("예상하지 못한 문제가 발생했습니다.");
        }
    }
}
```

Exception은 모든 예외의 최상위 부모로서, 처리되지 못한 예외가 있다면 마지막의 catch문이 잡아주는 것이다.

다중 catch문을 이용할 때 주의 사항은 Exception 타입의 catch문은 다중 catch문에서 반드시 맨 마지막에 위치해야 한다는 것이다. 만약 Exception 타입의 catch문을 가장 먼저 작성하면 이클립스가 다음과 같은 에러 메시지를 제공한다.

```
1  public class ExceptionTest1 {
2
3      public static void main(String[] args) {
4          try {
5              int number1 = Integer.parseInt(args[0]);
6              int number2 = Integer.parseInt(args[1]);
7
8              System.out.println("입력한 두 수의 나누기 결과 : " + (number1 / number2));
9          } catch(Exception e) {
10             System.out.println("예상하지 못한 문제가 발생했습니다.");
11         } catch(ArrayIndexOutOfBoundsException e) {
12             Syst⌈ Unreachable catch block for ArrayIndexOutOfBoundsException. It is already handled by the catch block for
13         } catch(  Exception
14             Syst  2 quick fixes available:                                                    .");
15         }         Remove catch clause
16     }             Replace catch clause with throws
17 }
```

출력된 에러 메시지는 모든 예외를 Exception 타입의 catch문에서 처리하기 때문에 아래쪽에 있는 catch문은 절대 실행될 수 없다는 뜻이다.

8.1.5 finally 블록

finally 블록은 예외 발생 여부와 무관하게 무조건 실행된다. 따라서 일반적으로는 예외 처리 로직이 종료되기 직전에 반드시 실행되어야 하는 코드들이 작성된다.

finally 블록이 추가된 프로그램을 작성하고 실행 결과를 확인해보자.

ExceptionTest2.java
```
public class ExceptionTest2 {

    public static void main(String[] args) {
        try {
            int number1 = Integer.parseInt(args[0]);
            int number2 = Integer.parseInt(args[1]);

            System.out.println("나누기 결과 : " + (number1 / number2));
        } catch(Exception e) {
            System.out.println("예상하지 못한 문제가 발생했습니다.");
        } finally {
            System.out.println("무조건 실행되는 영역입니다.");
        }
    }
}
```

위 프로그램을 실행할 때, 명령행 매개변수를 전달하지 않거나 하나만 전달했다면 실행 결과는 다음과 같다.

실행 결과

```
예상하지 못한 문제가 발생했습니다.
무조건 실행되는 영역입니다.
```

그런데 명령행 매개변수로 9와 3을 설정하여 정상적으로 실행했다면 실행 결과는 다음과 같을 것이다.

실행 결과

```
나누기 결과 : 3
무조건 실행되는 영역입니다.
```

finally 블록은 이후에 학습할 입출력이나 데이터베이스 연동 작업에서 반드시 사용하는 구문이다. 입출력 작업에서 사용한 입출력 객체를 메모리에서 닫거나, 데이터베이스 연동 작업에서 데이터베이스와의 연결을 종료할 때 finally를 사용한다. 지금은 간단하게 문법만 확인하고 넘어가자.

8.1.6 throws 예약어

try~catch 이외에 또 다른 예외 처리 방법은 메소드에 throws 예약어를 사용하는 것이다. throws를 이용하면 특정 메소드에서 발생된 예외 객체를 해당 메소드를 호출한 쪽으로 던질 수 있다. 이를 이용하면 예외 처리 로직을 특정 메소드로 집중시킬 수도 있다.

throws를 테스트하기 위한 예제를 작성한다.

ExceptionTest3.java

```java
public class ExceptionTest3 {

    public static void main(String[] args) {
        int num1 = Integer.parseInt(args[0]);
        int num2 = Integer.parseInt(args[1]);
```

```
            divide(num1, num2);
    }

    private static void divide(int num1, int num2) throws ArithmeticException {
        System.out.println(num1 / num2);
    }
}
```

이제 예제를 실행할 때, 두 번째 명령행 매개변수로 0을 설정하면 다음과 같이 나누기 연산을 처리하는 divide() 메소드에서 ArithmeticException이 발생한다.

```
Exception in thread "main" java.lang.ArithmeticException: / by zero
    at ExceptionTest3.divide(ExceptionTest3.java:10)
    at ExceptionTest3.main(ExceptionTest3.java:6)
```

그런데 출력된 에러 메시지를 보면 최초로 ArithmeticException이 발생된 라인은 10번 라인이다. 즉, divide() 메소드에서 발생한 것이다. 그러나 divide() 메소드에서 예외를 처리하지 않고 divide() 메소드를 호출한 main() 메소드로 ArithmeticException을 던졌기 때문에 최종적으로 6번 라인, 즉 main() 메소드에 ArithmeticException이 발생한 것과 동일한 결과가 출력된 것이다.

이제 ExceptionTest3 클래스를 다음과 같이 수정한다.

ExceptionTest3.java
```
public class ExceptionTest3 {
    public static void main(String[] args) {
        try {
            int num1 = Integer.parseInt(args[0]);
            int num2 = Integer.parseInt(args[1]);
            divide(num1, num2);
        } catch (ArithmeticException e) {
            System.out.println("두 번째 숫자는 0이 아닌 수를 입력하세요.");
        }
    }
```

```java
    private static void divide(int num1, int num2) throws ArithmeticException {
        System.out.println(num1 / num2);
    }
}
```

divide( ) 메소드에서 발생된 ArithmeticException을 divide( ) 메소드를 호출한 main( ) 메소드에서 처리하고 있다. 이제 다시 한번 프로그램을 실행하면 다음과 같은 예외 처리 결과가 출력될 것이다.

두 번째 숫자는 0이 아닌 수를 입력하세요.

앞에서 언급했듯이 throws를 이용하면 다음과 같이 여러 메소드에서 발생하는 예외를 특정 메소드로 집중시킬 수 있다.

ExceptionTest3.java

```java
public class ExceptionTest3 {

    public static void main(String[] args) {
        try {
            int num1 = parseInt(args[0]);
            int num2 = parseInt(args[1]);
            divide(num1, num2);
        } catch (NumberFormatException e) {
            System.out.println("반드시 숫자 형식의 값을 입력하세요.");
        } catch (ArithmeticException e) {
            System.out.println("두 번째 숫자는 0이 아닌 수를 입력하세요.");
        }
    }

    private static int parseInt(String number) throws NumberFormatException {
        return Integer.parseInt(number);
    }

    private static void divide(int num1, int num2) throws ArithmeticException {
        System.out.println(num1 / num2);
    }
}
```

ExceptionTest3는 divide( ) 메소드에서 발생하는 ArithmeticException과 parseInt( ) 메소드에서 발생하는 NumberFormatException을 모두 main( ) 메소드에서 일괄 처리하고 있다.

참고로 throws는 콤마(,)를 이용하여 여러 개의 예외를 한 번에 던질 수 있다.

```
                                                              ExceptionTest3.java
public class ExceptionTest3 {

    public static void main(String[] args) {
        try {
            divide(args[0], args[1]);
        } catch (NumberFormatException e) {
            System.out.println("반드시 숫자 형식의 값을 입력하세요.");
        } catch (ArithmeticException e) {
            System.out.println("두 번째 숫자는 0이 아닌 수를 입력하세요.");
        }
    }

    private static void divide(String num1, String num2) throws
    NumberFormatException, ArithmeticException {
        int firstNum = Integer.parseInt(num1);
        int secondNum = Integer.parseInt(num2);
        System.out.println(firstNum / secondNum);
    }
}
```

그리고 예상하지 못한 예외를 포함하여 모든 예외를 한 번에 처리하려면 다음과 같이 Exception을 throws하면 된다.

```
                                                              ExceptionTest3.java
public class ExceptionTest3 {

    public static void main(String[] args) {
        try {
```

```
            divide(args[0], args[1]);
        } catch (NumberFormatException e) {
            System.out.println("반드시 숫자 형식의 값을 입력하세요.");
        } catch (ArithmeticException e) {
            System.out.println("두 번째 숫자는 0이 아닌 수를 입력하세요.");
        } catch (Exception e) {
            System.out.println("예상하지 못한 문제가 발생했습니다.");
        }
    }

    private static void divide(String num1, String num2) throws Exception {
        int firstNum = Integer.parseInt(num1);
        int secondNum = Integer.parseInt(num2);
        System.out.println(firstNum / secondNum);
    }
}
```

8.1.7 throw 예약어

throws와 비슷한 throw라는 예약어도 있다. 얼핏 보면 throws는 여러 개의 예외를 던질 때 사용하고, throw는 하나의 예외를 던질 때 사용하는 것으로 생각할 수 있다. 하지만 이 둘은 의미와 사용법까지 완전히 다른 예약어다. throws가 예외 처리 부담을 다른 메소드로 전가할 때 사용하는 예약어라면, throw는 프로그램에서 고의로 예외를 발생시킬 때 사용한다.

간단한 예제를 통해 throw 예약어가 왜 필요하고, 어떻게 사용하는지 확인해보자.

ExceptionTest4.java

```
public class ExceptionTest4 {

    public static void main(String[] args) {
        int javaScore = Integer.parseInt(args[0]);

        System.out.println("입력한 자바 점수 : " + javaScore);
    }
}
```

작성된 프로그램을 실행할 때 명령행 매개변수로 -83을 입력하고 실행해보자. 그러면 다음과 같은 실행 결과가 출력된다.

실행 결과
```
입력한 자바 점수 : -83
```

그런데 우리가 사용하는 시스템에서는 논리적으로 시험 점수가 음수인 상황을 허락하지 않는다. 따라서 이런 경우 강제적으로 예외를 발생시켜 더 이상 프로그램이 진행되지 않도록 할 수 있는데, 이때 사용하는 예약어가 바로 throw다.

방금 작성한 ExceptionTest4.java를 다음과 같이 수정하고 실행 결과를 확인한다.

ExceptionTest4.java
```java
public class ExceptionTest4 {

    public static void main(String[] args) {
        int javaScore = Integer.parseInt(args[0]);

        if(javaScore < 0) {
            throw new IllegalArgumentException();
        }

        System.out.println("입력한 자바 점수 : " + javaScore);
    }
}
```

명령행 매개변수로 입력한 점수가 음수이기 때문에 다음과 같은 예외가 발생된다.

```
Exception in thread "main" java.lang.IllegalArgumentException
    at ExceptionTest4.main(ExceptionTest4.java:7)
```

이제 적절한 예외 처리 로직을 추가하여 사용자가 뭘 어떻게 해야 하는지 알려주면 된다.

```
                                                        ExceptionTest4.java
public class ExceptionTest4 {

    public static void main(String[] args) {
        try {
            int javaScore = Integer.parseInt(args[0]);

            if(javaScore < 0) {
                throw new IllegalArgumentException();
            }

            System.out.println("입력한 자바 점수 : " + javaScore);
        } catch (IllegalArgumentException e) {
            System.out.println("시험 점수는 음수를 입력할 수 없습니다.");
        }
    }
}
```

8.1.8 예외 메소드

지금까지는 예외를 처리할 때, 예외 클래스의 기본 생성자만 사용해왔다. 그런데 자바가 제공하는 예외 클래스들은 다음과 같이 조상으로부터 많은 멤버 변수와 메소드를 상속하고 있다.

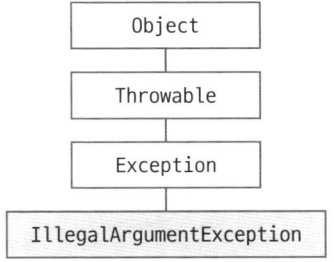

예외 클래스에 상속되는 메소드는 무엇이며, 각 메소드의 기능은 무엇인지 확인해보자.

```
                                                              ExceptionTest5.java
public class ExceptionTest5 {

    public static void main(String[] args) {
        try {
            int javaScore = Integer.parseInt(args[0]);

            if(javaScore < 0) {
                throw new IllegalArgumentException("음수 입력 불가!");
            }

            System.out.println("입력한 자바 점수 : " + javaScore);
        } catch (IllegalArgumentException e) {
            System.out.println("예외 메시지 : " + e.getMessage());
            System.out.println("------------< 예외 발생 위치 >------------");
            e.printStackTrace();
            System.out.println("----------------------------------------");
        }
    }
}
```

예외 클래스들이 공통으로 가지고 있는 메소드 중에서 getMessage( )는 예외 객체가 생성될 때 설정된 메시지를 리턴한다. 그리고 가장 중요한 메소드인 printStackTrace( )는 예외의 원인을 추적할 수 있도록 예외가 발생된 소스의 위치를 알려준다.

다음은 프로그램을 실행할 때 점수를 음수로 입력했을 때의 실행 결과다.

실행 결과
```
예외 메시지 : 음수 입력 불가!
------------< 예외 발생 위치 >------------
java.lang.IllegalArgumentException: 음수 입력 불가!
    at ExceptionTest5.main(ExceptionTest5.java:8)
----------------------------------------
```

물론 getMessage( )와 printStackTrace( ) 외에 다른 메소드들도 있다. 하지만 당분간 이 정도의 메소드만 기억해도 예외 처리 로직을 작성하는 데 어려움이 없을 것이다.

8.1.9 사용자 정의 예외

지금까지 우리는 자바에서 미리 만들어 놓은 예외 클래스를 이용하여 예외를 처리했다. 그런데 자바가 아무리 잘 만들어진 언어라고 해도 모든 예외 상황을 예측해서 클래스로 만들지는 못한다. 따라서 개발자가 직접 예외 클래스를 정의하여 사용할 수 있는데, 이를 사용자 정의 예외 클래스라고 한다.

사용자 정의 예외 클래스를 작성할 때 가장 먼저 결정해야 하는 것이 예외 클래스의 부모다. 앞에서 예외 클래스의 계층 구조를 설명할 때, 모든 예외 클래스는 Exception을 직접 상속하는 예외와 RuntimeException을 상속하는 예외로 나뉜다고 했다.

Exception을 직접 상속하는 예외는 예외 처리 로직을 추가하지 않으면 컴파일을 통과하지 못한다. 하지만 RuntimeException을 상속하는 예외는 프로그램을 실행할 때 발생하기 때문에 컴파일은 통과한다.

따라서 사용자 정의 예외 클래스가 Exception 클래스를 직접 상속할지, RuntimeException을 상속할지를 결정해야 한다. 일반적으로 사용자 정의 예외는 RuntimeException을 상속하여 컴파일을 통과하는 예외로 만든다.

지금까지는 사용자가 음수에 해당하는 점수를 입력하는 경우, IllegalArgumentException 클래스를 이용하여 예외를 처리했다. 그런데 IllegalArgumentException은 부적절한 인자가 전달되는 모든 경우에 사용하는 예외이고 너무 추상적이다. 따라서 현재 작성 중인 프로그램에 맞는 예외를 만들어서 사용하는 것이 적합하다.

실습을 위해 MinusScoreException이라는 클래스를 작성한다.

MinusScoreException.java
```java
public class MinusScoreException extends RuntimeException {

    public MinusScoreException(String message) {
        super(message);
    }
}
```

MinusScoreException 클래스는 생성자를 통해 예외 메시지를 받아들인다. 그리고 부모 클래스인 RuntimeException의 생성자를 호출할 때, 매개변수로 받은 예외 메시지를 이용하여 초기화 작업을 수행한다.

참고로 MinusScoreException의 생성자에서 호출하는 RuntimeException의 생성자는 다음과 같다.

```java
/** Constructs a new runtime exception with the specified detail message.
 * The cause is not initialized, and may subsequently be initialized by a
 * call to {@link #initCause}.
 *
 * @param   message   the detail message. The detail message is saved for
 *          later retrieval by the {@link #getMessage()} method.
 */
public RuntimeException(String message) {
    super(message);
}
```

그리고 MinusScoreException 클래스에 노란색 경고 메시지가 표시되는데, 이는 객체의 역직렬화와 관련된 내용이라 현재 상태에서는 무시해도 된다. 만약 경고가 거슬리면 클래스로 마우스 커서를 이동해서 [Add default serial version ID] 링크를 클릭하면 경고는 사라진다.

```
1 public class MinusScoreException extends RuntimeException {
2
3     public Mi...
4         super
5     }
6 }
7
8
```

이제 이렇게 작성한 MinusScoreException을 이용하여 예외를 처리해보자. 앞에서 작성한 ExceptionTest5.java를 다음과 같이 수정한다.

ExceptionTest5.java

```java
public class ExceptionTest5 {

    public static void main(String[] args) {
        try {
```

```
                int javaScore = Integer.parseInt(args[0]);
                
                if(javaScore < 0) {
                    throw new MinusScoreException("음수 입력 불가!");
                }
                
                System.out.println("입력한 자바 점수 : " + javaScore);
            } catch (MinusScoreException e) {
                System.out.println("예외 메시지 : " + e.getMessage());
                System.out.println("------------< 예외 발생 위치 >------------");
                e.printStackTrace();
                System.out.println("----------------------------------------");
            }
        }
    }
}
```

위 소스는 기존의 ExceptionTest5.java와 거의 유사하다. 프로그램을 실행할 때 명령행 매개변수로 −83을 입력하고 실행 결과를 확인한다.

실행 결과

```
예외 메시지 : 음수 입력 불가!
------------< 예외 발생 위치 >------------
MinusScoreException: 음수 입력 불가!
     at ExceptionTest5.main(ExceptionTest5.java:8)
----------------------------------------
```

8.1.10 예외 처리 자동 완성

프로그램을 작성하다 보면 자바에서 제공하는 클래스를 이용하여 기능을 구현할 일이 많아진다. 배열의 데이터를 정렬할 때 사용했던 java.util 패키지의 Arrays 클래스가 대표적이다.

그런데 문제는 이런 클래스의 메소드를 사용할 때 해당 메소드에서 예외를 throws하는 경우가 있다는 것이다. 이때 반드시 예외를 처리해야 하는데, 이클립스가 제공하는 자동 완성 기능을 이용하면 좀 더 편하게 예외를 처리할 수 있다.

실습을 위해 간단한 입출력 프로그램을 작성하자.

ExceptionTest6.java
```java
import java.io.FileInputStream;

public class ExceptionTest6 {

    public static void main(String[] args) {
        // 특정 파일과 연결된 입력스트림을 생성한다.
        FileInputStream fileIn = new FileInputStream("./data.txt");
    }
}
```

프로그램에서는 data.txt 파일에 저장된 데이터를 읽어 들이기 위해 단지 FileInputStream 클래스의 객체를 생성하고 있다. 그런데 작성된 소스는 컴파일이 되지 않는다. 에러가 있는 위치에 마우스를 갖다 대면 이클립스가 FileNotFoundException이 발생된다는 것을 알려 준다.

```
 1 import java.io.FileInputStream;
 2
 3 public class ExceptionTest6 {
 4
 5       public static void main(String[] args) {
 6           // 특정 파일과 연결된 입력스트림을 생성한다.
 7           FileInputStream fileIn = new FileInputStream("./data.txt");
 8       }
 9 }
10
11
```
Unhandled exception type FileNotFoundException
2 quick fixes available:
  Add throws declaration
  Surround with try/catch

FileInputStream 클래스의 생성자는 다음과 같이 FileNotFoundException을 throws하고 있다.

```java
public FileInputStream(String name) throws FileNotFoundException {
    this(name != null ? new File(name) : null);
}
```

FileInputStream의 생성자를 호출하는 프로그램에서는 두 가지 중 하나를 선택할 수 있는데, 첫 번째는 [Add throws declaration]을 클릭하여 메소드 오른쪽에 throws FileNotFoundException 코드를 생성하는 것이다. 이렇게 하면 main( ) 메소드를 호출한 JVM에서 main( ) 메소드가 throws한 FileNotFoundException을 받아서 처리할 것이다.

ExceptionTest6.java
```java
import java.io.FileInputStream;
import java.io.FileNotFoundException;

public class ExceptionTest6 {

    public static void main(String[] args) throws FileNotFoundException {
        // 특정 파일과 연결된 입력스트림을 생성한다.
        FileInputStream fileIn = new FileInputStream("./data.txt");
    }
}
```

두 번째 방법은 [Surround with try/catch] 링크를 클릭하여 다음과 같이 try~catch 구문을 추가하는 것이다.

ExceptionTest6.java
```java
import java.io.FileInputStream;
import java.io.FileNotFoundException;

public class ExceptionTest6 {

    public static void main(String[] args) {
        // 특정 파일과 연결된 입력스트림을 생성한다.
        try {
            FileInputStream fileIn = new FileInputStream("./data.txt");
        } catch (FileNotFoundException e) {
            // TODO Auto-generated catch block
            e.printStackTrace();
        }
    }
}
```

둘 중에 어떤 방법을 사용하든 상관없지만, 테스트 목적이 아닌 이상은 정상적으로 try~catch 구문을 사용하여 예외를 처리하는 것이 바람직하다.

📄 마무리하며

이번 장에서는 예외(exception)의 개념과 예외 처리 방법에 대해서 살펴봤다. 프로그램에서 예외가 발생하는 경우, 프로그램이 정상적으로 종료되도록 적절한 예외 처리 로직을 작성해야 한다.

예외 처리의 기본은 try~catch 블록이다. 동시에 여러 예외가 발생하는 경우에는 다중 catch문을 사용할 수도 있으며, try~catch 외에 throws를 사용할 수도 있다. 그리고 사용자 정의 예외를 통해 자바가 제공하지 않은 예외를 직접 처리할 수도 있다. 예외가 관리되지 않은 프로그램은 신뢰도에 심각한 문제가 생긴다. 따라서 이번 장에서 학습한 예외 처리 기법들을 상황에 맞게 적절히 사용할 수 있기 바란다.

다음 장에서는 자바가 제공하는 다양한 API 중에서 가장 기본이면서 중요한 java.lang 패키지에 대해서 살펴볼 것이다.

09장

java.lang 패키지

9.1 java.lang 패키지

우리가 어떤 언어를 배운다는 것은 그 언어가 제공하는 문법과 어휘를 배운다는 것을 의미한다. 지금까지 우리가 학습한 것은 문법에 해당한다. 이제 좀 더 고급스러운 표현을 구사하기 위해서 다양한 어휘를 배워야 한다.

프로그래밍 언어에서 어휘에 해당하는 것이 바로 API(Application Programming Interface)다. 누가 얼마나 세련된 API를 사용할 수 있느냐에 따라 초급 개발자와 고급 개발자로 나뉜다. 이번 학습에서는 자바의 기본 API 중에서 가장 중요한 java.lang 패키지에 대해 살펴보고자 한다.

9.1.1 API의 개념과 자바 API 종류

복잡한 프로그램을 개발하다 보면 적재적소에 필요한 기능을 제공하는 클래스가 필요하다. 이런 클래스들은 우리가 직접 만들어서 사용할 수도 있지만 누군가가 미리 만들어 놓은 것이 있다면 그 클래스들을 재사용하는 것이 가장 효율적일 것이다.

예를 들어 배열에 저장된 숫자를 오름차순으로 정렬할 때 버블 정렬 알고리즘을 이용하여 직접 구현할 수도 있다. 하지만 java.util.Arrays 클래스의 sort() 메소드의 존재를 알고 있는 사람이라면 해당 기능을 간단하게 구현할 수 있을 것이다. 이렇게 프로그램 개발을 지원하기 위해 누군가 미리 만들어 놓은 클래스의 집합을 API라고 한다.

API는 우리가 직접 만들어서 사용하기도 하지만 대부분은 자바에서 제공하는 API를 사용하거나 다른 개발자들이 제공하는 API를 사용한다. 다음은 Chapter09라는 새로운 자바 프로젝트를 생성했을 때, 자바가 제공하는 API의 위치를 물리적으로 보여주는 그림이다. 그림에서 보이는 API는 일부일 뿐 실제는 훨씬 더 많은 API가 제공된다.

```
∨ 📂 Chapter09
  ∨ 📚 JRE System Library [JavaSE-17]
    ∨ 🗂 java.base - C:\DEV\eclipse-jee-2021-12-R-win32-x86_64
      > 🎁 com.sun.crypto.provider
      > 🎁 com.sun.security.ntlm
      > 🎁 java.io
      > 🎁 java.lang
      > 🎁 java.lang.annotation
      > 🎁 java.lang.constant
      > 🎁 java.lang.invoke
```

다음은 자바에서 제공하는 API 중에서 기본적으로 알고 있어야 하는 필수 API만 간추린 것이다.

자바 API	용도
java.lang	자바 프로그램에서 기본적으로 사용할 수밖에 없는 클래스(Object, String, System)를 제공하는 패키지
java.util	유틸리티 클래스(Date, Arrays)를 제공하는 패키지
java.io	입/출력 작업을 위한 클래스(File, FileReader, FileWriter)를 제공하는 패키지
java.sql	데이터베이스 연동을 위한 클래스를 제공하는 패키지

9.1.2 java.lang 패키지 개요

java.lang 패키지는 모든 자바 프로그램에서 기본적으로 사용하는 필수 클래스들을 모아 놓은 패키지다. 자바 프로그램을 배우면서 처음 작성했던 HelloWorld.java 프로그램을 보자.

```
                                                              HelloWorld.java
public class HelloWorld {

    public static void main(String[] args) {
        System.out.println("Hello World^^");
    }
}
```

HelloWorld.java 프로그램에서는 String과 System 클래스를 사용하고 있는데, 자바를 이용해서 작성하는 어떤 프로그램도 이 두 클래스는 기본적으로 사용해야 한다.

java.lang 패키지가 다른 패키지와 다른 특징 중 하나는 java.lang 패키지의 클래스들은 import 선언 없이 사용할 수 있다는 것이다. 원래 패키지가 다른 클래스를 사용하기 위해서는 import 선언이 필요하다. 그런데 java.lang 패키지의 클래스들은 예외적으로 import를 선언하지 않고도 그냥 사용할 수 있다. 즉, 다음과 같이 import를 설정하고 실행해도 결과는 동일하다.

```
                                                              HelloWorld.java
import java.lang.String;
import java.lang.System;

public class HelloWorld {

    public static void main(String[] args) {
        System.out.println("Hello World^^");
    }
}
```

java.lang 패키지에서는 최상위 클래스인 Object를 시작으로 다양한 클래스들을 제공한다. 다음은 java.lang 패키지에 포함된 주요 클래스들의 계층 구조다.

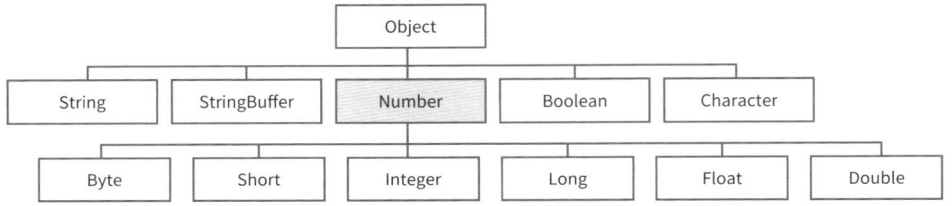

이 중에서 Number 클래스를 부모로 지정하고 있는 Byte, Short, Integer, Long, Float, Double은 Wrapper 클래스라고 해서 자바의 기본 타입의 데이터를 객체로 사용할 때 필요한 클래스다. Number 클래스를 상속하지는 않지만 Boolean과 Character도 Wrapper 클래스다. 사실 Wrapper 클래스를 제외하면 java.lang 패키지의 주요 클래스는 몇 개 되지 않는다.

9.2 Object 클래스

java.lang 패키지에서 Object 클래스는 다른 어떤 클래스보다도 중요하다. Object 클래스가 가장 중요한 이유는 Object가 모든 자바 클래스의 최상위 부모 클래스로 사용되기 때문이다.

9.2.1 최상위 부모 클래스

default 패키지에 Student 클래스를 작성한다.

Student.java
```java
public class Student {
    private String name;
    private int score;

    public Student(String name, int score) {
        super();
        this.name = name;
        this.score = score;
    }
```

```
    public String getName() {
        return name;
    }

    public int getScore() {
        return score;
    }
}
```

작성한 Student.java 파일을 컴파일하는 순간 컴파일 결과인 Student.class 파일에는 다음과 같은 코드가 자동으로 추가된다.

Student.java (실제 Student.java 소스에 추가되는 것은 아니며, Student.class 파일에 추가되는 코드이다)

```
public class Student extends java.lang.Object {
    private String name;
    private int score;

    ~ 생략 ~
```

이렇게 우리의 의도와 상관없이 우리가 작성한 모든 자바 클래스의 최상위 부모는 무조건 Object인 것이다. 그렇다면 우리가 만들지 않고 자바에서 제공해주는 클래스는 어떨까? 자바가 제공하는 클래스 역시 눈에 직접 보이진 않지만 Object 클래스를 상속하고 있다.

예를 들어 String 클래스의 경우, 다음과 같이 Object 클래스를 상속한다.

```
public final class String extends java.lang.Object
    implements java.io.Serializable, Comparable<String>, CharSequence {
```

그렇다면 자바는 왜 모든 클래스가 기본적으로 Object 클래스를 상속하도록 했을까? 크게 보면 두 가지 이유 때문이다. 첫 번째는 자바 클래스라면 반드시 가져야 할 공통의 메소드를 Object 클래스로부터 상속받도록 하려는 것이다.

확인을 위해 ObjectTest1.java 파일을 작성한다.

```
                                                              ObjectTest1.java
public class ObjectTest1 {

    public static void main(String[] args) {
        Student kim = new Student("김둘리", 83);
        System.out.println(kim.getClass());

        String score = "박또치의 점수 : 99";
        System.out.println(score.getClass());
    }
}
```

Student와 String 클래스에는 getClass( ) 메소드가 없다. 하지만 생성된 두 객체에서 getClass( ) 메소드를 호출할 수 있는 이유는 Student와 String 모두 Object로부터 getClass( ) 메소드를 상속받았기 때문이다.

실행 결과는 다음과 같다.

<> 실행 결과

```
class Student
class java.lang.String
```

두 번째는 모든 자바 객체를 하나의 타입으로 묶어서 다형성을 적용하기 위해서다. 필자는 이것이 더 중요한 이유라고 생각한다. 예를 들어 Student 타입의 배열 객체를 생성하면 당연히 Student 타입의 객체만 저장할 수 있지만, 배열 객체를 Object 타입으로 생성하면 모든 타입의 객체를 저장할 수 있게 된다.

ObjectTest2.java 파일을 작성하고 실행 결과를 확인한다.

```
                                                              ObjectTest2.java
public class ObjectTest2 {

    public static void main(String[] args) {
        // Student 타입의 객체만 저장
```

```
            Student[] studentList = new Student[2];
            studentList[0] = new Student("김둘리", 83);
            studentList[1] = new Student("박또치", 68);

            // 모든 타입의 객체 저장(묵시적 타입 변환)
            Object[] objectList = new Object[2];
            objectList[0] = new Student("김둘리", 83);
            objectList[1] = new String("박또치의 점수 : 68");
    }
}
```

첫 번째 배열에는 Student 타입의 객체만 저장할 수 있다. 그러나 두 번째 배열은 Object 타입으로 선언했기 때문에 Object의 자식이라면 어떤 객체든 저장할 수 있는 것이다.

9.2.2 hashCode() 메소드

Object 클래스에는 자바의 모든 객체들이 반드시 가져야 하는 hashCode(), equals(), 그리고 toString() 메소드가 있다. 이 세 개의 메소드가 모두 중요하기 때문에 hashCode() 메소드부터 하나씩 살펴보자.

Object 클래스가 제공하는 hashCode() 메소드는 생성된 객체의 메모리 주소 정보를 리턴한다.

ObjectTest3.java
```
public class ObjectTest3 {

    public static void main(String[] args) {
        Student student1 = new Student("김둘리", 83);
        System.out.println("student1 객체의 해시코드값 : " + student1.hashCode());

        Student student2 = new Student("김둘리", 83);
        System.out.println("student2 객체의 해시코드값 : " + student2.hashCode());
    }
}
```

참고로 실행 결과는 동적으로 생성된 해시코드 정보이므로 실행하는 환경에 따라 다를 수 있다.

실행 결과
```
student1 객체의 해시코드값 : 971848845
student2 객체의 해시코드값 : 1910163204    → 실행 결과는 다를 수 있다.
```

실행 결과를 보면 메모리에 생성된 두 Student 객체의 해시코드값이 다르게 출력된 것을 알 수 있는데, 이는 실제 두 객체가 생성된 메모리 위치가 다르기 때문이다. 따라서 현재 상태에서 생성된 두 객체의 메모리 주소를 비교하면 두 객체는 다른 메모리에 각각 존재하는 다른 객체로 처리된다.

그런데 메모리에 생성된 객체의 주소는 다르지만 객체가 가진 멤버 변수에 할당된 값이 동일한 경우, 이 두 객체를 같은 객체로 처리할 일이 가끔 생긴다. 이 경우 객체의 주소를 비교하는 것이 아니라 객체의 멤버 변수를 기준으로 해시값을 생성해서 비교해야 한다.

객체의 내용을 비교하기 위해서는 Object 클래스로부터 hashCode() 메소드가 상속되지 않도록 오버라이딩해야 하는데, 앞에서 작성한 Student 클래스를 다음과 같이 수정한다.

Student.java
```java
import java.util.Objects;

public class Student extends java.lang.Object {
    private String name;
    private int score;

    public Student(String name, int score) {
        super();
        this.name = name;
        this.score = score;
    }

    public int hashCode() {
        return Objects.hash(name, score);
    }
}
```

```java
    public String getName() {
        return name;
    }

    public int getScore() {
        return score;
    }
}
```

Objects라는 클래스는 java.util 패키지에서 제공하고 있으며, Objects 클래스의 hash() 메소드는 매개변수로 받은 값들을 이용해서 해시코드를 생성하여 리턴한다.

중요한 것은 hash() 메소드가 매개변수로 전달된 값이 동일한 경우, 동일한 해시코드를 리턴한다는 것이다. 따라서 현재 상태에서 앞에서 작성했던 ObjectTest3.java 프로그램을 다시 실행하면 이전과 다른 결과가 출력된다.

```
student1 객체의 해시코드값 : 1374758912
student1 객체의 해시코드값 : 1374758912         → 실행 결과는 다를 수 있다.
```

실행 결과는 동적으로 생성된 해시코드 정보이므로 실행하는 환경에 따라 다를 수 있다.

9.2.3 equals() 메소드

equals() 메소드는 객체의 내용, 즉 객체가 가진 멤버 변수의 값을 비교할 때 사용한다.

equals() 기능

기본 타입에서 '==' 연산자는 두 변수의 값이 동일한지 비교하지만, 참조 타입에서 '=='은 두 변수가 참조하는 객체의 메모리 주소를 비교한다. 객체의 주소가 아닌 내용을 비교하기 위해서는 Object의 equals() 메소드를 사용해야 한다.

그러나 Object로부터 상속된 equals() 메소드는 객체의 주소를 비교하는 '==' 연산자와 동일하게 동작한다. 따라서 equals() 메소드가 객체의 내용을 비교할 수 있도록 하기 위해서 equals() 메소드를 오버라이딩해야 한다.

다음 예제를 작성하고 실행 결과를 확인한다.

ObjectTest4.java
```java
public class ObjectTest4 {

    public static void main(String[] args) {
        int score1 = 83;
        int score2 = 83;
        System.out.println("[ 값 비교 ]");
        if(score1 == score2) {
            System.out.println("score1과 score2의 값은 같다.");
        }

        Student kim1 = new Student("김둘리", 83);
        Student kim2 = new Student("김둘리", 83);

        System.out.println("[ 참조 변수의 주소 비교 ]");
        if(kim1 == kim2) {
            System.out.println("kim1과 kim2 객체의 주소는 같다.");
        } else {
            System.out.println("kim1과 kim2 객체의 주소는 다르다.");
        }

        System.out.println("[ 객체의 내용 비교 ]");
        if(kim1.equals(kim2)) {
            System.out.println("kim1과 kim2가 참조하는 객체의 내용은 같다.");
        } else {
            System.out.println("kim1과 kim2가 참조하는 객체의 내용은 다르다.");
        }
    }
}
```

실행 결과

[값 비교]
score1과 score2의 값은 같다.
[참조 변수의 주소 비교]
kim1과 kim2 객체의 주소는 다르다.
[객체의 내용 비교]
kim1과 kim2가 참조하는 객체의 내용은 다르다.

실행 결과를 통해 '==' 연산자와 Object로부터 상속한 equals() 메소드가 모두 객체의 주소를 비교하고 있다는 것을 확인할 수 있다.

이제 equals() 메소드가 객체의 내용을 비교할 수 있도록 Student 클래스에 equals() 메소드를 오버라이딩한다.

Student.java
```java
import java.util.Objects;

public class Student extends java.lang.Object {
    private String name;
    private int score;

    public Student(String name, int score) {
        super();
        this.name = name;
        this.score = score;
    }

    public int hashCode() {
        return Objects.hash(name, score);
    }

    public boolean equals(Object obj) {
        Student other = (Student) obj;
        return name.equals(other.name) && score == other.score;
    }

    public String getName() {
        return name;
    }

    public int getScore() {
        return score;
    }
}
```

수정된 파일을 저장하고 ObjectTest4.java 프로그램을 다시 실행한다.

> **실행 결과**
> [값 비교]
> score1과 score2의 값은 같다.
> [참조 변수의 주소 비교]
> kim1과 kim2 객체의 주소는 다르다.
> [객체의 내용 비교]
> kim1과 kim2 객체의 내용은 같다.

이제부터 Student는 equals( ) 메소드를 통해 객체의 주소가 아닌 내용을 비교할 수 있게 되었다.

hashCode(), equals() 메소드 자동 생성

hashCode( )와 equals( ) 메소드를 오버라이딩할 때 이클립스의 소스 생성 기능을 이용할 수 있다. 먼저 Student 클래스에 작성했던 hashCode( )와 equals( ) 메소드를 모두 삭제한다. 그리고 이클립스의 단축키 〈Alt〉 + 〈Shift〉 + 〈S〉를 누르고, [Generate hashCode( ) and equals( )...] 메뉴를 선택한다.

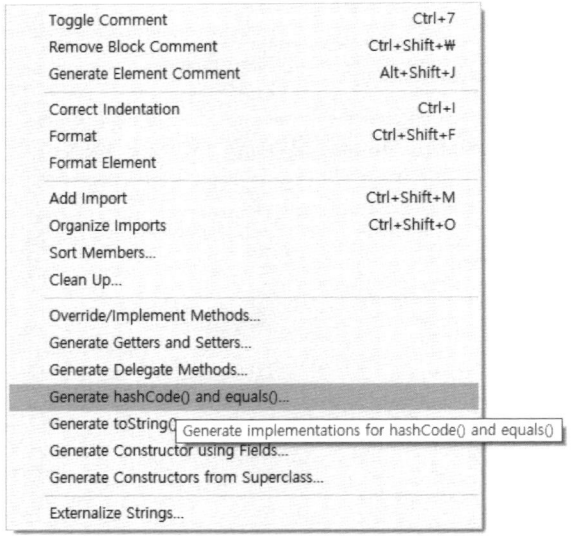

일반적으로 hashCode( ) 메소드와 equals( ) 메소드는 같이 사용되기 때문에 이클립스의 소스 생성 기능에서는 이 두 개의 메소드를 동시에 생성하는 것이다.

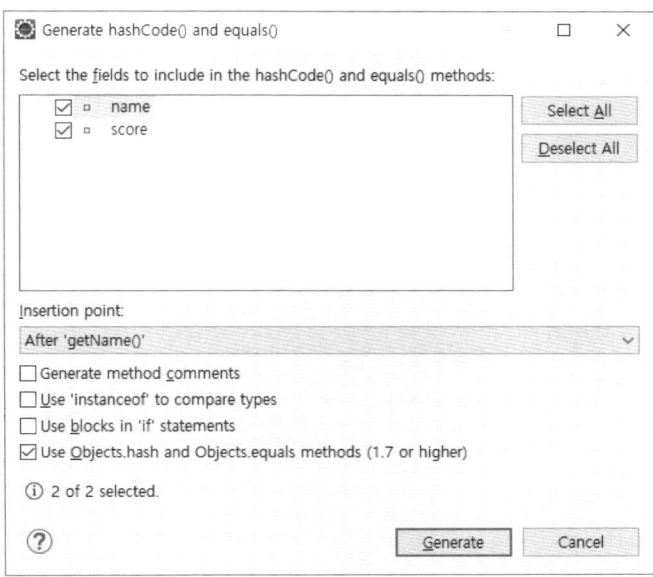

기본적으로 모든 멤버 변수가 선택된 상태에서 추가적인 설정 없이 〈Generate〉 버튼을 클릭하면 다음과 같이 hashCode( )와 equals( ) 메소드가 생성된다.

Student.java
```java
import java.util.Objects;

public class Student extends java.lang.Object {
    private String name;
    private int score;

    public Student(String name, int score) {
        super();
        this.name = name;
        this.score = score;
    }
```

```java
    @Override
    public int hashCode() {
        return Objects.hash(name, score);
    }

    @Override
    public boolean equals(Object obj) {
        if (this == obj)
            return true;
        if (obj == null)
            return false;
        if (getClass() != obj.getClass())
            return false;
        Student other = (Student) obj;
        return Objects.equals(name, other.name) && score == other.score;
    }

    public String getName() {
        return name;
    }

    public int getScore() {
        return score;
    }
}
```

9.2.4 toString() 메소드

toString()은 객체가 소유한 멤버 변수에 할당된 값을 하나의 문자열로 구성하여 리턴하는 메소드다. 따라서 모든 객체의 toString() 메소드를 호출하면 객체에 설정된 값들을 확인할 수 있다.

그런데 Object의 toString() 메소드는 클래스의 이름과 객체의 메모리 주소를 결합한 문자열을 리턴하도록 구현되어 있다. 이를 확인하기 위해 다음 소스를 작성하고 실행 결과를 확인한다.

```
                                                          ObjectTest5.java
public class ObjectTest5 {

    public static void main(String[] args) {
        Student kim = new Student("김둘리", 83);

        System.out.println(kim.toString());
    }
}
```

실행 결과

Student@51f12800   → 실행 결과는 다를 수 있다.

따라서 실제 객체가 가지고 있는 멤버 변수의 값을 기반으로 객체의 정보를 리턴하도록 toString() 메소드를 오버라이딩해야 한다. Student 클래스를 다음과 같이 수정한다.

```
                                                          Student.java
import java.util.Objects;

public class Student extends java.lang.Object {
    private String name;
    private int score;

    public Student(String name, int score) {
        super();
        this.name = name;
        this.score = score;
    }

    @Override
    public int hashCode() {
        return Objects.hash(name, score);
    }

    @Override
    public boolean equals(Object obj) {
        if (this == obj)
```

```
            return true;
        if (obj == null)
            return false;
        if (getClass() != obj.getClass())
            return false;
        Student other = (Student) obj;
        return Objects.equals(name, other.name) && score == other.score;
    }

    public String getName() {
        return name;
    }

    public int getScore() {
        return score;
    }

    public String toString() {
        return "학생의 이름(name)은 " + name + ", 점수(score)는 " + score + "점";
    }
}
```

이제 ObjectTest5.java 프로그램을 다시 실행하고 실행 결과를 확인한다.

<> 실행 결과

학생의 이름(name)은 김둘리, 점수(score)는 83점

toString() 메소드를 사용하는 데 있어서 특이한 점은 표준 출력문인 System.out.println() 메소드에서 참조 변수 이름만 사용하면 내부적으로 toString() 메소드가 자동으로 호출된다는 것이다. 따라서 다음 두 코드는 실행 결과가 동일하다.

toString()을 명시적으로 호출	Student kim = new Student("김둘리", 83); System.*out*.println(kim.toString());
toString()을 묵시적으로 호출	Student kim = new Student("김둘리", 83); System.*out*.println(kim);

toString() 메소드 역시 이클립스의 코드 생성 기능을 이용할 수 있다.

이클립스가 자동으로 제공해주는 toString() 메소드의 모습은 다음과 같다.

```java
public String toString() {
    return "Student [name=" + name + ", score=" + score + "]";
}
```

9.3 String 클래스

자바 프로그램에서 가장 많이 사용하는 클래스를 말하라고 한다면 당연히 String 클래스를 뽑을 것이다. String은 문자열을 표현하는 클래스이며, 문자열을 조작하고 처리하기 위한 다양한 메소드를 제공한다.

9.3.1 String 객체 생성

String은 분명히 클래스인데, 특이한 점은 일반 클래스와 달리 객체를 생성하는 방법이 두 가지라는 것이다. 첫 번째 방법은 일반 클래스와 마찬가지로 객체 생성 연산자인 new를 사용하는 것이고, 두 번째는 큰따옴표로 문자열을 감싸서 리터럴 형태로 생성하는 것이다.

중요한 것은 이렇게 두 가지 방법으로 생성했을 때 메모리의 상태는 완전히 달라진다는 것이다. String 객체의 메모리 상태를 확인하기 위해 다음 프로그램을 작성하고 실행 결과를 확인한다.

StringTest1.java
```java
public class StringTest1 {

    public static void main(String[] args) {
        String name1 = new String("김둘리");
        String name2 = new String("김둘리");
        String name3 = "김둘리";
        String name4 = "김둘리";

        if(name1 == name2) {
            System.out.println("name1과 name2의 주소는 같다.");
        } else {
            System.out.println("name1과 name2의 주소는 다르다.");
        }

        if(name2 == name3) {
            System.out.println("name2와 name3의 주소는 같다.");
        } else {
            System.out.println("name2와 name3의 주소는 다르다.");
        }

        if(name3 == name4) {
            System.out.println("name3와 name4의 주소는 같다.");
        } else {
            System.out.println("name3와 name4의 주소는 다르다.");
        }
    }
}
```

실행 결과

name1과 name2의 주소는 다르다.
name2와 name3의 주소는 다르다.
name3와 name4의 주소는 같다.

객체 생성 연산자(new)를 사용하여 String 객체를 생성하면 새로운 메모리 공간에 String 객체가 각각 생성된다. 따라서 name1과 name2 참조 변수가 참조하는 문자열 객체의 메모리 구조는 다음과 같다.

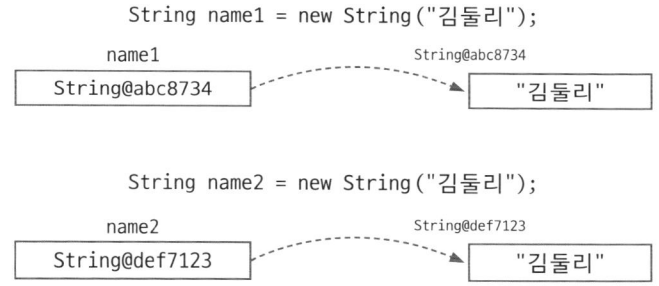

여기까지는 일반 객체와 동일하지만 리터럴 형태로 String 객체를 생성하면 전혀 다른 형태로 동작한다. 이는 자바가 리터럴 형태의 문자열 객체를 위한 리터럴 영역이라는 별도의 메모리를 사용하기 때문이다.

따라서 리터럴 형태의 새로운 문자열을 생성하려고 하면 JVM은 우선 리터럴만 모여 있는 메모리 공간에서 동일한 문자열 객체가 있는지 검색한다. 만약 생성하려는 문자열이 전혀 새로운 문자열이라면 정상적으로 해당 객체를 생성하지만, 이미 존재하는 문자열이라면 기존 객체의 주소만 복사하여 재사용한다.

이 과정을 그림으로 살펴보면 다음과 같다.

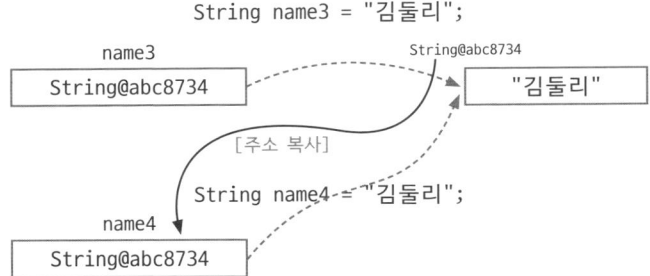

이렇게 함으로써 프로그램에서 가장 많이 사용하는 문자열 객체의 재사용성을 높이고 메모리를 효율적으로 관리하는 것이다.

9.3.2 String과 더하기(+) 연산

프로그램을 개발하다 보면 더하기 연산자(+)를 이용하여 문자열을 연결하는 경우가 자주 발생한다. 그런데 문제는 String 객체가 한번 생성된 이후에는 변하지 않는다는 것이다. 변수에 비유하자면 일종의 상수 같은 개념인 것이다.

변하지 않는 문자열의 개념을 예제를 통해 확인해보자.

```java
                                                          StringTest2.java
public class StringTest2 {

    public static void main(String[] args) {
        String student = "김둘리";
        System.out.println(student.hashCode());
        student = student + "(컴퓨터 공학)";
        System.out.println(student.hashCode());

    }
}
```

위 소스에서는 참조 변수에 저장된 주소를 확인하기 위해 toString( )이 아닌 hashCode( ) 메소드를 사용했다. 이는 String 클래스의 오버라이딩된 toString( )은 더 이상 객체의 메모리 주소를 리턴하지 않기 때문이다.

실행 결과
44347028
432209965 → 실행 결과는 다를 수 있다.

먼저 student 변수는 "김둘리"라는 문자열 객체의 주소를 가지고 있다. 그러다가 "김둘리"에 "(컴퓨터 공학)" 문자열을 결합하면 기존의 "김둘리"라는 문자열이 변경되어 "김둘리(컴퓨터 공학)"이 되는 것이 아니라, "김둘리"라는 문자열 객체가 여전히 메모리에 존재하는 상태에서 "김둘리(컴퓨터 공학)"이라는 새로운 문자열 객체가 메모리에 만들어진다.

다음은 이런 상황을 그림으로 표현한 것이다.

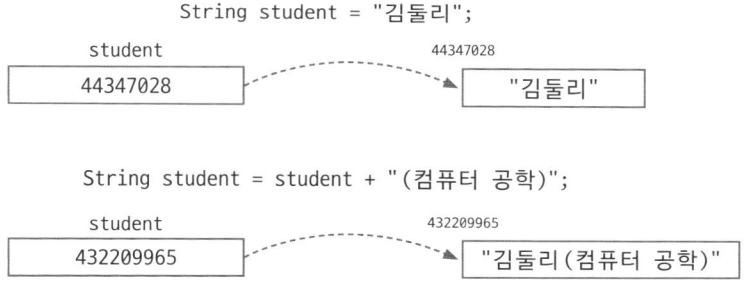

이렇게 + 연산자로 특정 문자열에 다른 문자열을 결합하면 메모리에 계속해서 새로운 문자열 객체가 생성되어 메모리 낭비가 발생한다. 이런 문제를 해결하기 위해 가변 길이 문자열이라고 하는 StringBuffer가 등장한 것이다. StringBuffer에 대해서는 잠시 뒤에 살펴보도록 하자.

9.3.3 String 메소드

프로그램을 개발하다 보면 문자열에서 특정 문자를 추출하거나 검색하는 경우가 많다. 그리고 다른 문자열을 결합하거나 문자열의 특정 부분을 변경하는 경우도 있다. String 클래스는 문자열을 제어하는 다양한 메소드를 제공한다. String 클래스가 제공하는 메소드에 대해서 구체적으로 살펴보기 전에 문자열 객체가 메모리에 생성되는 형태를 확인해야 한다.

예를 들어 메모리에 "Hello World"라는 문자열 객체를 생성한다면, 다음 그림처럼 문자 타입의 배열(char[ ])에 [0]번 인덱스부터 하나씩 각 문자가 들어간다.

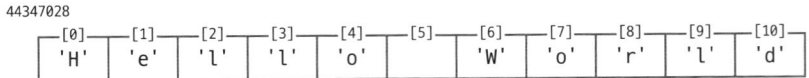

결국 문자열이라는 것은 char 배열인 것이다. 이렇게 문자열이 메모리에 생성되는 모습을 확인해야 String 클래스가 제공하는 메소드의 동작 방식을 이해할 수 있다. 다음은 String 클래스가 제공하는 메소드를 정리한 것이다.

메소드	설명
charAt(int idx) : char	인덱스(idx)에 위치한 문자(char)를 리턴한다.
concat(String str) : String	새로운 문자열(str)을 연결한다.
endsWith(String suffix) : boolean	특정 문자열(suffix)로 끝나는지 여부를 리턴한다.
equalsIgnoreCase(String str) : boolean	대소문자를 무시했을 때, 비교 문자열(str)과 내용이 같은지 여부를 리턴한다.
indexOf(int ch) : int	특정 문자(ch)의 인덱스 위치를 리턴한다.
indexOf(String str) : int	특정 문자열(str)의 인덱스 위치를 리턴한다.
length() : int	문자열의 길이를 리턴한다.
startsWith(Strng prefix) : boolean	특정 문자(prefix)로 시작하는지 여부를 리턴한다.
substring(int beginIdx) : String	특정 인덱스(beginIdx) 이후의 문자열을 리턴한다.
substring(int start, int end) : String	start 인덱스부터 다른 end 인덱스까지의 문자열을 리턴한다.
toLowerCase() : String	문자열을 소문자로 변환하여 리턴한다.
toUpperCase() : String	문자열을 대문자로 변환하여 리턴한다.
trim() : String	문자열 앞뒤의 공백을 제거하여 리턴한다.
split(String regex) : String[]	특정 문자열(regex)을 구분자로 문자열을 분해하여 문자열 배열(String[ ])로 리턴한다.

다음은 String 클래스가 제공하는 메소드의 기능을 테스트하는 예제다. 소스를 작성하고 실행 결과를 확인하자.

StringTest3.java

```java
public class StringTest3 {

    public static void main(String[] args) {
        String student = "Kim Dooly";

        System.out.print("student 문자열의 내용 : ");
        for (int i = 0; i < student.length(); i++) {
            System.out.print(student.charAt(i) + " ");
        }
        System.out.println("");

        System.out.print("student 문자열이 ly로 끝나나? : ");
        System.out.println(student.endsWith("ly"));

        System.out.print("student 문자열이 Kim Dooly와 동일한 문자열인가? : ");
        System.out.println(student.equals("Kim Dooly"));

        System.out.print("student가 대소문자를 무시하면 kim dooly와 동일한가? : ");
        System.out.println(student.equalsIgnoreCase("kim dooly"));

        System.out.print("student 문자열과 (computer science)의 결합 : ");
        String studentMajor = student.concat("(computer science)");
        System.out.println(studentMajor);

        System.out.print("studentMajor 문자열 내용 : ");
        System.out.println(studentMajor.toString());

        System.out.print("studentMajor 문자열 길이 : ");
        System.out.println(studentMajor.length());

        System.out.print("studentMajor 문자열에서 첫 번째 'o'의 위치 : ");
        System.out.println(studentMajor.indexOf('o'));
```

```java
            System.out.print("studentMajor 문자열이 kim으로 시작하나? : ");
            System.out.println(studentMajor.startsWith("kim"));

            System.out.print("studentMajor 문자열에서 9번 인덱스 이후의 문자열 : ");
            System.out.println(studentMajor.substring(9));

            System.out.print("studentMajor 문자열의 10에서 26 인덱스 사이의 문자열 : ");
            System.out.println(studentMajor.substring(10, 26));

            System.out.print("studentMajor 문자열을 모두 소문자로 변환 : ");
            System.out.println(studentMajor.toLowerCase());

            System.out.print("studentMajor 문자열을 모두 대문자로 변환 : ");
            System.out.println(studentMajor.toUpperCase());

            System.out.println("studentMajor 문자열을 공백을 기준으로 분리한 단어 : ");
            String[] words = studentMajor.split(" ");
            for (String word : words) {
                System.out.println("->" + word.toString());
            }
        }
    }
}
```

실행 결과

```
student 문자열의 내용 : K i m   D o o l y
student 문자열이 ly로 끝나나? : true
student 문자열이 Kim Dooly와 동일한 문자열인가? : true
student가 대소문자를 무시하면 kim dooly와 동일한가? : true
student 문자열과 (computer science)의 결합 : Kim Dooly(computer science)
studentMajor 문자열 내용 : Kim Dooly(computer science)
studentMajor 문자열 길이 : 27
studentMajor 문자열에서 첫 번째 'o'의 위치 : 5
studentMajor 문자열이 kim으로 시작하나? : false
studentMajor 문자열에서 9번 인덱스 이후의 문자열 : (computer science)
studentMajor 문자열의 10에서 26 인덱스 사이의 문자열 : computer science
studentMajor 문자열을 모두 소문자로 변환 : kim dooly(computer science)
studentMajor 문자열을 모두 대문자로 변환 : KIM DOOLY(COMPUTER SCIENCE)
```

studentMajor 문자열을 공백을 기준으로 분리한 단어 :
->Kim
->Dooly(computer
->science)

String 클래스의 메소드를 이용하여 처리할 수 있는 또 다른 프로그램을 작성해보자. 다음은 학생 정보가 할당된 문자열에서 학번(STUDENT_NO), 이름(NAME), 점수(SCORE), 전공(MAJOR) 정보를 추출하는 프로그램이다.

StringTest4.java
```java
public class StringTest4 {

    public static void main(String[] args) {
        String studentInfo =
        "STUDENT_NO=STD-000001&NAME=김둘리&SCORE=83&MAJOR=컴퓨터 공학";
        String[] parameters = studentInfo.split("&");
        for (String parameter : parameters) {
            String[] param = parameter.split("=");
            if(param[0].equals("STUDENT_NO")) {
                System.out.println("학번(STUDENT_NO) : " + param[1]);
            } else if(param[0].equals("NAME")) {
                System.out.println("이름(NAME) : " + param[1]);
            } else if(param[0].equals("SCORE")) {
                System.out.println("점수(SCORE) : " + param[1]);
            } else if(param[0].equals("MAJOR")) {
                System.out.println("전공(MAJOR) : " + param[1]);
            }
        }
    }
}
```

실행 결과

학번(STUDENT_NO) : STD-000001
이름(NAME) : 김둘리
점수(SCORE) : 83
전공(MAJOR) : 컴퓨터 공학

9.4 StringBuffer 클래스

String 클래스가 변하지 않는 문자열을 표현한다면 StringBuffer는 변하는 문자열, 즉 가변 길이 문자열을 처리할 때 사용한다.

9.4.1 고정 길이와 가변 길이

String은 고정 길이 문자열이라고 했다. 즉, 한번 생성된 String 객체는 변경되는 것이 아니라 새로운 문자열 객체가 만들어진다. 다음은 앞에서 작성한 String 테스트 코드를 다시 실행한 것이다.

StringTest2.java (설명을 위한 코드이므로 타이핑하지 않는다)

```java
public class StringTest2 {

    public static void main(String[] args) {
        String student = "김둘리";
        System.out.println(student.hashCode());
        student = student + "(컴퓨터 공학)";
        System.out.println(student.hashCode());
    }
}
```

실행 결과

```
44347028
432209965
```

위 소스가 실행되면 메모리에 "김둘리", "(컴퓨터 공학)", "김둘리(컴퓨터 공학)"이라는 세 개의 문자열 객체가 리터럴 메모리 영역에 생긴다.

String과 달리 StringBuffer는 가변 길이 문자열을 제공한다. 즉, 한번 생성된 StringBuffer 객체는 객체 자체가 변경되어 메모리에 하나의 객체만 유지된다. 앞에서 작성했던 프로그램에서 클래스만 StringBuffer로 변경하여 테스트한다.

```
                                                         StringBufferTest1.java
public class StringBufferTest1 {

    public static void main(String[] args) {
        StringBuffer student = new StringBuffer("김둘리");
        System.out.println(student.hashCode());
        student = student.append("(컴퓨터 공학)");
        System.out.println(student.hashCode());
    }
}
```

<> 실행 결과

971848845
971848845 ➡ 실행 결과는 다를 수 있다.

실행 결과를 통해 알 수 있듯, StringBuffer는 새로운 문자열을 결합할 때 기존의 StringBuffer가 변경되면서 결합하므로 메모리에 하나의 StringBuffer만 유지된다.

9.4.2 StringBuffer 메소드

StringBuffer 클래스도 String과 마찬가지로 문자열을 처리하기 위한 다양한 메소드를 제공한다. 다음은 StringBuffer 클래스가 제공하는 메소드 중에서 주요 메소드만 정리한 것이다.

메소드	설명
length() : int	문자열의 길이를 리턴한다.
charAt(int index) : char	특정 인덱스에 위치한 문자를 리턴한다.
toStirng() : String	StringBuffer에 저장된 문자열을 리턴한다.
delete(int start, int end) : StringBuffer	start부터 end까지의 문자를 제거한다.
indexOf(String str) : int	문자열(str)의 인덱스 위치를 리턴한다.
insert(int offset, String str) : StringBuffer	offset 인덱스 위치에 문자열(str)을 삽입한다.
substring(int start) : String	start 위치에서부터 문자열을 잘라서 리턴한다.

위에서 열거한 메소드를 테스트하는 예제를 작성하고 실행 결과를 확인해보자.

StringBufferTest2.java
```java
public class StringBufferTest2 {

    public static void main(String[] args) {
        StringBuffer student = new StringBuffer("Kim Dooly");
        System.out.print("student 정보 : ");
        for (int i = 0; i < student.length(); i++) {
            System.out.print(student.charAt(i) + " ");
        }
        System.out.println("");

        student.append("(computer science)");
        System.out.println("(computer science) 추가 : " + student.toString());

        student.delete(4, 9);
        System.out.println("4 ~ 8까지의 문자 삭제 : " + student.toString());
        System.out.println("괄호의 시작 위치 : " + student.indexOf("("));

        student.insert(4, "Ddochi");
        System.out.println("4번 인덱스에 Ddochi 삽입 : " + student.toString());
        System.out.println("10번 인덱스부터 문자열 추출 : " +
                student.substring(10));
    }
}
```

실행 결과

```
student 정보 : K i m   D o o l y
(computer science) 추가 : Kim Dooly(computer science)
4 ~ 8까지의 문자 삭제 : Kim (computer science)
괄호의 시작 위치 : 4
4번 인덱스에 Ddochi 삽입 : Kim Ddochi(computer science)
10번 인덱스부터 문자열 추출 : (computer science)
```

9.5 Wrapper 클래스

프로그램을 개발하다 보면 기본 타입의 데이터를 객체로 저장하거나 처리해야 하는 경우가 종종 발생한다. 이때 Wrapper 클래스를 이용하면 기본 타입을 객체로 처리할 수 있다.

9.5.1 Wrapper 클래스의 종류

wrap은 뭔가를 '포장하다', '감싸다'는 의미를 가지고 있다. 따라서 Wrapper는 기본 타입의 데이터를 객체로 감싼다는 의미로 해석할 수 있다. 즉, 기본 타입을 감싸서 클래스 형태로 포장해주는 것이 Wrapper 클래스인 것이다.

Wrapper 클래스는 Number 클래스를 상속한 클래스와 그렇지 않은 클래스로 나뉜다. 숫자(정수, 실수) 타입의 클래스는 Number 클래스를 상속하며, 나머지 문자 타입과 논리 타입은 Number 클래스를 상속하지 않는다.

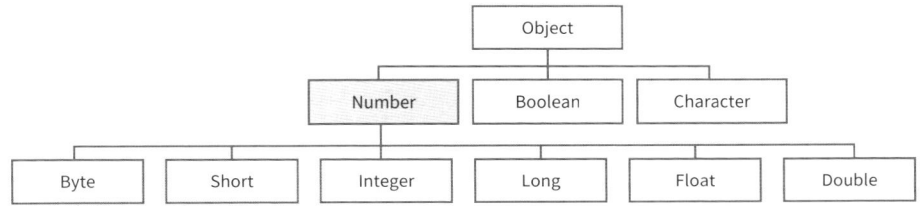

다음 표는 기본 타입과 매핑되는 Wrapper 클래스를 정리한 것이다.

기본 타입	Wrapper 클래스
boolean	Boolean
char	Character
byte	Byte
short	Short
int	Integer
long	Long
float	Float
double	Double

char와 int만 각각 Character, Integer로 다르고 나머지는 기본 타입과 동일한 이름의 클래스 이름을 사용한다.

다음 예제를 작성하고 실행 결과를 확인한다.

WrapperTest1.java
```java
public class WrapperTest1 {

    public static void main(String[] args) {
        Object[] objectList = new Object[3];
        objectList[0] = new Student("김둘리", 83);
        objectList[1] = new String("박또치");
        objectList[2] = new Integer(100);

        System.out.println(objectList[0].toString());
        System.out.println(objectList[1].toString());
        System.out.println(objectList[2].toString());
    }
}
```

<> 실행 결과

학생의 이름(name)은 김둘리, 점수(score)는 83점
박또치
100

그런데 Integer 객체를 생성하는 코드에 이상한 표시가 있다. 이는 Integer 클래스의 생성자가 앞으로는 지원되지 않을 수도 있다는 의미다. 이를 Deprecated라고 표현하는데, Deprecated 메소드는 가급적 사용을 자제하는 것이 좋다. 따라서 Wrapper 객체를 생성할 때는 생성자가 아닌, 모든 Wrapper 클래스가 공통으로 가지고 있는 valueOf( )라는 static 메소드를 이용해야 한다.

다음은 8개의 Wrapper 클래스를 이용하여 객체를 생성하는 예제다.

```java
                                                                    WrapperTest2.java
public class WrapperTest2 {

    public static void main(String[] args) {
        Object[] objectList = new Object[8];
        objectList[0] = Boolean.valueOf(false);
        objectList[1] = Character.valueOf('A');
        objectList[2] = Byte.valueOf((byte) 12);
        objectList[3] = Short.valueOf((short) 68);
        objectList[4] = Integer.valueOf(83);
        objectList[5] = Long.valueOf(12000000000L);
        objectList[6] = Float.valueOf(73.5F);
        objectList[7] = Double.valueOf(73.5);

        for (Object wrapper : objectList) {
            System.out.println(wrapper.toString());
        }
    }
}
```

실행 결과

```
false
A
12
68
83
12000000000
73.5
73.5
```

9.5.2 오토 박싱/언박싱

우리는 어떤 물건을 포장할 때 '박싱(boxing)한다'라고 표현한다. 박싱은 기본 타입의 데이터를 Wrapper 객체로 변환하는 것을 의미하며, 반대로 언박싱(unboxing)은 Wrapper 객체를 기본 타입으로 변환하는 것을 의미한다.

오토 박싱/언박싱은 자바 컴파일러가 박싱 작업과 언박싱 작업을 자동으로 처리해주는 것을 말한다. 오토 박싱/언박싱을 확인하기 위해 다음 예제를 작성하고 실행 결과를 확인한다.

WrapperTest3.java

```java
public class WrapperTest3 {

    public static void main(String[] args) {

        int score1 = 83;

        // 정상적인 박싱
        Integer wrapperInt1 = Integer.valueOf(score1);

        // 정상적인 언박싱
        int basicInt1 = wrapperInt1.intValue();
        System.out.println("점수1 : " + basicInt1);


        int score2 = 100;

        // 오토 박싱
        Integer wrapperInt2 = score2;

        // 오토 언박싱
        int basicInt2 = wrapperInt2;
        System.out.println("점수2 : " + basicInt2);
    }
}
```

실행 결과

```
점수1 : 83
점수2 : 100
```

9.5.3 문자열 기본 타입 변환

Wrapper 클래스가 제공하는 기능 중에서 문자열 데이터를 기본 타입으로 변환하는 기능이 있다. 다음은 사용자가 명령행 매개변수를 통해 전달한 문자열 데이터를 기본 타입의 데이터로 변환하는 예제다.

다음 프로그램을 작성하고 실행 결과를 확인한다.

```java
                                                                WrapperTest4.java
public class WrapperTest4 {

    public static void main(String[] args) {

        int intData = Integer.parseInt(args[0]);
        System.out.println("정숫값 : " + intData);

        double doubleData = Double.parseDouble(args[1]);
        System.out.println("실숫값 : " + doubleData);

        boolean booleanData = Boolean.parseBoolean(args[2]);
        System.out.println("논릿값 : " + booleanData);
    }
}
```

프로그램을 실행할 때 다음과 같이 명령행 매개변수를 설정한다.

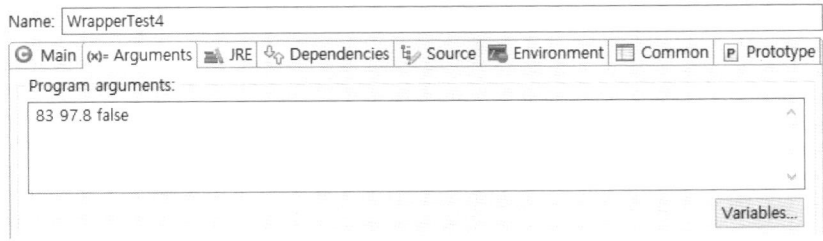

실행 결과

```
정숫값 : 83
실숫값 : 97.8
논릿값 : false
```

마무리하며

이번 장에서는 자바의 기본 API 중에서 가장 중요한 java.lang 패키지의 클래스들에 대해 알아봤다. 특히 Object 클래스는 모든 클래스의 최상위 클래스로서 다형성에서 매우 중요한 역할을 담당한다. 그리고 프로그램에서 가장 많이 사용하는 String 클래스의 특징과 String이 제공하는 메소드에 대해서도 살펴봤다. 또한, 기본 타입의 데이터를 객체로 사용하기 위해 제공되는 Wrapper 클래스들을 살펴봤다. 중요한 것은 이런 API는 외우는 것이 아니라 반복적인 실습을 통해서 응용 능력을 키워야 한다는 것이다.

다음 장에서는 java.util 패키지에 대해서 살펴볼 것이다. java.lang이 자바의 기본 클래스들을 모아 놓은 패키지라면 java.util은 프로그램을 개발하다가 '이런 기능이 있었으면 좋을 텐데…'라는 생각이 들 때 사용하면 좋은 유틸리티 클래스들을 모아 놓은 API다.

10장

java.util 패키지

10.1 java.util 패키지

java.lang이 자바의 기본 클래스들을 모아 놓은 패키지라면 java.util은 프로그램을 개발하다가 '이런 기능이 있었으면 좋을 텐데…'라고 생각할 때 사용할 유틸리티 클래스들을 모아 놓은 패키지다.

이전에 배열에 저장된 숫자를 정렬할 때 사용했던 java.util.Arrays 클래스를 기억할 것이다. 만약 Arrays 클래스의 존재를 몰랐다면 당연히 복잡한 정렬 알고리즘을 이용하여 직접 정렬 관련 코드를 작성해야 했을 것이다. 하지만 Arrays 클래스의 존재를 알고 있고, Arrays가 제공하는 메소드를 사용할 수 있다면 이런 수고는 하지 않아도 된다.

10.1.1 Random 클래스

Random 클래스는 클래스 이름에서 유추할 수 있듯 랜덤한 숫자를 생성할 때 사용한다. 예를 들어 1부터 45까지의 정수 중에서 랜덤한 6개의 숫자를 뽑는 로또 같은 프로그램을 개발할 때 요긴하게 사용할 수 있는 클래스인 것이다.

간단한 예제를 통해 Random 클래스의 사용 방법을 살펴보자. 학생들은 다섯 가지 시험 유형 중 하나를 선택할 수 있다고 할 때, Random 클래스를 이용하여 시험 유형이 랜덤하게 선택되도록 프로그램을 작성하자.

```java
import java.util.Random;

public class RandomTest1 {

    public static void main(String[] args) {
        Random random = new Random();

        System.out.println("[ 학생들의 시험 유형 ]");
        for (int i = 1; i <= 10; i++) {
            System.out.print(i + "번 학생의 시험 유형 : ");

            int examType = random.nextInt(5) + 1;
            switch (examType) {
                case 1 :
                    System.out.println("A");
                    break;
                case 2 :
                    System.out.println("B");
                    break;
                case 3 :
                    System.out.println("C");
                    break;
                case 4 :
                    System.out.println("D");
                    break;
                case 5 :
                    System.out.println("E");
            }
        }
    }
}
```

Random 클래스의 nextInt( ) 메소드는 랜덤한 정수를 발생시킬 때 사용한다. 만약 nextInt(5)라고 메소드를 호출하면 0에서 4 사이의 랜덤한 정수가 생성된다. 따라서 1부터 5까지의 랜덤한 정수를 생성하려면 nextInt(5) 결과에 더하기 1을 해야 한다.

프로그램의 실행 결과는 다음과 같다.

실행 결과

[학생들의 시험 유형]
1번 학생의 시험 유형 : A
2번 학생의 시험 유형 : E
3번 학생의 시험 유형 : D
4번 학생의 시험 유형 : B
5번 학생의 시험 유형 : E
6번 학생의 시험 유형 : B
7번 학생의 시험 유형 : A
8번 학생의 시험 유형 : B
9번 학생의 시험 유형 : B
10번 학생의 시험 유형 : B   ➡ 실행 결과는 다를 수 있다.

위 소스를 switch문을 사용하지 않고 다음과 같이 작성할 수도 있다.

RandomTest2.java
```java
import java.util.Random;

public class RandomTest2 {

    public static void main(String[] args) {
        Random random = new Random();

        System.out.println("[ 학생들의 시험 유형 ]");
        for (int i = 1; i <= 10; i++) {
            int examType = random.nextInt(5) + 65;
            System.out.println(i + "번 학생의 시험 유형 : " +
                (char) examType);
        }
    }
}
```

동일한 결과를 출력하지만 이전보다 간결하고 보기에도 쉬운 프로그램이 되었다. 프로그램을 처음 배우는 단계에서는 소스 코드를 최대한 효율적으로 작성하려고 노력하는 것이 중요하다.

10.1.2 Arrays 클래스

Arrays 클래스는 배열과 관련된 유틸리티로, 이미 배열을 다룰 때 사용한 경험이 있다. Arrays 클래스의 가장 일반적인 용도는 배열에 저장된 데이터를 정렬하는 것이지만, 특정 배열의 내용을 복사하여 새로운 배열 객체를 만들 때 사용하기도 한다.

배열의 가장 큰 한계는 배열 객체가 생성되는 순간 배열의 크기가 고정된다는 것이다. 따라서 배열의 크기를 넘어서는 작업을 수행하면 ArrayIndexOutOfBoundsException이 발생한다.

배열의 용량을 초과하는 작업을 할 때 이런 예외를 발생시키지 않으려면 기존 배열보다 용량이 큰 새로운 배열을 만들고 값들을 복사해야 한다. 다음 프로그램을 작성하고 실행 결과를 확인하자.

ArraysTest1.java
```java
import java.util.Arrays;

public class ArraysTest1 {

    public static void main(String[] args) {
        int[] scoreList = {83, 74, 65, 99, 92};
        Arrays.sort(scoreList);

        System.out.println("[ 점수 목록 ]");
        for (int score : scoreList) {
            System.out.print("[" + score + "] ");
        }

        System.out.println("\n");
        int[] copyList = copyOf(scoreList, 10);
        System.out.println("[ 복사된 점수 목록 ]");
        for (int score : copyList) {
            System.out.print("[" + score + "] ");
        }
    }

    private static int[] copyOf(int[] scoreList, int length) {
        // length 길이 만큼의 배열을 생성한다.
```

```
            int[] copyList = new int[length];

            // scoreList에 있는 값들을 copyList에 복사한다.
            for (int i = 0; i < scoreList.length; i++) {
                copyList[i] = scoreList[i];
            }
            return copyList;
    }
}
```

Arrays.sort( ) 메소드로 정렬한 배열 객체를 copyOf( ) 메소드를 통해 10개의 저장 공간을 가진 새로운 배열 객체에 복사하고 있다.

실행 결과

```
[ 점수 목록 ]
[65] [74] [83] [92] [99]

[ 복사된 점수 목록 ]
[65] [74] [83] [92] [99] [0] [0] [0] [0] [0]
```

중요한 것은 이렇게 배열 객체의 내용을 복사하는 기능을 이미 Arrays 클래스가 제공하고 있다는 것이다. 따라서 위에서 작성한 코드를 다음과 같이 수정하고 다시 실행하면 동일한 결과를 확인할 수 있다.

ArraysTest1.java

```
import java.util.Arrays;

public class ArraysTest1 {

    public static void main(String[] args) {
        int[] scoreList = {83, 74, 65, 99, 92};
        Arrays.sort(scoreList);

        System.out.println("[ 점수 목록 ]");
        for (int score : scoreList) {
```

```java
            System.out.print("[" + score + "] ");
        }
        
        System.out.println("\n");
        int[] copyList = Arrays.copyOf(scoreList, 10);
        System.out.println("[ 복사된 점수 목록 ]");
        for (int score : copyList) {
            System.out.print("[" + score + "] ");
        }
    }
}
```

실행 결과는 이전과 동일하므로 생략한다. 어떤 기능이 필요할 때, 해당 기능의 메소드를 무조건 구현하지 말고 누군가가 구현한 메소드가 있는지를 확인해보는 것이 좋다.

10.1.3 StringTokenizer 클래스

어떤 문자열을 특정 기호를 기준으로 분리했을 때, 분리된 각각의 문자열을 토큰(token)이라고 한다. 우리는 문자열을 자르거나 추출할 때 String 클래스의 메소드를 사용했다. StringTokenizer를 이용하면 특정 문자열에서 원하는 데이터를 좀 더 쉽게 추출할 수 있다.

StringTokenizerTest1.java
```java
import java.util.StringTokenizer;

public class StringTokenizerTest1 {

    public static void main(String[] args) {
        String stdInfo = "NO=STD-000001&NAME=김둘리&SCORE=83&MAJOR=컴퓨터 공학";
        
        // &를 구분자로 하여 문자열을 분리시킨다.
        StringTokenizer tokens = new StringTokenizer(stdInfo, "&");
        while(tokens.hasMoreTokens()) {
            String token = tokens.nextToken();
            
            String[] elements = token.split("=");
```

```
            System.out.println(elements[0] + " 정보 : " + elements[1]);
        }
    }
}
```

실행 결과

```
NO 정보 : STD-000001
NAME 정보 : 김둘리
SCORE 정보 : 83
MAJOR 정보 : 컴퓨터 공학
```

StringTokenizer 객체를 생성할 때 생성자로 두 개의 인자가 전달된다. 첫 번째 인자는 분리할 문자열이고, 두 번째 인자는 구분자로서 어떤 문자를 기준으로 문자를 분리시킬 것인지 지정한다. StringTokenizer 객체가 생성되면 StringTokenizer 객체에는 다음 그림처럼 구분자를 기준으로 분리된 문자열들이 생긴다.

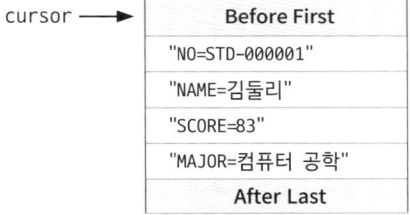

StringTokenizer 객체에는 데이터가 없는 영역(before first, after last)이 존재한다. 처음 생성된 StringTokenizer 객체의 커서(cursor)는 데이터가 없는 before first 영역에 위치해 있다가 hasMoreTokens() 메소드가 호출되는 순간 한 칸 아래로 이동한다.

이때 커서가 위치한 곳에 처리할 토큰이 있으면 true를 리턴하고, 없으면 false를 리턴한다. 이렇게 연속적으로 hasMoreTokens() 메소드가 호출되다가 데이터가 없는 after last 영역으로 커서가 이동하면 반복이 종료된다.

다음은 StringTokenizer와 String을 적절히 이용하여 문자열 형태로 되어있는 학생 정보로 Student 객체를 생성하는 예제다. 먼저 Student 클래스를 작성한다.

Student.java

```java
public class Student {
    private String studentNo;
    private String name;
    private int score;
    private String major;

    public Student(String studentNo, String name, int score, String major) {
        super();
        this.studentNo = studentNo;
        this.name = name;
        this.score = score;
        this.major = major;
    }

    public String getStudentNo() {
        return studentNo;
    }
    public String getName() {
        return name;
    }
    public int getScore() {
        return score;
    }
    public String getMajor() {
        return major;
    }

    @Override
    public String toString() {
        return "Student [studentNo=" + studentNo + ", name=" + name + ", score="
                + score + ", major=" + major + "]";
    }
}
```

Student 클래스는 네 개의 멤버 변수(studentNo, name, score, major)를 private으로 선언했다. 그리고 모든 멤버 변수를 초기화하는 생성자와 Getter 메소드, 마지막으로 toString() 메소드를 가지고 있다.

이제 문자열에서 추출한 정보를 이용하여 Student 객체를 생성하는 프로그램을 작성한다.

StringTokenizerTest2.java

```java
import java.util.StringTokenizer;

public class StringTokenizerTest2 {

    public static void main(String[] args) {
        String stdInfo = "NO=STD-000001&NAME=김둘리&SCORE=83&MAJOR=컴퓨터 공학";

        Student student = convertStudent(stdInfo);
        System.out.println(student.getName() + "의 점수 : " +
            student.getScore());
    }

    private static Student convertStudent(String studentInfo) {
        String studentNo = null;
        String name = null;
        int score = 0;
        String major = null;

        // &를 구분자로 하여 문자열을 분리시킨다.
        StringTokenizer tokens = new StringTokenizer(studentInfo, "&");

        while(tokens.hasMoreTokens()) {
            String token = tokens.nextToken();
            String[] elements = token.split("=");

            if(elements[0].equals("NO")) {
                studentNo = elements[1];
            } else if(elements[0].equals("NAME")) {
                name = elements[1];
```

```
            } else if(elements[0].equals("SCORE")) {
                score = Integer.parseInt(elements[1]);
            } else if(elements[0].equals("MAJOR")) {
                major = elements[1];
            }
        }
        return new Student(studentNo, name, score, major);
    }
}
```

실행 결과
김둘리의 점수 : 83

10.1.4 Date와 Calendar 클래스

프로그램에서 날짜 데이터를 이용해야 하는 경우가 있다. 이때 간단한 날짜와 시간 정보가 필요하다면 Date 클래스를 사용한다. 그런데 정교한 날짜와 시간 정보를 사용하는 경우는 달력에 해당하는 Calendar 클래스를 이용한다.

DateTest1.java
```
import java.util.Calendar;
import java.util.Date;

public class DateTest1 {
    public static void main(String[] args) {

        System.out.println("[ 현재 날짜와 시간-1 ]");
        Date date = new Date();
        System.out.println(date.toString());
        System.out.println("");

        System.out.println("[ 현재 날짜와 시간-2 ]");
        Calendar currentDate = Calendar.getInstance();
        System.out.println(currentDate.toString());
    }
}
```

실행 결과

[현재 날짜와 시간-1]
Fri Oct 08 17:38:53 KST 2021

[현재 날짜와 시간-2]
java.util.GregorianCalendar[time=1633682333978,areFieldsSet=true,
areAllFieldsSet=true,lenient=true,zone=sun.util.calendar.ZoneInfo[id="Asia/Seoul",
offset=32400000,dstSavings=0,useDaylight=false,transitions=30,lastRule=null],
firstDayOfWeek=1,minimalDaysInFirstWeek=1,ERA=1,YEAR=2021,MONTH=9,WEEK_OF_YEAR=41,
WEEK_OF_MONTH=2,DAY_OF_MONTH=8,DAY_OF_YEAR=281,DAY_OF_WEEK=6,DAY_OF_WEEK_IN_MONTH=2,
AM_PM=1,HOUR=5,HOUR_OF_DAY=17,MINUTE=38,SECOND=53,MILLISECOND=978,
ZONE_OFFSET=32400000,DST_OFFSET=0]

→ 실행 결과는 다를 수 있다.

실행 결과만 보더라도 Calendar가 Date보다 훨씬 더 많은 정보를 가지고 있음을 알 수 있다. 특이한 점은 Date 객체는 기본 생성자를 통해 객체를 생성할 수 있지만, Calendar는 추상 클래스라서 일반 클래스처럼 객체를 생성할 수 없다는 것이다. 따라서 Calendar 클래스의 static 메소드인 getInstance( )를 호출하면 Calendar 클래스를 상속한 객체가 생성되어 리턴된다.

다음은 Calendar 객체가 제공하는 메소드와 상수를 이용하여 날짜 정보를 출력하는 코드다.

DateTest2.java

```java
import java.util.Calendar;

public class DateTest2 {
    public static void main(String[] args) {

        System.out.println("[ 현재 날짜와 시간 ]");
        Calendar currentDate = Calendar.getInstance();

        int year = currentDate.get(Calendar.YEAR);
        int month = currentDate.get(Calendar.MONTH) + 1;
        int day = currentDate.get(Calendar.DAY_OF_MONTH);
```

```java
            int week = currentDate.get(Calendar.DAY_OF_WEEK);
            String strWeek = null;
            switch (week) {
                case Calendar.MONDAY : strWeek = "월"; break;
                case Calendar.TUESDAY : strWeek = "화"; break;
                case Calendar.WEDNESDAY : strWeek = "수"; break;
                case Calendar.THURSDAY : strWeek = "목"; break;
                case Calendar.FRIDAY : strWeek = "금"; break;
                case Calendar.SATURDAY : strWeek = "토"; break;
                default : strWeek = "월";
            }

            int amPm = currentDate.get(Calendar.AM_PM);
            String strAmPm = null;
            if(amPm == Calendar.AM) {
                strAmPm = "오전";
            } else {
                strAmPm = "오후";
            }

            int hour = currentDate.get(Calendar.HOUR);
            int minute = currentDate.get(Calendar.MINUTE);
            int second = currentDate.get(Calendar.SECOND);

            System.out.println(year + "년 " + month + "월 " + day + "일 " +
            strWeek + "요일 " + strAmPm + " " + hour + "시 " + minute + "분 " +
            second + "초");
    }
}
```

실행 결과

[현재 날짜와 시간]
2021년 10월 8일 금요일 오후 10시 0분 36초   → 실행 결과는 다를 수 있다.

이렇게 복잡하게 작성하는 코드를 java.text.SimpleDateFormat 클래스를 조합하면 다음과 같이 쉽고 간결하게 처리할 수 있다.

DateTest3.java

```java
import java.text.SimpleDateFormat;
import java.util.Calendar;

public class DateTest3 {
    public static void main(String[] args) {
        System.out.println("[ 현재 날짜와 시간 ]");
        Calendar currentDate = Calendar.getInstance();

        SimpleDateFormat dateFormat =
        new SimpleDateFormat("yyyy년 M월 d일 E요일 HH시 mm분 ss초");
        System.out.println(dateFormat.format(currentDate.getTime()));
    }
}
```

실행 결과

[현재 날짜와 시간]
2022년 2월 15일 수요일 09시 12분 24초   → 실행 결과는 다를 수 있다.

10.2 자바의 컬렉션

프로그램을 작성하다 보면 데이터를 한곳에 모아서 관리해야 하는 일이 자주 발생한다. 이런 데이터는 단순한 숫자일 수도 있고, 때로는 복잡한 객체일 수도 있다. 예를 들어 여러 학생의 시험 점수를 모았다가 평균이나 최대 점수를 출력할 수도 있고, 그룹별 통계 데이터를 수집할 수도 있다.

10.2.1 컬렉션 개요

특정 목적을 위해 데이터가 일정한 공간에 모여 있는 것을 컬렉션(collection)이라고 하며, 배열이 대표적인 컬렉션이다. 그런데 배열은 치명적인 단점이 있는데, 그것은 바로 배열 객체가 생성되는 순간 길이(length)가 고정된다는 것이다.

따라서 배열을 이용하는 프로그램에서 배열의 크기를 초과하는 데이터를 저장해야 하는 경우, 새로운 배열을 생성하여 기존에 사용하던 배열의 데이터를 하나씩 복사해야 한다. 이런 불편함을 해결하기 위해 자바에서는 다양한 기능의 컬렉션을 제공한다.

다음은 컬렉션 클래스들의 계층 구조를 그림으로 표현한 것이다. 물론 그림상에 표시되지 않은 훨씬 다양한 인터페이스와 클래스들이 있지만 자주 사용되는 핵심 컬렉션만 선별했다.

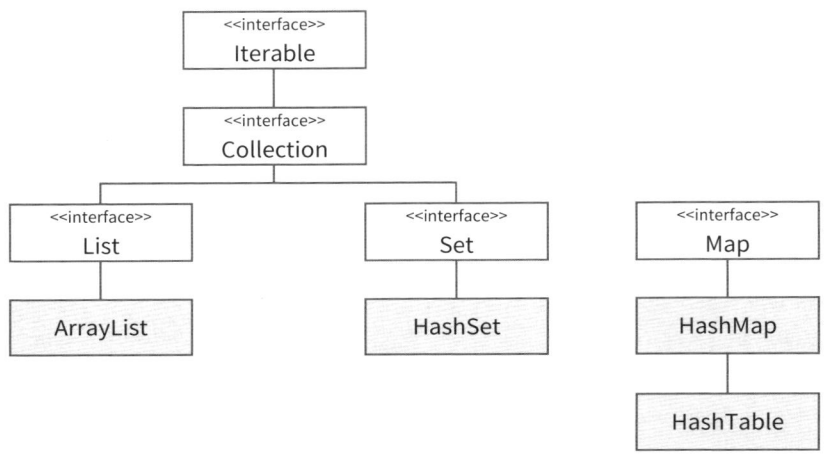

모든 컬렉션의 최상위에는 Iterable 인터페이스가 있다. 그리고 Iterable을 상속한 Collection에는 대부분의 컬렉션이 공통으로 가져야 할 기능이 추상 메소드로 정의되어 있다.

Collection을 상속한 자식 인터페이스로 List와 Set이 있는데, 이 두 컬렉션에서 제공하는 메소드는 거의 동일하며 사용법도 비슷하다. 차이점이 있다면 List는 등록되는 데이터의 순서를 유지하면서 데이터의 중복 저장을 허용한다는 것이다.

반면에 Set은 데이터의 순서가 유지되지 않고 중복 데이터를 허용하지 않는, 즉 데이터의 유일성을 보장한다. 두 컬렉션의 구체적인 사용 방법과 특징은 해당 실습을 진행하면서 확인하도록 한다.

컬렉션 계층 구조에서 다소 특이한 점은 Map 계열의 컬렉션은 Collection을 상속하지 않고 별도의 계층 구조를 구성한다는 것이다.

10.2.2 List 컬렉션

List는 자바 프로그램에서 가장 사용 빈도가 높은 컬렉션으로서, List만 정확하게 사용할 수 있어도 수많은 컬렉션 관련 프로그램을 작성할 수 있다.

ArrayList 특징

List는 인덱스를 이용하여 데이터를 저장하고 관리한다는 점에서 배열과 유사한 특징을 가지고 있다. 이렇게 List가 배열과 유사한 이유는 List가 내부적으로 배열 객체를 이용하기 때문이다. 배열과 비교했을 때, List의 다른 가장 큰 차이점은 길이가 가변적이라는 것이다.

컬렉션 계층 구조에서 확인했듯 List는 인터페이스기 때문에 객체를 생성할 수 없다. 따라서 List 인터페이스를 상속(implements)한 클래스를 사용해야 하는데, 가장 대표적인 List 타입의 컬렉션이 ArrayList다.

지금부터 ArrayList의 개념과 기능을 이해하기 위한 실습을 진행할 것이다. 소스를 작성하다 보면 노란색 경고 메시지가 보일 텐데, 실행과는 무관한 경고 메시지이므로 무시하고 소스를 완성하자.

ListTest1.java

```java
import java.util.ArrayList;
import java.util.Date;
import java.util.List;

public class ListTest1 {

    public static void main(String[] args) {
        List objectList = new ArrayList();
        objectList.add(93);
        objectList.add(Double.valueOf(85.7));
        objectList.add(new Date());

        Integer intData = (Integer) objectList.get(0);
        System.out.println(intData.toString());
```

```
            Double doubleData = (Double) objectList.get(1);
            System.out.println(doubleData.toString());

            Date dateData = (Date) objectList.get(2);
            System.out.println(dateData.toString());
        }
    }
```

실행 결과

```
93
85.7
Thu Oct 07 00:02:28 KST 2021        → 실행 결과는 다를 수 있다.
```

ArrayList 객체에 데이터를 저장할 때는 add( ) 메소드를 사용하고, 데이터를 꺼낼 때는 get( ) 메소드를 사용한다. 뒤에서 한 번 더 정리하겠지만 add( ) 메소드의 매개변수 타입은 Object다. 따라서 ArrayList에 데이터를 저장할 때는 무조건 Object 타입으로 변환되어 저장된다. 이런 특징으로 인해 ArrayList에는 자바의 모든 타입의 데이터를 저장할 수 있다.

get( ) 메소드를 사용하여 ArrayList에 저장된 데이터를 꺼낼 때는 인자로 인덱스 번호를 전달한다. ArrayList에 데이터가 등록될 때 Object 타입으로 변환되어 저장되므로 데이터를 꺼낼 때는 다시 원래의 타입으로 명시적 변환을 해야 한다. 그렇지 않으면 Object 타입의 참조 변수로 받아야 한다.

제네릭

ArrayList는 Object 타입으로 데이터를 받아들이기 때문에 모든 종류의 데이터를 저장할 수 있다. 하지만 실제 프로그램에서 타입이 다른 데이터를 컬렉션에 저장하는 경우는 거의 없다. 그렇기 때문에 일반적으로 컬렉션을 사용할 때는 제네릭(generic)이라는 기능을 이용한다.

제네릭을 적용하려면 컬렉션 클래스 이름 뒤에 타입 매개변수라고 부르는 '〈 〉'를 추가하고 그 사이에 원하는 타입을 지정하면 된다. 이렇게 제네릭은 컬렉션에 특정 타입의 객체만 저장할 수 있도록 타입을 제한하는 것이다. 제네릭이 적용된 컬렉션을 사용하면 데이터를 저장할 때 타입 검사를 수행하기 때문에 다른 타입의 데이터가 저장되는 것을 방지할 수 있다.

방금 작성한 소스를 다음과 같이 수정하여 List와 ArrayList에 제네릭을 적용해보자. 그러면 이클립스가 다음과 같은 에러 메시지를 제공할 것이다.

```
List<Integer> scoreList = new ArrayList<Integer>();
scoreList.add(Integer.valueOf(83));
scoreList.add(Integer.valueOf(69));
scoreList.add(new Date());
```
The method add(Integer) in the type List<Integer> is not applicable for the arguments (Date)
1 quick fix available:
  Change to 'addAll(..)'

제네릭이 적용된 컬렉션에서 데이터를 꺼낼 때는 제네릭으로 지정한 타입으로 자동으로 변환되기 때문에 별도로 명시적 타입 변환을 처리할 필요가 없다.

ListTest1.java 프로그램에 제네릭을 적용하고 실행 결과를 확인한다.

ListTest1.java

```java
import java.util.ArrayList;
import java.util.List;

public class ListTest1 {

    public static void main(String[] args) {
        List<Integer> scoreList = new ArrayList<Integer>();
        scoreList.add(Integer.valueOf(83));
        scoreList.add(Integer.valueOf(69));
        scoreList.add(Integer.valueOf(92));

        for (Integer score : scoreList) {
            System.out.println(score.intValue());
        }
    }
}
```

일단 제네릭을 사용하는 순간 편집창에 표시된 노란색 경고 메시지는 사라진다. 실행 결과는 다음과 같다.

실행 결과
83
69
92

ArrayList 메소드

ArrayList 객체를 생성할 때 기본 생성자를 이용하면 기본적으로 10개의 데이터를 저장할 수 있으며, 추가되는 데이터에 따라 용량이 자동으로 10개씩 증가한다. 물론 처음 ArrayList 객체를 생성할 때 원하는 만큼의 길이를 지정할 수도 있다.

다음은 ArrayList가 제공하는 메소드를 이용하는 예제다.

ListTest2.java
```java
import java.util.ArrayList;
import java.util.List;

public class ListTest2 {

    public static void main(String[] args) {
        List<Integer> scoreList = new ArrayList<Integer>(3);
        System.out.println("객체의 수(1) : " + scoreList.size());

        scoreList.add(Integer.valueOf(83));
        scoreList.add(Integer.valueOf(68));
        scoreList.add(Integer.valueOf(92));
        scoreList.add(Integer.valueOf(100));
        System.out.println("객체의 수(2) : " + scoreList.size());

        System.out.println("[1]번 인덱스에 저장된 객체 : " + scoreList.get(1));

        System.out.println("68 객체 삭제 전 : " +
            scoreList.contains(Integer.valueOf(68)));
        scoreList.remove(1);
        System.out.println("68 객체 삭제 후 : " +
            scoreList.contains(Integer.valueOf(68)));
```

```
            System.out.println("객체 삭제 후, 객체의 수(3) : " + scoreList.size());

            System.out.println("[1]번 인덱스에 저장된 객체 : " + scoreList.get(1));
        }
}
```

실행 결과

```
객체의 수(1) : 0
객체의 수(2) : 4
[1]번 인덱스에 저장된 객체 : 68
68 객체 삭제 전 : true
68 객체 삭제 후 : false
객체 삭제 후, 객체의 수(3) : 3
[1]번 인덱스에 저장된 객체 : 92
```

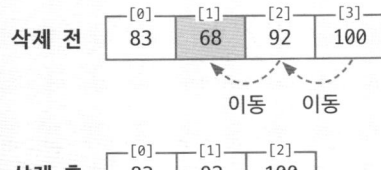

위 소스에서 가장 먼저 확인할 것은 ArrayList 객체를 생성할 때 크기를 3으로 지정했으나 네 번째 객체가 등록돼도 에러가 발생하지 않는다는 것이다. 이는 ArrayList의 용량이 자동으로 증가했기 때문이다.

그리고 ArrayList에 저장된 데이터를 삭제하면 삭제된 인덱스를 채우기 위해 뒤에 있는 데이터들이 동시에 자리바꿈을 한다.

ArrayList가 제공하는 메소드와 기능은 다음과 같다.

메소드	기능 설명
size() : int	등록된 객체의 개수를 리턴한다.
add(Object obj) : boolean	특정 객체를 등록한다. 등록에 성공하면 true, 실패하면 false를 리턴한다.
get(int index) : Object	index 위치에 있는 객체를 리턴한다.
remove(int index) : Object	index 위치에 있는 객체를 삭제하고, 삭제된 객체를 리턴한다.
remove(Object obj) : boolean	특정 객체를 삭제한다. 삭제에 성공하면 true, 실패하면 false를 리턴한다.
contains(Object obj) : boolean	특정 객체가 존재하는지 확인한다. 객체가 있으면 true, 없으면 false를 리턴한다.

ArrayList 응용

지금까지는 ArrayList의 개념과 기능에 대해서 살펴봤다. 이제 실제 프로그램에서 ArrayList를 어떻게 사용하는지 실습을 통해 확인해보자.

다음은 여러 Student 객체를 ArrayList에 저장하고 관리하는 프로그램이다.

ListTest3.java
```java
import java.util.ArrayList;
import java.util.List;

public class ListTest3 {

    public static void main(String[] args) {
        List<Student> studentList = new ArrayList<Student>();
        Student kim = new Student("STD-000001", "김둘리", 83, "컴퓨터 공학");
        studentList.add(kim);
        studentList.add(new Student("STD-000002", "박또치", 100, "컴퓨터 공학"));
        studentList.add(new Student("STD-000003", "도우너", 75, "기계 공학"));
        studentList.add(new Student("STD-000004", "마이콜", 49, "산업 공학"));
        studentList.add(new Student("STD-000004", "마이콜", 49, "산업 공학"));

        System.out.println("[ 학생 목록 ]");
        for (Student student : studentList) {
            System.out.println(student.toString());
        }
    }
}
```

제네릭을 이용했기 때문에 for문 안에서 Student 타입으로의 명시적 변환을 생략할 수 있었다. 실행 결과는 다음과 같다.

<> 실행 결과

```
[ 학생 목록 ]
Student [studentNo=STD-000001, name=김둘리, score=83, major=컴퓨터 공학]
Student [studentNo=STD-000002, name=박또치, score=100, major=컴퓨터 공학]
Student [studentNo=STD-000003, name=도우너, score=75, major=기계 공학]
Student [studentNo=STD-000004, name=마이콜, score=49, major=산업 공학]
Student [studentNo=STD-000004, name=마이콜, score=49, major=산업 공학]
```

방금 작성한 소스를 수정하여 전공이 "컴퓨터 공학"인 학생들의 평균 점수를 출력해본다.

ListTest3.java

```java
import java.util.ArrayList;
import java.util.List;

public class ListTest3 {

    public static void main(String[] args) {
        List<Student> studentList = new ArrayList<Student>();
        Student kim = new Student("STD-000001", "김둘리", 83, "컴퓨터 공학");
        studentList.add(kim);
        studentList.add(new Student("STD-000002", "박또치", 100, "컴퓨터 공학"));
        studentList.add(new Student("STD-000003", "도우너", 75, "기계 공학"));
        studentList.add(new Student("STD-000004", "마이콜", 49, "산업 공학"));
        studentList.add(new Student("STD-000004", "마이콜", 49, "산업 공학"));

        int sum = 0;
        int count = 0;

        for (Student student : studentList) {
            if(student.getMajor().equals("컴퓨터 공학")) {
                sum = sum + student.getScore();
                count++;
            }
        }

        System.out.println("컴퓨터 공학 평균 점수 : " + (double) sum/count);
    }
}
```

실행 결과

컴퓨터 공학 평균 점수 : 91.5

마지막으로 80점 이상 고득점자의 전공과 이름, 점수를 출력해보자.

ListTest3.java

```java
import java.util.ArrayList;
import java.util.List;

public class ListTest3 {

    public static void main(String[] args) {
        List<Student> studentList = new ArrayList<Student>();
        Student kim = new Student("STD-000001", "김둘리", 83, "컴퓨터 공학");
        studentList.add(kim);
        studentList.add(new Student("STD-000002", "박또치", 100, "컴퓨터 공학"));
        studentList.add(new Student("STD-000003", "도우너", 75, "기계 공학"));
        studentList.add(new Student("STD-000004", "마이콜", 49, "산업 공학"));
        studentList.add(new Student("STD-000004", "마이콜", 49, "산업 공학"));

        System.out.println("[ 80점 이상의 고득점자 현황 ]");
        for (Student student : studentList) {
            if(student.getScore() >= 80) {
                System.out.println(student.toString());
            }
        }
    }
}
```

실행 결과

```
[ 80점 이상의 고득점자 현황 ]
Student [studentNo=STD-000001, name=김둘리, score=83, major=컴퓨터 공학]
Student [studentNo=STD-000002, name=박또치, score=100, major=컴퓨터 공학]
```

정리하면 List 컬렉션은 데이터를 등록할 때 데이터의 순서가 유지되고, 데이터의 중복을 허용하기 때문에 단순한 목록형의 데이터를 저장하고 관리하는 용도로 사용하기에 적합하다.

10.2.3 Set 컬렉션

Set 역시 List와 마찬가지로 인터페이스이므로 Set 컬렉션을 사용할 때는 HashSet 같은 구현 클래스를 사용한다. Set이 List와 가장 큰 차이점은 데이터의 순서가 정해져 있지 않다는 것과 데이터의 중복을 허용하지 않는다는 것이다.

다음은 HashSet의 개념을 이해할 수 있는 가장 기본적인 예제다. 소스 코드를 작성하고 실행 결과를 확인한다.

SetTest1.java

```java
import java.util.HashSet;
import java.util.Set;

public class SetTest1 {

    public static void main(String[] args) {
        Set<Student> studentList = new HashSet<Student>();
        Student kim = new Student("STD-000001", "김둘리", 83, "컴퓨터 공학");
        studentList.add(kim);
        studentList.add(new Student("STD-000002", "박또치", 100, "컴퓨터 공학"));
        studentList.add(new Student("STD-000003", "도우너", 75, "기계 공학"));

        System.out.println("[ 학생 목록 ]");
        for (Student student : studentList) {
            System.out.println(student.toString());
        }
    }
}
```

실행 결과

```
[ 학생 목록 ]
Student [studentNo=STD-000002, name=박또치, score=100, major=컴퓨터 공학]
Student [studentNo=STD-000001, name=김둘리, score=83, major=컴퓨터 공학]
Student [studentNo=STD-000003, name=도우너, score=75, major=기계 공학]
```

→ 실행 결과는 다를 수 있다.

작성된 코드를 보면 List와 ArrayList가 Set과 HashSet으로 변경된 것 말고는 동일하다. 하지만 출력 결과를 통해 Set에 저장되는 데이터는 순서가 유지되지는 않는 것을 확인할 수 있다.

지금부터가 중요한데, Set은 List와 달리 데이터 중복을 허용하지 않는다. 즉, 이미 등록되어 있는 Student 객체와 동일한 값을 가진 객체를 등록하면 하나의 Student만 유지한다는 것이다. 이를 확인하기 위해 다음 코드를 작성하고 실행 결과를 확인한다.

SetTest1.java
```java
import java.util.HashSet;
import java.util.Set;

public class SetTest1 {

    public static void main(String[] args) {
        Set<Student> studentList = new HashSet<Student>();
        Student kim = new Student("STD-000001", "김둘리", 83, "컴퓨터 공학");
        studentList.add(kim);
        studentList.add(new Student("STD-000002", "박또치", 100, "컴퓨터 공학"));
        studentList.add(new Student("STD-000003", "도우너", 75, "기계 공학"));
        studentList.add(new Student("STD-000003", "도우너", 75, "기계 공학"));

        System.out.println("[ 학생 목록 ]");
        for (Student student : studentList) {
            System.out.println(student.toString());
        }
    }
}
```

실행 결과
```
[ 학생 목록 ]
Student [studentNo=STD-000002, name=박또치, score=100, major=컴퓨터 공학]
Student [studentNo=STD-000001, name=김둘리, score=83, major=컴퓨터 공학]
Student [studentNo=STD-000003, name=도우너, score=75, major=기계 공학]
Student [studentNo=STD-000003, name=도우너, score=75, major=기계 공학]
```

→ 실행 결과는 다를 수 있다.

그런데 실행 결과를 보면 예상과 달리 Student 객체가 중복 저장되어 있다. 어찌 된 일일까? Set 컬렉션은 새로운 Student 객체가 등록되려고 하면 현재 자신이 가지고 있는 Student 객체들 중에서 같은 값을 가진 Student 객체가 존재하는지 확인한다.

문제는 현재 상태에서는 Set 컬렉션에서 Student 객체들이 가진 값을 비교할 수 없다는 것이다. 이는 Student 클래스에 equals()와 hashCode() 메소드가 오버라이딩되어 있지 않았기 때문이다. Set 컬렉션이 객체의 동일성을 비교할 수 있도록 단축키 〈Alt〉 + 〈Shift〉 + 〈S〉를 이용하여 Student 클래스에 equals()와 hashCode() 메소드를 오버라이딩하자.

Student.java

```java
import java.util.Objects;

public class Student {
    private String studentNo;
    private String name;
    private int score;
    private String major;

    public Student(String studentNo, String name, int score, String major) {
        super();
        this.studentNo = studentNo;
        this.name = name;
        this.score = score;
        this.major = major;
    }

    public String getStudentNo() {
        return studentNo;
    }
    public String getName() {
        return name;
    }
    public int getScore() {
        return score;
    }
    public String getMajor() {
```

```java
            return major;
        }

        @Override
        public int hashCode() {
            return Objects.hash(major, name, score, studentNo);
        }

        @Override
        public boolean equals(Object obj) {
            if (this == obj)
                return true;
            if (obj == null)
                return false;
            if (getClass() != obj.getClass())
                return false;
            Student other = (Student) obj;
            return Objects.equals(major, other.major)
                && Objects.equals(name, other.name) && score == other.score
                && Objects.equals(studentNo, other.studentNo);
        }

        @Override
        public String toString() {
            return "Student [studentNo=" + studentNo + ", name=" + name + ", score="
                    + score + ", major=" + major + "]";
        }
    }
}
```

앞에서 작성한 SetTest1.java 프로그램을 다시 실행하고 실행 결과를 확인한다.

```
[ 학생 목록 ]
Student [studentNo=STD-000003, name=도우너, score=75, major=기계 공학]
Student [studentNo=STD-000001, name=김둘리, score=83, major=컴퓨터 공학]
Student [studentNo=STD-000002, name=박또치, score=100, major=컴퓨터 공학]
```

이제 HashSet 객체에 저장된 데이터가 중복되지 않음을 확인할 수 있다.

10.2.4 Map 컬렉션

Map은 지금까지 사용했던 List나 Set과 달리 키(key)와 값(value) 형태로 데이터를 저장하고 관리하는 독특한 컬렉션이다. Map을 상속(implements)한 클래스로는 HashMap과 HashTable이 있다. 이 두 클래스의 구조와 동작 방식은 거의 동일하다.

HashMap 사용

간단한 예제를 통해 HashMap에 대한 개념과 사용 방법을 확인해보자.

MapTest1.java
```java
import java.util.HashMap;
import java.util.Map;

public class MapTest1 {

    public static void main(String[] args) {
        Map<String, Student> studentList = new HashMap<String, Student>();

        Student kim = new Student("STD-000001", "김둘리", 83, "컴퓨터 공학");
        studentList.put("STD-000001", kim);
        studentList.put("STD-000002",
            new Student("STD-000002", "박또치", 100, "컴퓨터 공학"));
        studentList.put("STD-000003",
            new Student("STD-000003", "도우너", 75, "기계 공학"));

        System.out.println("[ STD-000002 학생의 정보 ]");
        System.out.println(studentList.get("STD-000002"));
    }
}
```

실행 결과
```
[ STD-000002 학생의 정보 ]
Student [studentNo=STD-000002, name=박또치, score=100, major=컴퓨터 공학]
```

가장 먼저 HashMap 객체를 생성할 때 제네릭을 이용하여 키와 값으로 사용할 데이터의 타입을 지정했다. 값으로 지정할 수 있는 데이터 타입은 제약이 없지만, 일반적으로 키는 기억하기 쉬운 문자열을 사용한다.

HashMap에 데이터를 저장할 때는 put(Object key, Object value) 메소드를 사용하고, 데이터를 검색할 때는 get(Object key) 메소드를 사용한다. 여기에서 중요한 것은 HashMap에서 사용하는 키 데이터는 중복되지 않는 유일한 문자열이어야 한다는 것이다. 만약 키가 중복되면 값에 해당하는 객체를 덮어쓰기(overwriting) 한다. 이 예제에서는 학번(studentNo)을 키로 사용하고 있다.

HashMap은 키 목록이나 값 목록만 별도로 추출하여 사용할 수도 있다.

MapTest1.java

```java
import java.util.Collection;
import java.util.HashMap;
import java.util.Map;
import java.util.Set;

public class MapTest1 {

    public static void main(String[] args) {
        Map<String, Student> studentList = new HashMap<String, Student>();

        Student kim = new Student("STD-000001", "김둘리", 83, "컴퓨터 공학");
        studentList.put("STD-000001", kim);
        studentList.put("STD-000002",
        new Student("STD-000002", "박또치", 100, "컴퓨터 공학"));
        studentList.put("STD-000003",
        new Student("STD-000003", "도우너", 75, "기계 공학"));

        System.out.println("[ 학번(studentNo) 목록 ]");
        Set<String> keyList = studentList.keySet();
        for (String studentNo : keyList) {
            System.out.println(studentNo.toString());
        }
```

```
            System.out.println("[ 학생 목록 ]");
            Collection<Student> valueList = studentList.values();
            for (Student student : valueList) {
                System.out.println(student.toString());
            }
        }
}
```

keySet( ) 메소드는 HashMap에서 키 목록만 추출해서 Set 컬렉션으로 리턴한다. HashMap의 키 데이터는 중복되지 않는 유일한 값만 가지고 있기 때문에 Set 컬렉션으로 리턴되는 것이다.

그리고 values( ) 메소드는 값에 해당하는 객체 목록을 Collection 타입의 객체로 리턴한다. Collection 타입의 객체는 List처럼 for문을 이용하여 반복 처리가 가능하다.

실행 결과는 다음과 같다.

실행 결과

```
[ 학번(studentNo) 목록 ]
STD-000001
STD-000002
STD-000003
[ 학생 목록 ]
Student [studentNo=STD-000001, name=김둘리, score=83, major=컴퓨터 공학]
Student [studentNo=STD-000002, name=박또치, score=100, major=컴퓨터 공학]
Student [studentNo=STD-000003, name=도우너, score=75, major=기계 공학]
```

이번에는 동일한 키로 다른 객체를 등록했을 때, HashMap에서 어떻게 처리되는지 확인해보자.

MapTest2.java

```java
import java.util.Collection;
import java.util.HashMap;
import java.util.Map;
```

```java
public class MapTest2 {

    public static void main(String[] args) {
        Map<String, Student> studentList = new HashMap<String, Student>();

        Student kim = new Student("STD-000001", "김둘리", 83, "컴퓨터 공학");
        studentList.put("STD-000001", kim);
        studentList.put("STD-000002",
            new Student("STD-000002", "박또치", 100, "컴퓨터 공학"));
        // Key 중복 저장
        studentList.put("STD-000002",
            new Student("STD-000003", "도우너", 75, "기계 공학"));

        System.out.println("[ 학생 목록 ]");
        Collection<Student> valueList = studentList.values();
        for (Student student : valueList) {
            System.out.println(student.toString());
        }
    }
}
```

실행 결과

```
[ 학생 목록 ]
Student [studentNo=STD-000001, name=김둘리, score=83, major=컴퓨터 공학]
Student [studentNo=STD-000003, name=도우너, score=75, major=기계 공학]
```

실행 결과를 통해 동일한 키로 데이터가 저장되면 기존에 등록된 값 객체는 사라지고(정확한 표현은 객체의 주소가 덮어씌진 것임), 새로운 객체가 할당된 것을 알 수 있다.

HashTable 사용

Map 타입의 클래스 중에 HashMap과 유사한 HashTable도 있다. 개념과 사용 방법도 HashMap과 동일하기 때문에 간단하게 테스트 코드를 작성하고 결과만 확인하자.

MapTest3.java

```java
import java.util.Collection;
import java.util.Hashtable;
import java.util.Map;

public class MapTest3 {

    public static void main(String[] args) {
        Map<String, Student> studentList = new Hashtable<String, Student>();

        Student kim = new Student("STD-000001", "김둘리", 83, "컴퓨터 공학");
        studentList.put("STD-000001", kim);
        studentList.put("STD-000002",
                new Student("STD-000002", "박또치", 100, "컴퓨터 공학"));
        studentList.put("STD-000003",
                new Student("STD-000003", "도우너", 75, "기계 공학"));
        studentList.put("STD-000003",
                new Student("STD-000003", "고길동", 31, "국어 국문"));

        // STD-000001 데이터 삭제
        studentList.remove("STD-000001");

        System.out.println("[ 학생 목록 ]");
        Collection<Student> valueList = studentList.values();
        for (Student student : valueList) {
            System.out.println(student.toString());
        }
    }
}
```

실행 결과

```
[ 학생 목록 ]
Student [studentNo=STD-000003, name=고길동, score=31, major=국어 국문]
Student [studentNo=STD-000002, name=박또치, score=100, major=컴퓨터 공학]
```

마무리하며

이번 장에서 학습한 java.util은 프로그램을 개발할 때 유용하게 사용할 수 있는 유틸리티 클래스들을 모아 놓은 패키지다. 따라서 java.util 패키지가 제공하는 클래스들을 적절한 곳에 적용하면 복잡한 기능을 보다 쉽게 구현할 수 있을 것이다. 특히 List나 Map 같은 컬렉션 클래스는 앞으로 개발할 프로그램에서 자주 사용할 것이므로 각 컬렉션의 특징을 정확하게 이해하기 바란다.

다음 장에서는 java.io 패키지에 대해서 살펴볼 것이다. 우리가 사용하는 대부분의 프로그램은 사용자와 상호작용하는 과정에서 끊임없이 입출력 작업을 수행하는데, java.io 패키지는 다양한 장치에 대한 입출력을 지원한다.

11장

java.io 패키지

11.1 java.io 패키지

우리가 사용하는 대부분의 프로그램은 사용자와 상호작용하는 과정에서 끊임없이 입출력 작업을 수행한다. java.io 패키지는 다양한 장치에 대한 입력(input)과 출력(output)을 지원하기 위해 제공되는 패키지다.

11.1.1 입출력이란?

계산기 프로그램의 경우 사용자가 버튼을 눌러서 연산에 필요한 정보를 입력하면 연산 결과를 작은 액정에 출력한다. 성적 관리 프로그램의 경우도 관리자가 키보드를 통해 학생들의 점수를 입력하면 다양한 통계 정보를 브라우저나 프린터를 통해 출력한다.

이렇게 입출력(input/output) 작업은 대부분의 프로그램에서 반드시 필요한 필수 기능이다. 문제는 입출력에 사용되는 장치들이 다양하다는 것이며, 이런 장치들을 이용하는 프로그램을 개발하는 과정 역시 매우 복잡하다는 것이다.

가장 대표적인 입력 장치는 키보드나 마우스, 마이크이고 출력 장치로는 브라우저나 프린터, 또는 스피커 같은 것들이 있다.

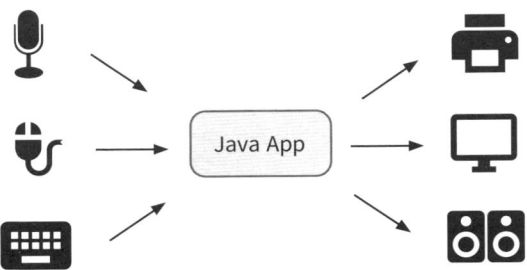

자바는 이런 복잡한 입출력 작업을 장치에 대한 이해 없이 쉽게 처리할 수 있도록 java.io라는 패키지를 제공한다.

java.io 패키지에서 제공하는 클래스들을 사용하려면 스트림(stream)이라는 개념을 이해해야 한다. 스트림의 사전적 의미는 '줄을 지어 이동하다'이다. 이를 데이터 처리 관점에서 보면 데이터가 어딘가로 줄을 지어 이동하는 것을 스트림이라고 하는 것이다. 결국 스트림은 데이터가 이동하는 통로이며, 프로그램에서 데이터를 입출력하기 위해서는 바로 이 스트림이 필요하다.

데이터가 저장되어 있는 저장소로부터 프로그램으로 데이터를 읽어 들이기 위한 연결을 '입력 스트림'이라고 하고, 반대로 프로그램에서 목적지까지 데이터를 출력하기 위한 연결은 '출력 스트림'이라고 한다.

자바는 하나의 스트림을 이용하여 입력과 출력을 모두 처리할 수 없으므로 프로그램에서 입출력을 모두 처리하고자 하는 경우에는 입출력을 담당할 스트림을 각각 생성해야 한다.

11.1.2 입출력 클래스의 분류

java.io 패키지에는 입출력과 관련된 다양한 클래스들이 있으며, 이 클래스들의 계층 구조는 다음과 같다.

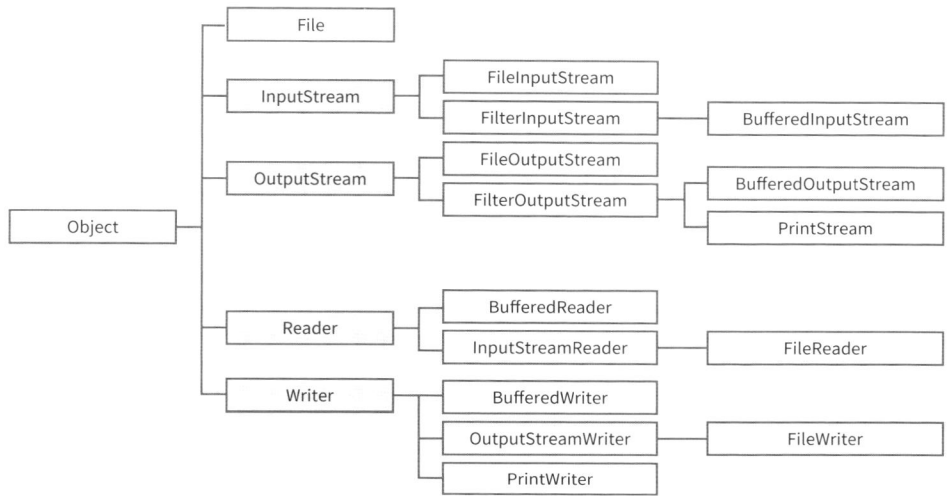

입출력 클래스들의 계층 구조에서 눈에 띄는 것은 우선 독립적으로 존재하는 File 클래스다. File 클래스는 이름 그대로 물리적인 파일을 프로그램에서 활용하기 위해 제공되는 클래스다. 특이한 점은 디렉터리에 해당하는 Directory 클래스는 제공되지 않는다는 것이다. 이는 File 클래스 하나로 파일과 디렉터리를 모두 표현할 수 있기 때문이다.

java.io 패키지의 계층 구조에서 이름이 ~InputStream 또는 ~Reader로 끝나는 클래스들은 프로그램 외부에서 데이터를 읽기 위한 입력 스트림이고, 반대로 ~OutputStream 또는 ~Writer로 끝나는 클래스들은 외부로 데이터를 출력하기 위한 출력 스트림이다.

또한 InputStream과 OutputStream을 상속한 클래스들은 이미지나 동영상 같은 바이트 형태의 데이터를 입출력하기 위한 클래스들이고, Reader와 Writer를 상속한 클래스들은 16bit의 문자 데이터를 입출력하기 위한 클래스다.

참고로 위 계층 구조에서 회색으로 표현한 InputStream, OutputStream, Reader, Writer 클래스는 모두 추상 클래스이므로 실제 입출력 작업을 구현할 때는 추상 클래스를 상속한 자식 클래스를 사용해야 한다.

입출력 클래스를 분류하는 또 다른 기준은 기반 스트림과 필터 스트림이다. 기반 스트림은 입출력 장치에 직접 붙어서 입출력 작업을 수행하는 필수 스트림이며, 필터 스트림은 필수는 아니지만 입출력의 성능을 향상시키는 등의 부가적인 기능을 제공하는 스트림을 의미한다.

예를 들어 특정 파일로부터 문자 데이터를 읽기 위해서는 FileReader라는 기반 스트림을 이용해야 한다. 그런데 파일에 저장된 내용이 너무 많아서 FileReader만 이용하면 속도가 느리다. 이때 FileReader라는 기반 스트림에 BufferedReader라는 필터 스트림을 결합하면 입력 스트림에 버퍼 기능이 추가되어 읽기 속도를 향상시킬 수 있다.

기반 스트림은 단독으로 객체를 생성하여 사용할 수 있지만, 필터 스트림을 생성할 때는 다음 코드처럼 반드시 기반 스트림을 먼저 생성하고, 필터 스트림을 생성할 때 생성자 인자로 전달해야 한다.

```
// 기반 스트림 생성
FileInputStream input = new FileInputStream("data.txt");

// 필터 스트림 생성
BufferedInputStream buffInput = new BufferedInputStream(input);
```

11.1.3 표준 입출력

대부분의 프로그램에서 표준 입력 장치는 키보드이며, 표준 출력 장치는 모니터다.

자바의 표준 입출력

자바의 표준 입출력은 System 클래스의 멤버 변수인 in, out을 이용한다. 다음은 System 클래스에 선언된 in 변수에 대한 상세 정보다.

```
/**
 * The "standard" input stream. This stream is already
 * open and ready to supply input data. Typically this stream
 * corresponds to keyboard input or another input source specified by
 * the host environment or user.
 */
public static final InputStream in = null;

/**
 * The "standard" output stream. This stream is already
```

```
 * open and ready to accept output data. Typically this stream
 * corresponds to display output or another outpt destination
 * specified by the host environment or user.
 * <p>
 * For simple stand-alone Java applications, a typical way to write
 * a line of output data is:
 * <blockquote><pre>
 *     System.out.println(data)
 * </pre></blockquote>
 * <p>
 */
public static final PrintStream out = null;
```

System 클래스의 static 변수인 in은 InputStream 타입의 입력 스트림 객체를 참조하며, out 변수는 PrintStream 타입의 출력 스트림 객체를 참조한다. 중요한 것은 InputStream은 추상 클래스이므로 in 변수에는 InputStream 클래스를 상속한 객체가 할당되며, 표준 출력에 해당하는 PrintStream은 추상 클래스가 아닌 일반 클래스이므로 out 변수에는 PrintStream 객체가 직접 할당되는 것이다.

표준 입출력 프로그램

자바의 입출력 관련 메소드들은 입출력 과정에서 발생하는 문제를 IOException으로 throws한다. 따라서 입출력 API를 사용하는 프로그램에서는 반드시 지금처럼 IOException에 대한 예외 처리를 해야 한다.

이제 표준 입출력 스트림을 이용하여 가장 기본적인 입출력 프로그램을 작성해보자.

IOTest1.java

```java
import java.io.IOException;
import java.io.InputStream;
import java.io.PrintStream;

public class IOTest1 {

    public static void main(String[] args) {
```

```java
        // 표준 입력 스트림을 얻는다.
        InputStream input = System.in;

        // 표준 출력 스트림을 얻는다.
        PrintStream output = System.out;

        System.out.println("메시지를 입력하세요.");

        // 모든 입출력 작업은 IOException이 발생할 수 있다.
        try {
            int data = 0;
            // 1byte의 데이터를 읽고 출력하는 작업을 반복한다.
            // read() 메소드는 더 이상 읽을 데이터가 없는 경우 -1을 리턴한다.
            while((data = input.read()) != -1 ) {
                output.print(data);
            }
        } catch (IOException e) {
            e.printStackTrace();
        } finally {
            // 입출력 스트림을 종료한다.
            try {
                input.close();
                output.close();
            } catch (IOException e) {
                e.printStackTrace();
            }
        }
        System.out.println("프로그램 종료");
    }
}
```

System의 in, out 변수를 이용하여 표준 입출력 스트림을 얻었다. read() 메소드는 사용자가 키보드를 통해 입력한 데이터 중에서 1byte의 데이터를 읽어서 정수(int)로 리턴한다. 만약 더 이상 읽을 데이터가 없으면 -1을 리턴한다.

사용자가 입력한 데이터를 반복해서 읽기 위해 while문을 사용했으며, while문 안에서 읽은 데이터를 print() 메소드를 사용하여 표준 출력하고 있다.

이제 작성된 프로그램을 실행한 후, 콘솔창에 키보드로 적절한 메시지를 입력하고 〈Enter〉를 누르면 사용자가 입력한 메시지가 다시 콘솔에 출력되는데, 문제는 다음과 같이 이상한 숫자만 잔뜩 출력된다는 것이다.

실행 결과

```
메시지를 입력하세요.
hello
1041011081081111310
```

이는 read() 메소드로 읽은 1byte의 문자를 int로 출력했기 때문이다. 이를 원래의 문자 데이터로 출력하기 위해서는 다음과 같이 char 타입으로의 명시적 타입 변환을 해야 한다.

```
while ((data = input.read()) != -1) {
    output.print((char) data);
}
```

이제 다시 프로그램을 실행해보자. 이제는 정상적으로 사용자가 입력한 문자가 콘솔창에 출력될 것이다. 그런데 또 다른 문제는 한글 데이터를 입력하면 다음처럼 깨져서 출력된다는 것이다.

실행 결과

```
메시지를 입력하세요.
hello
hello
안녕하세요?
¾?³???¼¼¿??
프로그램 종료
```

한글 데이터가 깨지는 이유는 표준 입출력이 바이트 단위(8bit)로 데이터를 읽고 출력하기 때문이다. 이 문제를 해결하기 위해서는 표준 입력 스트림을 문자 입력으로 변환해주는 필터 스트림을 결합하면 된다. 필터 스트림은 이런 형태로 사용하는 것이다.

표준 출력 변경

메시지를 표준 출력할 때 표준 출력 장치를 콘솔이 아닌 파일로 변경할 수 있다. 다음 코드를 작성하고 실행 결과를 확인한다. 참고로 앞으로 작성하는 모든 실습에서는 IOException에 대한 처리를 main( ) 메소드에서 throws하는 것으로 대체할 것이다. 이는 실제 입출력 프로그램 코드에 좀 더 집중하기 위해서다.

IOTest2.java

```java
import java.io.FileOutputStream;
import java.io.IOException;
import java.io.PrintStream;

public class IOTest2 {
    public static void main(String[] args) throws IOException {
        // message.txt 파일과 연결된 출력 스트림을 생성한다.
        FileOutputStream fileOut = new FileOutputStream("./message.txt");

        // 표준 출력 스트림을 생성할 때, message.txt 파일과 연결된 스트림을 연결한다.
        PrintStream output = new PrintStream(fileOut);

        // 표준 출력 스트림을 변경한다.
        System.setOut(output);

        // 메시지를 출력한다.
        System.out.println("File Output Message...");
    }
}
```

소스를 보면 먼저 특정 파일(message.txt)에 데이터를 출력하기 위한 FileOutputStream 객체를 생성했다. 그리고 이 FileOutputStream 객체를 이용하여 표준 출력에 해당하는 PrintStream 객체를 생성했고, 마지막으로 System.setOut( ) 메소드를 이용하여 표준 출력 스트림을 변경했다.

작성된 프로그램을 실행하면 콘솔에는 이제 아무런 메시지도 출력되지 않는다. 하지만 이클립스에서 Chapter11 프로젝트를 새로고침(F5)하면 다음과 같이 프로젝트에 message.txt 파일이 생성되는 것을 확인할 수 있다.

```
∨ 🗁 Chapter11
  > 🗀 JRE System Library [JavaSE-17]
  ∨ 🗁 src
    ∨ ⊞ (default package)
      > 🗋 IOTest1.java
      > 🗋 IOTest2.java
  📄 message.txt
```

그리고 생성된 message.txt 파일을 열어보면 프로그램에서 출력한 메시지가 들어있는 것도 확인할 수 있다.

```
1 File Output Message...
2
```

11.1.4 파일 입력

입출력 기능 중에서 가장 많이 사용하는 것은 당연히 파일 입출력이다. 사실 입출력 API는 파일 입출력을 위해 존재한다고 해도 과언이 아니다.

파일 입력을 처리하기 위해서는 FileInputStream이나 FileReader를 사용해야 한다. FileInputStream은 바이트 단위 입력 스트림이고, FileReader는 문자 단위 입력 스트림이다.

바이트 입력

특정 파일로부터 데이터를 읽기 위해서는 FileInputStream이 필요하며, 데이터를 파일에 출력하기 위해서는 FileOutputStream을 이용해야 한다.

다음은 데이터가 저장된 파일로부터 데이터를 읽어서 콘솔에 출력하는 파일 입력 프로그램이다.

```java
import java.io.FileInputStream;

public class IOTest3 {
    public static void main(String[] args) throws Exception {
        // 특정 파일과 연결된 입력 스트림을 생성한다.
        FileInputStream fileIn = new FileInputStream("./data.txt");

        int data = 0;
        // 더 이상 읽을 데이터가 없을 때까지 데이터를 읽고 출력하는 작업을 반복한다.
        while ((data = fileIn.read()) != -1) {
            System.out.print((char) data);
        }

        // 입력 스트림을 종료한다.
        fileIn.close();
    }
}
```

프로그램을 실행하기 전에 Chapter11 프로젝트에 data.txt 파일을 생성하고 다음과 같이 데이터를 작성하자.

Chapter11/data.txt

```
Hello IOProgram...
안녕 입/출력 프로그램...
```

작성된 모든 파일을 저장하고 IOTest3.java 프로그램의 실행 결과를 확인한다.

실행 결과

```
Hello IOProgram...
¼?³? ??/??·? ??·?±×·?...
```

실행 결과를 보면 영문은 정상적으로 출력되는 반면 한글은 깨지는 것을 확인할 수 있다.

문자 단위 입력

만약 2byte씩 묶어서 문자 단위 입력을 처리하는 FileReader를 이용한다면 한글은 깨지지 않았을 것이다. 따라서 방금 작성한 IOTest3.java 프로그램을 다음과 같이 FileReader로 수정하고 실행 결과를 확인한다.

IOTest3.java
```java
import java.io.FileReader;

public class IOTest3 {
    public static void main(String[] args) throws Exception {
        // 특정 파일과 연결된 입력 스트림을 생성한다.
        FileReader reader = new FileReader("./data.txt");

        int data = 0;
        // 더 이상 읽을 데이터가 없을 때까지 데이터를 읽고 출력하는 작업을 반복한다.
        while ((data = reader.read()) != -1) {
            System.out.print((char) data);
        }

        // 입력 스트림을 종료한다.
        reader.close();
    }
}
```

<> 실행 결과
```
Hello IOProgram...
안녕 입/출력 프로그램...
```

실행 결과를 보면 더 이상 한글이 깨지지 않는다.

필터 스트림 결합

파일로부터 데이터를 읽을 때, 읽기 성능을 향상시키기 위한 버퍼를 추가할 수 있다. 이를 지원하는 스트림이 BufferedReader다. 테스트를 위해 IOTest4.java를 작성하고 실행 결과를 확인한다.

IOTest4.java

```java
import java.io.FileReader;

public class IOTest4 {
    public static void main(String[] args) throws Exception {
        // 특정 파일과 연결된 입력 스트림을 생성한다.
        FileReader reader = new FileReader("./src/IOTest4.java");

        int data = 0;
        // 더 이상 읽을 데이터가 없을 때까지 데이터를 읽고 출력하는 작업을 반복한다.
        long start = System.currentTimeMillis();
        while ((data = reader.read()) != -1) {
            System.out.print((char)data);
        }
        long end = System.currentTimeMillis();
        // 입력 스트림을 종료한다.
        reader.close();

        System.out.println("소요된 시간 : " + (end - start) + "(ms)초");
    }
}
```

System.currentTimeMillis( )라는 static 메소드는 currentTimeMillis( ) 메소드가 호출된 순간의 시간 정보를 long 타입의 정수로 리턴한다. 이 메소드를 이용하면 특정 작업을 처리하는 데 소요된 시간을 구할 수 있다. 위 프로그램에서는 IOTest4.java 파일에 대한 입출력 처리에 소요된 시간을 출력하고 있다.

프로그램을 실행하면 콘솔에 IOTest4.java 파일의 내용이 출력되고, 입출력 작업을 처리하는 데 소요된 시간을 출력한다.

<> 실행 결과

```
~ 생략 ~

// 입력 스트림을 종료한다.
reader.close();

System.out.println("소요된 시간 : " + (end - start) + "(ms)초");
```

        }
}
소요된 시간 : 7(ms)초

이제 FileReader에 BufferedReader를 결합하여 성능을 향상시켜보자.

```java
import java.io.BufferedReader;
import java.io.FileReader;

public class IOTest4 {
    public static void main(String[] args) throws Exception {
        // 특정 파일과 연결된 입력 스트림을 생성한다.
        FileReader reader = new FileReader("./src/IOTest4.java");
        BufferedReader buffReader = new BufferedReader(reader);

        int data = 0;
        // 더 이상 읽을 데이터가 없을 때까지 데이터를 읽고 출력하는 작업을 반복한다.
        long start = System.currentTimeMillis();
        while ((data = buffReader.read()) != -1) {
            System.out.print((char)data);
        }
        long end = System.currentTimeMillis();
        // 입력 스트림을 종료한다.
        reader.close();
        buffReader.close();

        System.out.println("소요된 시간 : " + (end - start) + "(ms)초");
    }
}
```

BufferedReader는 대표적인 필터 스트림으로서, 기반 스트림인 FileReader와 결합하여 버퍼 단위로 데이터를 읽을 때 사용한다. BufferedReader의 기본 생성자를 이용하면 기본적으로 new char[8192] 크기의 문자 버퍼가 생성되며, 이 버퍼의 크기는 객체를 생성할 때 생성자를 통해 변경할 수 있다.

실행 결과를 확인해보면 단순히 FileReader를 사용하는 것보다 성능이 향상된 것을 확인할 수 있다.

실행 결과

```
        ~ 생략 ~

        // 입력 스트림을 종료한다.
        reader.close();
        buffReader.close();

        System.out.println("소요된 시간 : " + (end - start) + "(ms)초");
    }
}
소요된 시간 : 4(ms)초
```

물론 실행하는 환경에 따라 출력되는 결과는 달라질 수 있으며, 파일의 크기가 크다면 좀 더 확실한 차이를 느낄 수 있을 것이다.

라인 단위 입력

입출력 프로그램을 개발하다 보면 파일에 저장된 데이터를 라인 단위로 처리해야 하는 경우가 자주 발생한다. 이때 FileReader에 BufferedReader를 결합하면 BufferedReader가 제공하는 readLine() 메소드를 사용할 수 있다.

실습을 위해 Chapter11 프로젝트에 학생들의 점수가 저장된 score_data.txt 파일을 작성한다.

Chapter11/score_data.txt
```
83,99,100
87,69,99
54,72,49
100,77,36
99,88,97
```

한 줄에 한 명의 국어, 영어, 수학 점수가 콤마(,)로 구분되어 저장되어 있다. 이제 이 파일에서 한 줄씩 점수를 읽어서 통계 정보를 출력하는 프로그램을 작성해보자.

IOTest5.java

```java
import java.io.BufferedReader;
import java.io.FileReader;

public class IOTest5 {
    public static void main(String[] args) throws Exception {
        // 특정 파일과 연결된 입력 스트림을 생성한다.
        FileReader reader = new FileReader("./score_data.txt");
        BufferedReader buffReader = new BufferedReader(reader);

        String data = null;
        int totalCount = 0;

        while ((data = buffReader.readLine()) != null) {
            String[] scoreList = data.split(",");
            int sum = 0;
            for(String score : scoreList) {
                sum += Integer.parseInt(score);
            }
            System.out.println(data + ",\t 총점 = " + sum);
            totalCount++;
        }
        System.out.println("시험에 응시한 학생 수 : " + totalCount);

        // 입력 스트림을 종료한다.
        reader.close();
        buffReader.close();
    }
}
```

BufferedReader가 제공하는 readLine() 메소드를 이용하면 학생의 점수를 라인 단위로 읽을 수 있다. 읽어 들인 문자열을 콤마(,)를 기준으로 분할하기 위해 String의 split()을 사용했고, 분할된 각 점수를 정수(int)로 변환하여 총점을 구하고 있다.

실행 결과는 다음과 같다.

> **실행 결과**
> 83,99,100,　총점 = 282
> 87,69,99,　총점 = 255
> 54,72,49,　총점 = 175
> 100,77,36,　총점 = 213
> 99,88,97,　총점 = 284
> 시험에 응시한 학생 수 : 5

11.1.5 파일 출력

파일 입력과 마찬가지로 파일 출력을 위해서는 FileOutputStream이나 FileWriter를 이용해야 한다. FileOutputStream은 바이트 단위 출력 스트림이고, FileWriter는 문자 단위 스트림이다.

바이트 출력

데이터를 특정 파일에 출력하기 위해서는 가장 먼저 FileOutputStream을 이용하여 데이터를 출력할 파일과 연결해야 한다. 간단한 파일 출력 프로그램을 작성하고 실행 결과를 확인한다.

```java
                                                                    IOTest6.java
import java.io.FileOutputStream;

public class IOTest6 {
    public static void main(String[] args) throws Exception {
        // 특정 파일과 연결된 출력 스트림을 생성한다.
        FileOutputStream fileOut = new FileOutputStream("./data.txt");

        // 데이터를 파일에 출력한다.
        // 하나의 바이트 출력
        fileOut.write(65);
```

```
                // 바이트 배열 출력
                byte[] data = {66, 67, 68};
                fileOut.write(data);

                // 한글 출력
                fileOut.write('또');
                fileOut.write('치');

                // 출력 스트림을 종료한다.
                fileOut.close();
                System.out.println("프로그램 종료");
        }
}
```

작성된 프로그램은 data.txt 파일에 바이트, 배열, 한글을 출력하고 있다. 프로그램이 실행된 후에 Chapter11 프로젝트에 있는 data.txt 파일을 열어보면 다음과 같은 내용이 출력되어 있다.

실행 결과

실행 결과를 보면 하나의 바이트나 바이트 배열을 출력할 때는 자동으로 문자로 변환되어 출력된다. 그리고 바이트 출력 스트림인 FileOutputStream은 1byte의 데이터를 출력할 때 사용하기 때문에 한글이 깨져서 출력되는 것도 확인할 수 있다.

문자 단위 출력

데이터를 출력할 때, 한글이 깨지지 않도록 하려면 FileOutputStream이 아닌 문자 단위 출력 스트림인 FileWriter를 사용해야 한다.

```java
import java.io.FileWriter;

public class IOTest7 {
    public static void main(String[] args) throws Exception {
        // 특정 파일과 연결된 출력 스트림을 생성한다.
        FileWriter writer = new FileWriter("./data.txt");

        // 데이터를 파일에 출력한다.
        // 하나의 바이트 출력
        writer.write(65);

        // 바이트 배열 출력
        char[] data = {66, 67, 68};
        writer.write(data);

        // 한글 출력
        writer.write("또");
        writer.write('치');

        // 문자열 출력
        writer.write("둘리");

        // 출력 스트림을 종료한다.
        writer.close();
        System.out.println("프로그램 종료");
    }
}
```

FileWriter 클래스에서 주목할 부분은 문자열을 바로 출력할 수 있는 write(String str) 메소드를 지원한다는 것이다.

프로그램을 실행하고 결과(data.txt 파일)를 확인하면 한글이 깨지지 않고 잘 출력된 것을 확인할 수 있다.

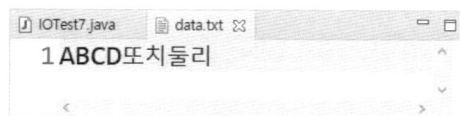

필터 스트림 결합

다음은 score_data.txt 파일에 저장된 학생들의 점수를 라인 단위로 읽은 후에 통계 정보를 계산하여 stat_data.txt 파일에 출력하는 입출력 프로그램이다. 지금까지 학습한 파일 입출력 클래스들을 리뷰한다는 생각으로 프로그램을 작성하고 실행 결과를 확인하기 바란다.

IOTest8.java

```java
import java.io.BufferedReader;
import java.io.BufferedWriter;
import java.io.FileReader;
import java.io.FileWriter;

public class IOTest8 {
    public static void main(String[] args) throws Exception {
        // 특정 파일과 연결된 입출력 스트림을 생성한다.
        FileReader reader = new FileReader("./score_data.txt");
        BufferedReader buffReader = new BufferedReader(reader);

        FileWriter writer = new FileWriter("./stat_data.txt");
        BufferedWriter buffWriter = new BufferedWriter(writer);

        String data = null;
        int totalCount = 0;

        while ((data = buffReader.readLine()) != null) {
            String[] scoreList = data.split(",");
            int sum = 0;
            for(String score : scoreList) {
                sum += Integer.parseInt(score);
            }
            totalCount++;
            buffWriter.write(data + ",\t 총점 = " + sum + "\n");
        }
        buffWriter.write("시험에 응시한 학생 수 : " + totalCount);
        buffWriter.flush();

        // 입출력 스트림을 종료한다.
```

```
            reader.close();
            buffReader.close();

            writer.close();
            buffWriter.close();
            System.out.println("입/출력 프로그램 종료");
        }
}
```

실행 결과

```
83,99,100,   총점 = 282
87,69,99,    총점 = 255
54,72,49,    총점 = 175
100,77,36,   총점 = 213
99,88,97,    총점 = 284
시험에 응시한 학생 수 : 5
```

11.1.6 java.util.Scanner 사용하기

java.io 패키지에 포함된 클래스는 아니지만 java.util 패키지에도 특정 파일로부터 데이터를 읽어 들이는 기능의 Scanner라는 클래스가 있다. 이는 프로그램에서 파일 입출력 작업이 워낙 자주 발생하기 때문에 유틸리티 클래스로 제공하는 것이다.

다음은 Scanner 클래스를 이용하여 score_data.txt 파일에 저장된 데이터를 라인 단위로 읽어서 처리하는 프로그램이다.

ScannerTest.java
```
import java.io.File;
import java.io.IOException;
import java.util.Scanner;

public class ScannerTest {

    public static void main(String[] args) throws IOException {
        // score_data.txt 파일로부터 데이터를 읽어 들이는 Scanner를 생성한다.
```

```java
            Scanner input = new Scanner(new File("./score_data.txt"));
            int totalCount = 0;

            // 라인 단위로 데이터를 읽어서 점수를 처리한다.
            while (input.hasNextLine()) {
                String data = input.nextLine();
                String[] scoreList = data.split(",");
                int sum = 0;
                for(String score : scoreList) {
                    sum += Integer.parseInt(score);
                }
                System.out.println(data + ",\t 총점 = " + sum);
                totalCount++;
            }
            System.out.println("시험에 응시한 전체 학생 수 : " + totalCount);

            // Scanner를 종료한다.
            input.close();
        }
    }
```

작성된 소스를 보면 데이터를 입력받는 클래스가 FileInputStream이나 FileReader 같은 입력 스트림이 아닌 java.util 패키지의 Scanner 클래스라는 것만 제외하고 나머지 소스는 거의 동일하다. 실행 결과 역시 기존의 입출력 작업과 동일하다.

실행 결과

```
83,99,100,   총점 = 282
87,69,99,    총점 = 255
54,72,49,    총점 = 175
100,77,36,   총점 = 213
99,88,97,    총점 = 284
시험에 응시한 전체 학생 수 : 5
```

11.1.7 File 클래스

java.io 패키지가 제공하는 클래스들 중에는 입출력 스트림이 아닌 File이라는 독립적인 클래스가 있다. File 클래스는 물리적인 파일을 추상화하여 만든 클래스이며, File 클래스를 통해 프로그램에서 파일과 디렉터리를 객체로 사용할 수 있다. 특이한 점은 디렉터리에 해당하는 Directory 클래스는 제공되지 않으며, File 클래스로 파일과 디렉터리를 모두 표현한다.

그런데 지금까지 File 클래스 없이도 파일에 대한 입출력 작업을 처리하는 데 아무런 문제가 없었다. 그렇다면 File 클래스는 왜 필요한 것일까? 파일과 관련된 프로그램을 작성하다 보면 파일이나 디렉터리에 대한 다양한 정보가 필요한 경우가 있다.

예를 들어 파일에 대한 접근 권한이나 파일이 마지막으로 수정된 날짜 정보가 필요할 수도 있고, 파일의 크기나 특정 디렉터리에 포함된 서브 디렉터리나 파일 목록이 필요할 수도 있다. 이렇게 파일에 대한 입출력 기능 외에 파일과 관련된 다양한 기능들이 필요할 때 File 클래스를 사용하는 것이다.

File 객체는 디렉터리 경로와 파일 이름을 분리해서 생성하거나 디렉터리와 파일을 하나의 path로 결합하여 생성할 수 있다.

생성자	설명
File(String parent, String child)	특정 디렉터리(parent)에 파일(child)을 생성한다.
File(String filePath)	특정 경로에 파일(filePath)을 생성한다.

생성된 File 객체에는 파일이나 디렉터리의 다양한 정보를 제공하는 메소드가 있으며, 각 메소드의 의미는 다음과 같다.

메소드	설명
exists() : boolean	생성된 파일이나 디렉터리가 물리적으로 존재하는지를 확인한다.
isFile() : boolean	생성된 객체가 파일인지 확인한다.
isDirectory() : boolean	생성된 객체가 디렉터리인지 확인한다.

메소드	설명
delete() : boolean	파일이나 디렉터리를 삭제한다.
renameTo(File newfile) : boolean	파일이나 디렉터리의 이름을 변경한다.
length() : long	파일이나 디렉터리의 크기를 리턴한다.
canRead() : boolean	읽기 가능한 파일인지 확인한다.
canWrite() : boolean	쓰기 가능한 파일인지 확인한다.
canExecute() : boolean	실행 가능한 파일인지 확인한다.
isHidden() : boolean	숨김 파일이거나 숨김 디렉터리인지 확인한다.
setReadable(boolean readable) : boolean	읽기 가능한 파일로 설정한다.
setWritable(boolean writable) : boolean	쓰기 가능한 파일로 설정한다.
setExecutable(boolean executable) : boolean	실행 가능한 파일로 설정한다.
getPath() : String	파일이나 디렉터리의 상대 경로를 리턴한다.
getAbsolutePath() : String	파일이나 디렉터리의 절대 경로를 리턴한다.
getAbsoluteFile() : File	절대 경로로 설정한 File 객체를 생성하여 리턴한다.
getParent() : String	현재 파일이나 디렉터리의 부모 경로를 리턴한다.
getParentFile() : File	현재 파일이나 디렉터리의 부모 경로를 가진 File 객체를 생성하여 리턴한다.
list() : String[]	생성된 File이 디렉터리인 경우, 현재 디렉터리의 하위 디렉터리와 파일의 이름 목록을 문자열 배열로 리턴한다.
listFiles() : File[]	생성된 File이 디렉터리인 경우, 현재 디렉터리의 하위 디렉터리와 파일의 이름 목록을 File 배열로 리턴한다.

다음은 File 클래스를 이용하여 디렉터리와 파일을 각각 생성하고 다양한 메소드들을 테스트하는 예제다.

FileTest1.java

```java
import java.io.File;
import java.io.IOException;

public class FileTest1 {
    public static void main(String[] args) throws IOException {
        // 현재 프로젝트(Chapter11)에 temp라는 디렉터리 객체를 생성한다.
```

```
            File directory = new File("./temp");
            directory.mkdir();

            // temp 디렉터리에 temp_file.txt 파일을 생성한다.
            File file = new File(directory, "temp_file.txt");
            file.careateNewFile();

            // 생성된 File 객체가 디렉터리인지 파일인지 확인한다.
            if(directory.isDirectory()) {
                System.out.println(directory.getName() + "은 디렉터리입니다.");
            }
            if(file.isFile()) {
                System.out.println(file.getName() + "은 파일입니다.");
                System.out.println("파일의 경로 : " + file.getPath());
                System.out.println("파일의 크기 : " + file.length() + "(bytes)");
                System.out.println("쓰기 가능한가? : " + file.canWrite());
                System.out.println("읽기 가능한가? : " + file.canRead());
            }

            // temp_file.txt 파일을 삭제한다.
            if(file.delete()) {
                System.out.println(file.getName() + " 파일 삭제 성공!");
            }

            // temp 디렉터리를 삭제한다.
            if(directory.delete()) {
                System.out.println(directory.getName() + " 디렉터리 삭제 성공!");
            }
        }
    }
}
```

주의할 점은 파일은 상관없지만 디렉터리를 삭제할 경우, 서브 디렉터리나 파일이 없는 디렉터리만 삭제가 가능하다는 것이다. 실행 결과는 다음과 같다.

> **실행 결과**

```
temp은 디렉터리입니다.
temp_file.txt은 파일입니다.
파일의 경로 : .\temp\temp_file.txt
파일의 크기 : 0(bytes)
쓰기 가능한가? : true
읽기 가능한가? : true
temp_file.txt 파일 삭제 성공!
temp 디렉터리 삭제 성공!
```

다음 예제는 현재 작업 중인 프로젝트(Chapter11)에 해당하는 디렉터리 객체를 생성하고, 현재 디렉터리에 포함된 서브 디렉터리와 파일 목록을 출력하는 프로그램이다.

FileTest2.java

```java
import java.io.File;
import java.io.IOException;

public class FileTest2 {
    public static void main(String[] args) throws IOException {
        // 현재 프로젝트(Chapter11)에 해당하는 디렉터리 객체를 생성한다.
        File directory = new File(".");

        // Chapter11 디렉터리에 포함된 서브 디렉터리와 파일 목록을 출력한다.
        if(directory.exists()) {
            System.out.println("현재 작업 디렉터리 현황");
            String[] fileList = directory.list();
            for (String file : fileList) {
                System.out.println("---> " + file.toString());
            }
        }
    }
}
```

실행 결과는 다음과 같다.

<> 실행 결과

```
현재 작업 디렉터리 현황
---> .classpath
---> .project
---> .settings
---> bin
---> data.txt
---> message.txt
---> score_data.txt
---> src
---> stat_data.txt
```

11.1.8 Properties 파일 입출력

프로그램을 개발하다 보면 여러 프로그램에서 공통으로 사용하는 데이터가 생긴다. 그런데 이런 데이터를 여러 파일에서 반복해서 작성하면 나중에 일괄적으로 변경하기가 어렵다. 따라서 이런 데이터를 외부의 프로퍼티(.properties)로 설정하고, Properties 객체를 이용하여 해당 데이터를 사용하면 프로그램의 유지보수성을 향상시킬 수 있다.

예를 들어 동일한 파일로부터 데이터를 읽어 들이는 두 개의 프로그램이 있다고 가정하자. 먼저 첫 번째 프로그램은 Scanner를 이용하여 score_data.txt 파일에서 데이터를 읽는다.

PropertiesTest1.java

```java
import java.io.File;
import java.io.IOException;
import java.util.Scanner;

public class PropertiesTest1 {
    public static void main(String[] args) throws IOException {
        // File 객체를 이용하여 Scanner를 생성한다.
        File file = new File("./score_data.txt");
        Scanner scanner = new Scanner(file);

        // 파일의 내용을 라인 단위로 출력한다.
```

```java
            System.out.println(file.getName() + " 파일의 데이터 내용입니다.");
            while (scanner.hasNextLine()) {
                System.out.println(scanner.nextLine());
            }
            
            // Scanner를 종료한다.
            scanner.close();
        }
}
```

그리고 두 번째 프로그램 역시 score_data.txt 파일로부터 데이터를 읽는다. 다만 Scanner가 아닌 BufferedReader를 이용하는 것만 다르다.

PropertiesTest2.java

```java
import java.io.BufferedReader;
import java.io.File;
import java.io.FileReader;
import java.io.IOException;

public class PropertiesTest2 {
    public static void main(String[] args) throws IOException {
        // 특정 파일과 연결된 입력 스트림을 생성한다.
        File file = new File("./score_data.txt");
        FileReader reader = new FileReader(file);
        BufferedReader buffReader = new BufferedReader(reader);
        
        // 파일의 내용을 라인 단위로 출력한다.
        System.out.println(file.getName() + " 파일의 데이터 내용입니다.");
        String data = null;
        while ((data = buffReader.readLine()) != null) {
            System.out.println(data.toString());
        }
        
        // 입력 스트림을 종료한다.
        reader.close();
        buffReader.close();
    }
}
```

당연히 이 두 프로그램의 실행 결과는 동일하다. 그런데 만약 이 두 프로그램에서 읽어 들이는 파일 이름이 score_data.txt 파일에서 software_score.txt 파일로 변경된다면 당연히 두 프로그램을 모두 수정해야 한다. 문제는 이렇게 score_data.txt 파일을 사용하는 프로그램이 앞으로 계속 늘어날 수 있다는 것이다.

이런 경우 java.util 패키지의 Properties 클래스를 이용할 수 있다. Properties 클래스를 테스트하기 위해서 먼저 프로퍼티 정보가 등록된 프로퍼티 파일을 작성해야 한다. 프로퍼티 파일은 확장자가 '.properties'이며, 키(key)=값(value) 쌍의 데이터를 저장한다.

테스트를 위해 현재 프로젝트에 다음과 같이 application.properties 파일을 작성한다. 이때 application.properties 파일의 위치는 src 밑이 아닌 Chapter11 바로 밑이라는 것에 주의하자.

```
# File Name Setting
application.scorefile=score_data.txt
```
Chapter11/application.properties

참고로 프로퍼티 파일에서 '#'은 주석을 처리할 때 사용한다.

이제 앞에서 작성했던 두 프로그램을 수정해야 하는데, 먼저 PropertiesTest1.java를 다음과 같이 수정한다.

```java
import java.io.File;
import java.io.FileReader;
import java.io.IOException;
import java.util.Properties;
import java.util.Scanner;

public class PropertiesTest1 {
    public static void main(String[] args) throws IOException {
        // application.properties 파일을 로딩한다.
        FileReader prosReader = new FileReader("./application.properties");
        Properties props = new Properties();
        props.load(prosReader);
```
PropertiesTest1.java

```
            String scoreFile = props.getProperty("application.scorefile");

            // File 객체를 이용하여 Scanner를 생성한다.
            File file = new File(scoreFile);
            Scanner scanner = new Scanner(file);

            // 파일의 내용을 라인 단위로 출력한다.
            System.out.println(file.getName() + " 파일의 데이터 내용입니다.");
            while (scanner.hasNextLine()) {
                System.out.println(scanner.nextLine());
            }

            // Scanner를 종료한다.
            scanner.close();
    }
}
```

그리고 PropertiesTest2.java도 다음과 같이 수정한다.

PropertiesTest2.java

```
import java.io.BufferedReader;
import java.io.File;
import java.io.FileReader;
import java.io.IOException;
import java.util.Properties;

public class PropertiesTest2 {
    public static void main(String[] args) throws IOException {
        // application.properties 파일을 로딩한다.
        FileReader prosReader = new FileReader("./application.properties");
        Properties props = new Properties();
        props.load(prosReader);
        String scoreFile = props.getProperty("application.scorefile");

        // 특정 파일과 연결된 입력 스트림을 생성한다.
        File file = new File(scoreFile);
        FileReader reader = new FileReader(file);
        BufferedReader buffReader = new BufferedReader(reader);
```

```
            // 파일의 내용을 라인 단위로 출력한다.
            System.out.println(file.getName() + " 파일의 데이터 내용입니다.");
            String data = null;
            while ((data = buffReader.readLine()) != null) {
                System.out.println(data.toString());
            }

            // 입력 스트림을 종료한다.
            reader.close();
            buffReader.close();
        }
    }
```

당연히 두 프로그램의 실행 결과는 동일하며, application.properties 파일의 설정을 다음과 같이 변경하면 자동으로 읽어 들이는 파일이 둘 다 변경되는 것을 확인할 수 있을 것이다.

Chapter11/application.properties
```
# File Name Setting
application.scorefile=message.txt
```

마무리하며

이번 장에서 학습한 java.io 패키지는 입출력 프로그램을 작성하는 데 필요한 다양한 클래스들을 제공한다. 우리는 구현하려는 프로그램의 특성에 맞는 입출력 클래스를 적절하게 선택해야 한다. 입출력 클래스를 선택하는 기준은 입출력 대상이 되는 데이터의 종류다. 만약 입출력 대상이 이미지 파일이라면 바이트 단위 입출력을 사용해야 하고, 문자 데이터인 경우는 문자 단위 입출력을 사용해야 한다. 그리고 기반 스트림만 사용할지, 필터 스트림을 결합할지도 고려해야 한다.

다음 장에서는 데이터베이스 관리 시스템 연동에 대해서 살펴볼 것이다. 데이터베이스 연동은 모든 프로그램 언어가 제공해야 하는 필수 기능이다. JDBC는 오라클 같은 데이터베이스 연동을 위한 표준 API다.

12장

java.sql 패키지

12.1 DBMS와 SQL

데이터베이스 연동은 모든 프로그램 언어가 제공해야 하는 필수 기능 중 하나다. JDBC는 자바 프로그램에서 오라클 같은 관계형 데이터베이스 연동을 위한 표준 API다. JDBC를 이해하기 위해서는 데이터베이스와 데이터베이스 관리 시스템, 그리고 SQL의 기본적인 개념을 알고 있어야 한다.

이번 학습에서는 먼저 JDBC를 이해하기 위한 기본 개념과 용어들을 살펴보고, 실제 JDBC API를 이용하여 데이터베이스 연동을 구현할 것이다.

12.1.1 DBMS

사용자가 프로그램을 사용하다 보면 다양한 데이터가 생성된다. 이런 데이터는 사용자가 직접 입력할 수도 있고, 프로그램의 실행 결과로 생성될 수도 있다. 중요한 것은 이런 데이터를 재사용하기 위해서는 반드시 어딘가에 영구적으로 저장해야 한다는 것이다.

데이터 저장소로 가장 쉽게 생각할 수 있는 것이 파일이다. 그런데 파일은 누군가가 삭제하거나 컴퓨터의 버그로 손상되면 파일에 저장된 데이터도 사용할 수 없게 된다. 따라서 안전하고 효과적으로 데이터를 저장하고 관리할 수 있는 무언가가 필요한데, 그게 바로 데이터베이스 관리 시스템(Database Management System, DBMS)이다.

가장 널리 알려진 DBMS로는 오라클에서 만든 오라클(Oracle)과 마이에스큐엘(MySQL)이 있다. 그런데 이런 DBMS는 대부분 고가의 제품이거나 설치 과정이 매우 복잡해서 테스트용으로 사용하기에는 한계가 있다. 따라서 우리는 무료로 사용할 수 있으며, 설치 과정도 매우 단순한 H2 데이터베이스를 사용할 것이다.

12.1.2 자바 환경 변수 설정

H2 데이터베이스를 설치하기 전에 JAVA HOME의 bin 디렉터리까지의 경로를 Path 변수에 등록해야 한다.

윈도우 탐색기에서 [내 PC]를 선택하고 오른쪽 마우스를 클릭한다. 그리고 맨 아래에 있는 [속성] 메뉴를 선택한다.

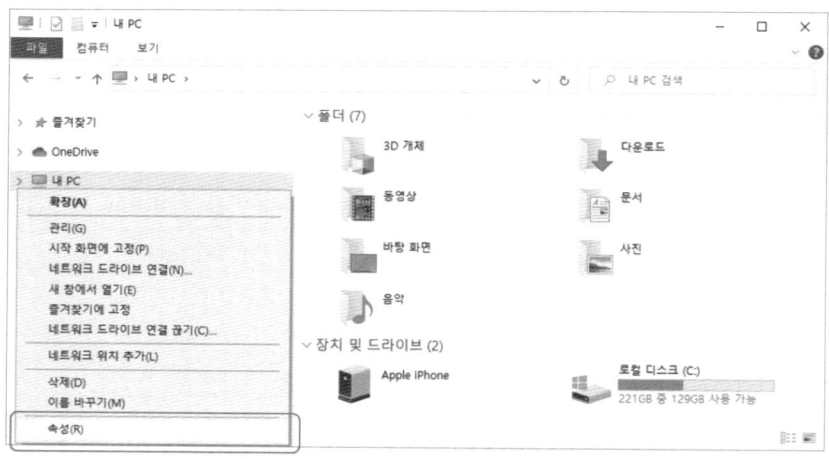

시스템 설정창 왼쪽 아래에 [정보] 메뉴를 선택하고, 오른쪽에 [고급 시스템 설정]을 클릭하여 시스템 속성창을 띄운다.

시스템 속성창 아래에 있는 〈환경 변수(N)...〉 버튼을 클릭한다.

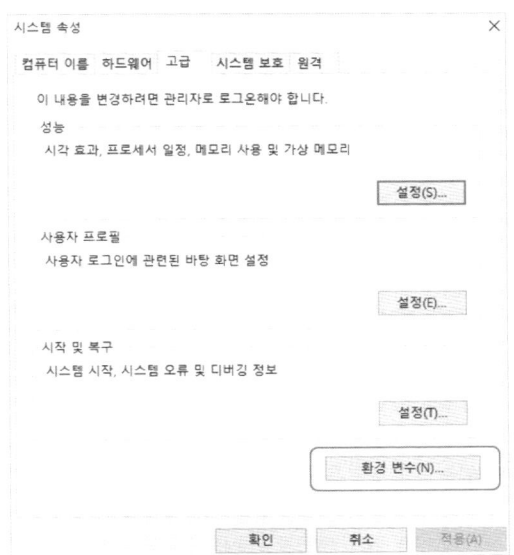

[시스템 변수]에 〈새로 만들기(W)...〉 버튼을 클릭하고 변수 이름에 JAVA_HOME을, 변수 값에 JDK가 설치된 폴더까지의 경로(C:\DEV\jdk-17.0.1)를 지정한 다음 〈확인〉 버튼을 클릭한다.

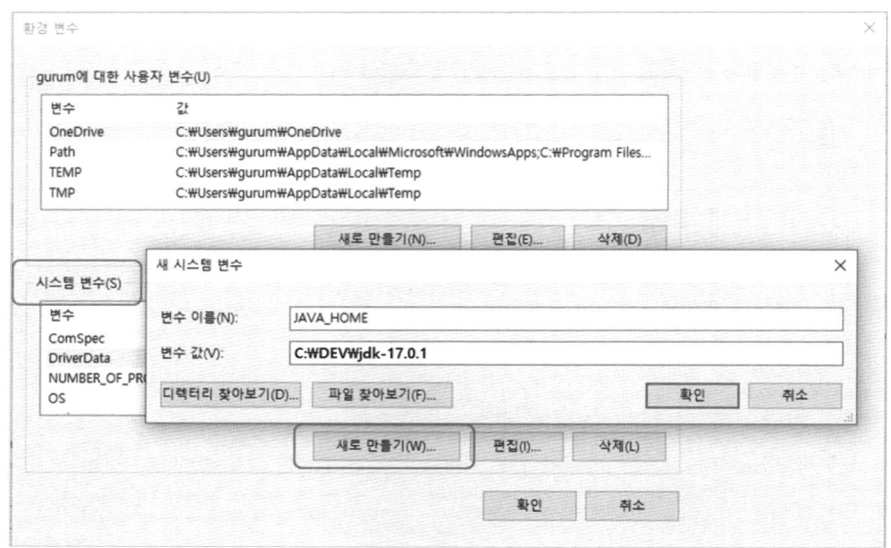

이제 시스템 변수에 있는 Path 변수를 선택하고 아래쪽에 〈편집(I)...〉 버튼을 클릭해 Path 변수를 수정한다.

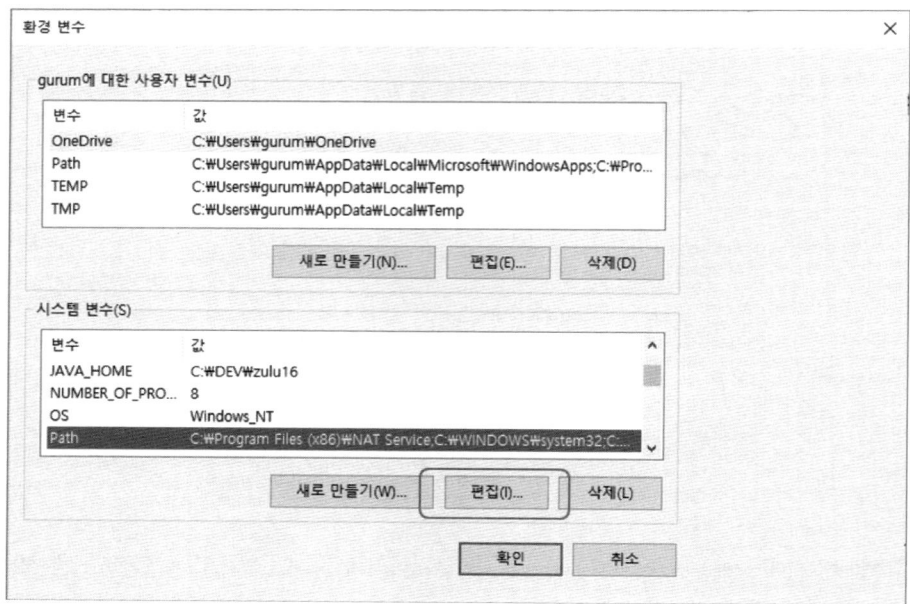

환경 변수 편집창 오른쪽에 〈새로 만들기(N)〉 버튼을 클릭해서 %JAVA_HOME%\bin 경로를 등록하고 〈확인〉 버튼을 클릭하여 Path 수정을 마무리한다.

12.1.3 H2 데이터베이스 설치

먼저 H2 데이터베이스 홈페이지(https://h2database.com)에 접속한다. 그리고 모든 플랫폼에서 사용할 수 있는 버전을 다운로드하기 위해 'All Platforms (zip, 9.5 MB)'를 클릭하여 h2-2021-12-21.zip 파일을 다운로드한다.

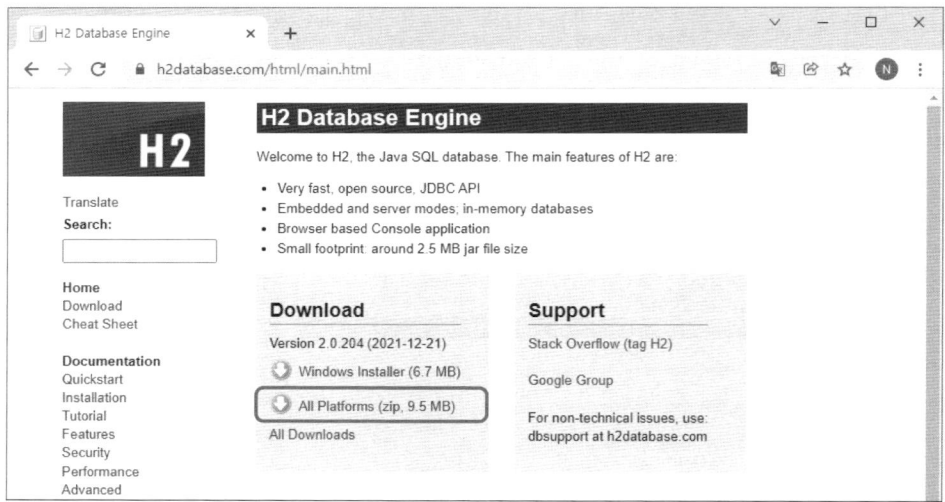

홈페이지에서 다운로드한 h2-2021-12-21.zip 파일을 C:₩DEV 폴더에 압축만 해제하면 데이터베이스 설치는 마무리된다. 이제 설치된 데이터베이스를 구동하고 실습에 사용할 테이블과 데이터를 준비하면 된다.

H2 데이터베이스 설치 폴더인 C:₩DEV₩h2에서 bin 폴더로 이동하면 h2w.bat 파일이 있는데, 이 h2w.bat 파일을 더블 클릭하면 H2 서버가 구동되면서 브라우저에 H2 콘솔이 실행된다.

브라우저에 H2 콘솔이 실행되면 먼저 아래쪽에 〈연결〉 버튼을 클릭하여 데이터베이스와 연결한다.

H2 데이터베이스와 연결에 성공하면 다음과 같이 SQL 구문을 작성하고 실행할 수 있는 UI 콘솔이 제공된다. 데이터베이스와 연결을 끊고 싶으면 왼쪽 위에 있는 〈연결 끊기〉 버튼을 클릭하면 된다.

데이터베이스와 연결을 해제한 후에 다시 커넥션을 연결할 때는 다음과 같이 JDBC URL을 jdbc:h2:tcp://localhost/~/test로 수정한다.

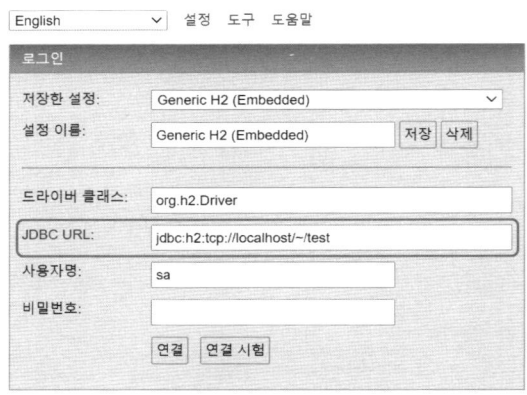

SQL 구문을 테스트하기 위해서는 H2 콘솔에 있는 'SQL 작성 영역'에 SQL 명령어를 작성하고 〈실행〉 버튼을 클릭하면 된다.

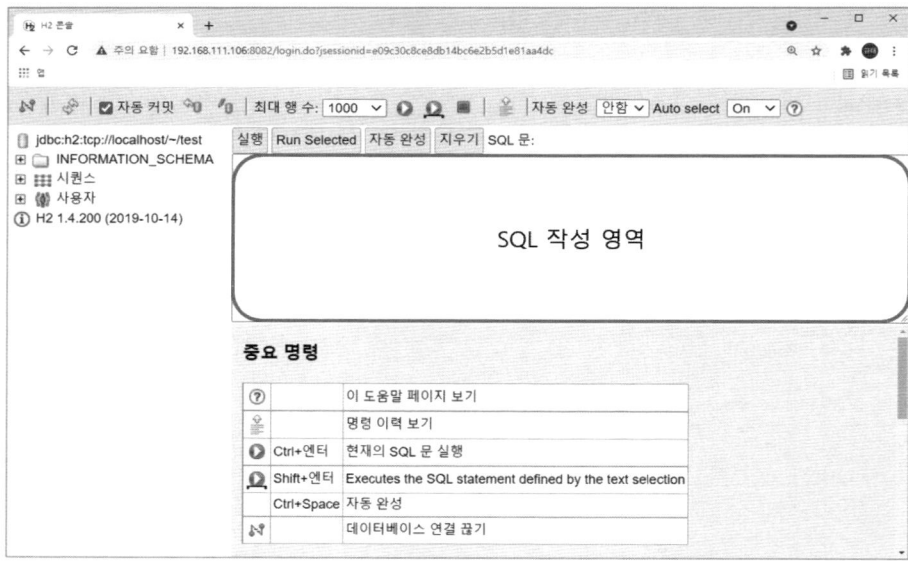

12.2 SQL

SQL(Structured Query Language)은 오라클이나 H2 같은 DBMS가 읽고 처리할 수 있는 독립적인 언어다. SQL도 자바 같은 프로그램 언어이기 때문에 나름의 문법 구조가 있으며, 우리가 DBMS와 대화하기 위해서는 이 SQL을 학습해야 한다.

12.2.1 SQL 종류

사실 지금까지 배운 자바만으로도 힘든데 SQL까지 배워야 한다고 하니 머리가 아플 수도 있다. 하지만 SQL은 생각만큼 복잡하지 않으며, 만약 이 책을 보고 있는 독자가 비전공자라면 오히려 재미를 느낄 수도 있다. 이 책은 전문적으로 SQL을 다루는 책이 아니기 때문에 JDBC를 이해하기 위한 가장 기본적인 내용만 다룰 것이다.

지금부터 SQL의 구조와 문법에 대해서 살펴보자. SQL 명령어는 다음과 같이 크게 다섯 종류로 나눌 수 있다.

종류	핵심 기능	명령어
DDL(Data Definition Language)	테이블 생성	CREATE
	테이블 수정	ALTER
	테이블 삭제	DROP
DML(Data Manipulation Language)	데이터 등록	INSERT
	데이터 수정	UPDATE
	데이터 삭제	DELETE
DQL(Data Query Language)	데이터 검색	SELECT
DCL(Data Control Language)	권한 부여	GRANT
	권한 취소	REVOKE
TCL(Transaction Control Language)	트랜잭션 관리	COMMIT, ROLLBACK

다섯 종류의 명령어가 모두 중요하지만 실제로 가장 많이 사용하는 것은 DDL, DML, DQL이다. 먼저 DDL 명령을 이용하여 데이터가 저장될 테이블(table)이라는 것을 생성해야 한다. 그래야 DML 명령을 이용하여 생성된 테이블에 데이터를 등록, 수정, 삭제할 수 있다. 마지막으로 가장 중요한 DQL을 이용하여 테이블에 등록된 데이터를 조회 또는 검색한다.

12.2.2 DDL

DDL(Data Definition Language)은 사전적 의미 그대로 데이터가 저장되는 공간을 정의하는 언어다. DDL 명령어를 이용하여 데이터가 저장될 STUDENT 테이블을 생성해보자. 참고로 SQL은 대소문자를 구분하지 않기 때문에 모두 소문자로 작성해도 된다.

```
CREATE TABLE STUDENT (
    STUDENT_NO      VARCHAR(10)  PRIMARY KEY,
    NAME            VARCHAR(50)  NOT NULL,
    SCORE           NUMBER(3),
    MAJOR           VARCHAR(100) NOT NULL
);
```

위 코드를 H2 콘솔에 입력하고 실행하면 STUDENT 테이블이 생성된다.

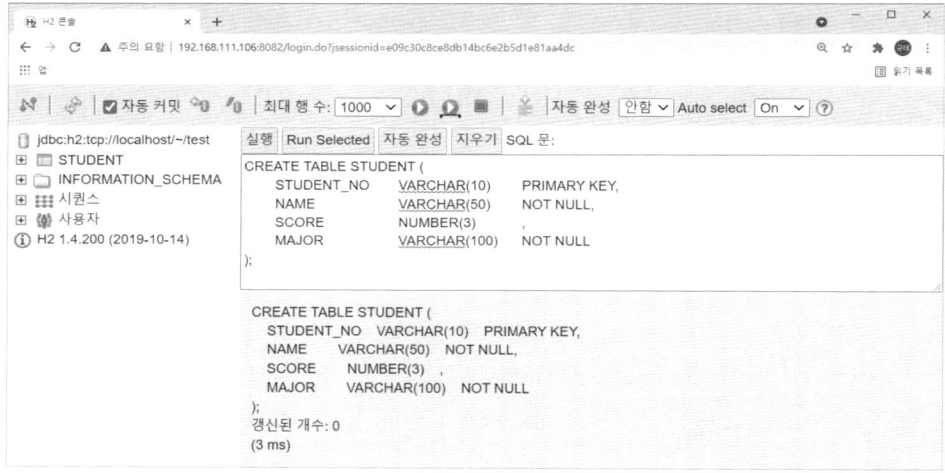

만약 STUDENT 테이블이 정상적으로 생성되지 않고 에러가 발생한다면 지금부터 설명하는 내용을 하나씩 확인하면서 실수한 부분을 수정하기 바란다.

테이블을 생성하기 위해서는 CREATE TABLE 뒤에 생성할 테이블 이름을 지정한다. 그리고 시작 괄호와 종료 괄호 사이에 테이블이 가져야 할 컬럼 목록을 나열한다. 이때 종료 괄호 뒤에는 문장 종결자에 해당하는 세미콜론(;)으로 마무리한다.

이제 컬럼 정의로 들어가보자. 테이블에 포함할 컬럼은 다음과 같은 구조로 등록한다.

> **형식**
>
> 컬럼이름 데이터타입(데이터크기) 제약조건
>
> - 컬럼 이름은 테이블 안에서 중복되지 않아야 한다. 컬럼 이름에 여러 단어가 결합되는 경우에는 밑줄(_)을 이용하여 연결한다.
> - 데이터 타입은 문자 타입이면 VARCHAR, 숫자 타입이면 NUMBER, 날짜 타입이면 DATE를 지정한다. 데이터 타입 뒤에는 데이터의 크기를 설정한다. 문자 타입의 경우에는 글자의 수를 의미하며, 숫자의 경우는 자릿수를 의미한다.
> - 제약 조건은 해당 컬럼이 중복값을 허용하는지, 값이 없는 상태(NULL)를 허용하는지 등을 설정한다. STUDENT_NO 컬럼에 적용된 PRIMARY KEY는 해당 컬럼에 반드시 값이 입력되어야 하며, 중복을 허용하지 않는다는 의미다. NOT NULL은 해당 컬럼에 반드시 값을 입력해야 한다는 의미다.

컬럼과 컬럼은 콤마(,)로 구분하며, 마지막 컬럼 뒤에 콤마를 찍으면 오류다.

12.2.3 DML

STUDENT 테이블이 정상적으로 생성됐다면 이제 DML(Data Manipulation Language)로 STUDENT 테이블에 데이터를 입력, 수정, 삭제해보자.

데이터 등록

테이블에 데이터를 입력할 때는 INSERT 명령어를 사용한다.

> **형식**
>
> INSERT INTO 테이블이름(컬럼목록) VALUES(값목록);

INSERT 구문에서의 주의 사항은 두 가지인데, 첫 번째는 컬럼 목록과 값 목록의 개수가 반드시 일치해야 한다는 것이다. 두 번째는 컬럼 목록과 설정되는 값 목록의 타입도 일치해야 한다.

STUDENT 테이블에 학번(STUDENT_NO)이 'STD-000001'이고, 이름(NAME)은 '김둘리', 점수(SCORE)는 83, 전공(MAJOR)이 '컴퓨터 공학'인 학생 정보를 등록하는 INSERT는 다음과 같이 작성한다.

```
INSERT INTO STUDENT(STUDENT_NO, NAME, SCORE, MAJOR) VALUES('STD-000001', '김둘리', 83, '컴퓨터 공학');
```

여기에서 중요한 포인트는 입력하는 값들 중에 숫자 데이터는 그냥 설정해도 되지만, 문자 데이터는 반드시 작은따옴표(')로 감싸야 한다는 것이다.

만약 모든 컬럼에 값을 입력하는 경우라면 테이블 이름 뒤에 지정하는 컬럼 목록은 다음과 같이 생략할 수 있다.

```
INSERT INTO STUDENT VALUES('STD-000002', '박또치', 79, '생명 공학');
```

현재 상태에서 INSERT한 두 명의 학생 정보가 잘 등록됐는지 확인하기 위해서는 다음과 같이 SELECT문을 실행해보면 된다.

```
SELECT * FROM STUDENT;
```

실행 결과

STUDENT_NO	NAME	SCORE	MAJOR
STD-000001	김둘리	83	컴퓨터 공학
STD-000002	박또치	79	생명 공학

(2행, 6ms)

데이터 수정

테이블에 저장된 데이터를 수정할 때는 UPDATE 명령어를 사용한다.

```
형식
UPDATE 테이블이름 SET 컬럼이름 = 수정값, 컬럼이름 = 수정값;
```

그러면 위 문법을 참조하여 STUDENT 테이블에 저장되어 있는 학생의 점수와 전공을 수정해보자.

```
UPDATE STUDENT SET SCORE = 100, MAJOR = '산업 공학';
```

수정할 때 주의 사항은 수정할 컬럼이 여러 개인 경우 콤마를 통해 구분하며, 마지막 컬럼 뒤에는 콤마를 찍지 않는다는 것이다. 그리고 이렇게 UPDATE문을 실행하면 STUDENT 테이블의 모든 학생의 SCORE와 MAJOR 컬럼값이 수정된다.

브라우저 H2 콘솔에서 다시 한번 SELECT문을 실행해본다.

```
SELECT * FROM STUDENT;
```

실행 결과

STUDENT_NO	NAME	SCORE	MAJOR
STD-000001	김둘리	100	산업 공학
STD-000002	박또치	100	산업 공학

(2 행, 3 ms)

검색 결과를 보면 모든 학생의 SCORE와 MAJOR 컬럼값이 수정된 것을 확인할 수 있다.

만약 특정 학생의 점수와 전공만 변경하기 위해서는 다음과 같이 WHERE 조건을 추가해야 한다.

```
UPDATE STUDENT SET SCORE = 99, MAJOR = '철학' WHERE STUDENT_NO = 'STD-000002';
```

브라우저 H2 콘솔에서 다시 한번 SELECT문을 실행해본다.

```
SELECT * FROM STUDENT;
```

> 실행 결과

STUDENT_NO	NAME	SCORE	MAJOR
STD-000001	김둘리	100	산업 공학
STD-000002	박또치	99	철학

(2 행, 5 ms)

참고로 WHERE 조건을 사용할 때는 반드시 유일한 값만 가지는 컬럼을 사용해야 한다. 이는 NAME이나 MAJOR 컬럼은 중복되는 데이터를 허용하기 때문이다. 일반적으로 테이블을 생성할 때 PRIMARY KEY로 지정한 컬럼을 WHERE 조건에 사용하는 것이 가장 확실하고 안전하다.

데이터 삭제

테이블에 저장된 데이터를 삭제할 때는 DELETE 명령어를 사용한다.

> 형식
>
> DELETE 테이블이름;

DELETE도 UPDATE와 마찬가지로 WHERE 조건을 사용하지 않으면 STUDENT 테이블의 모든 데이터가 삭제된다. 학번(STUDENT_NO)이 'STD-000002'인 학생 정보를 삭제한다.

```
DELETE STUDENT WHERE STUDENT_NO = 'STD-000002';
```

DELETE를 실행하고 H2 콘솔에서 확인해보면 실제로 STUDENT 테이블의 데이터가 삭제된 것을 확인할 수 있다.

12.2.4 DQL

사실 SQL 명령어에서 데이터의 등록, 수정, 삭제도 중요하지만 가장 중요한 것은 DQL(Data Query Language)을 이용한 데이터 조회다. 테이블에 저장된 데이터를 검색하기 위해서는 SELECT문을 사용하며, 이 SELECT문을 쿼리(query)라고 한다.

쿼리 기초

SELECT문의 기본 구조는 다음과 같다.

> **형식**
> ```
> SELECT 컬럼이름, 컬럼이름, …
> FROM 테이블이름
> WEHRE 제약조건;
> ```

SELECT를 테스트하기 위해 STUDENT 테이블에 다음과 같은 데이터를 저장한다.

```
INSERT INTO STUDENT VALUES('STD-000002', '박또치', 79, '생명 공학');
INSERT INTO STUDENT VALUES('STD-000003', '이희동', 88, '기계 공학');
INSERT INTO STUDENT VALUES('STD-000004', '마이콜', 46, '기계 공학');
```

다양한 쿼리

가장 먼저 STUDENT 테이블에서 학번(STUDENT_NO), 점수(SCORE), 전공(MAJOR)만 조회해보자.

```
SELECT STUDENT_NO, SCORE, MAJOR FROM STUDENT;
```

실행 결과

STUDENT_NO	SCORE	MAJOR
STD-000001	100	산업 공학
STD-000002	79	생명 공학
STD-000003	88	기계 공학
STD-000004	46	기계 공학

(4 행, 3 ms)

이번에는 STUDENT 테이블의 모든 컬럼을 조회해보자.

```
SELECT * FROM STUDENT;
```

> 실행 결과

STUDENT_NO	NAME	SCORE	MAJOR
STD-000001	김둘리	100	산업 공학
STD-000002	박또치	79	생명 공학
STD-000003	이희동	88	기계 공학
STD-000004	마이콜	46	기계 공학

(4 행, 3 ms)

학생의 모든 컬럼을 조회하되 전공이 '기계 공학'인 학생 정보만 조회해보자.

```
SELECT * FROM STUDENT WHERE MAJOR = '기계 공학';
```

> 실행 결과

STUDENT_NO	NAME	SCORE	MAJOR
STD-000003	이희동	88	기계 공학
STD-000004	마이콜	46	기계 공학

(2 행, 3 ms)

학생의 모든 컬럼을 조회하되 점수가 80점 이하인 학생 정보만 조회해보자.

```
SELECT * FROM STUDENT WHERE SCORE < 80;
```

> 실행 결과

STUDENT_NO	NAME	SCORE	MAJOR
STD-000002	박또치	79	생명 공학
STD-000004	마이콜	46	기계 공학

(2 행, 2 ms)

상세 조회는 테이블에 저장된 데이터 중에서 하나의 데이터만 검색하는 것이다. 따라서 PRIMARY KEY로 설정된 STUDENT_NO 컬럼을 이용하여 WHERE 조건을 설정해야 한다.

다음은 학번이 'STD-000003'인 학생의 정보를 조회하는 쿼리다.

```
SELECT * FROM STUDENT WHERE STUDENT_NO = 'STD-000003';
```

실행 결과

STUDENT_NO	NAME	SCORE	MAJOR
STD-000003	이희동	88	기계 공학

(1 row, 4 ms)

JDBC를 학습하기 위해 필요한 SQL은 이 정도면 충분할 것 같다. 더 자세한 내용을 확인하고 싶으면 포털 사이트에서 SQL 키워드로 검색을 하거나 별도의 서적을 참고하기 바란다.

12.3 JDBC

JDBC(Java Database Connectivity)는 자바 프로그램에서 관계형 데이터베이스를 연동하기 위해 제공하는 표준 API이며, 구체적으로는 java.sql 패키지를 의미한다. JDBC API(java.sql)를 이용하면 DBMS에 종속되지 않는 프로그램을 개발할 수 있다. 즉, 개발할 때는 H2를 이용하더라도 실제 운영 단계로 넘어갈 때 다른 데이터베이스로 쉽게 전환할 수 있다는 것이다.

12.3.1 JDBC 개념

JDBC가 특정 데이터베이스에 종속되지 않는 데이터베이스 연동을 지원할 수 있는 배경에는 JDBC API가 인터페이스를 기반으로 다형성을 이용하기 때문이다. 다음은 JDBC 프로그램이 동작하는 원리를 그림으로 표현한 것이다.

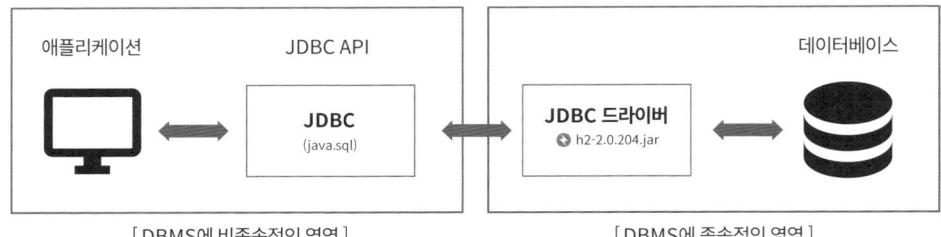

[DBMS에 비종속적인 영역]　　　　　　　　　　　[DBMS에 종속적인 영역]

개발자는 JDBC API(java.sql)가 제공하는 인터페이스를 이용하여 데이터베이스 연동 프로그램(application)을 개발한다. 따라서 JDBC API의 인터페이스만 수정되지 않는다면 애플리케이션도 수정할 이유는 없다.

JDBC API가 제공하는 인터페이스를 구현(implements)한 클래스를 JDBC 드라이버라고 한다. JDBC 드라이버는 jar 형태의 압축 파일로 제공되며, DBMS를 제공하는 회사의 홈페이지에서 다운로드할 수 있다. JDBC 드라이버는 특정 데이터베이스에 종속적인 코드로 구성되어 있다. 따라서 JDBC 드라이버부터 데이터베이스까지는 DBMS에 종속적인 영역인 것이다.

결론은 우리가 JDBC API를 이용하여 데이터베이스 연동을 처리하면 데이터베이스가 변경되더라도 JDBC 드라이버만 교체하면 프로그램의 수정 없이 쉽게 데이터베이스를 교체할 수 있다.

12.3.2 JDBC 프로그램 절차

JDBC 프로그램의 최종 목표는 자바 프로그램에서 작성한 SQL 구문을 데이터베이스에 전송하여 데이터베이스가 해당 SQL을 처리하도록 하는 것이다.

1단계 : 드라이버 객체 생성 및 등록

JDBC 프로그램에서 가장 먼저 하는 작업은 드라이버(Driver) 객체를 생성하고 등록하는 것이다. 드라이버 객체를 등록할 때는 java.sql.DriverManager 클래스의 registerDriver() 메소드를 사용한다. static 메소드인 registerDriver()는 다음과 같이 클래스 이름으로 직접 접근한다.

```
                                                                InsertTest.java
import java.sql.DriverManager;

public class InsertTest {

    public static void main(String[] args) {
        DriverManager.registerDriver(new org.h2.Driver());
    }
}
```

그런데 문제는 현재 프로젝트에서 org.h2.Driver 클래스를 찾을 수가 없기 때문에 컴파일 에러가 발생한다. org.h2.Driver 클래스는 H2 드라이버인 h2-2.0.204.jar 파일에 포함되어 있는 클래스로서, H2 데이터베이스가 설치된 폴더(bin)에 있다.

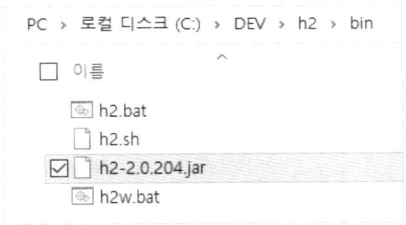

현재 프로젝트에서 H2 드라이버(h2-2.0.204.jar)가 제공하는 클래스를 사용하기 위해서는 프로젝트에 드라이버를 등록해야 한다. 프로젝트를 선택하고 오른쪽 마우스를 클릭한 후에 [Build Path] → [Add External Archives…] 메뉴를 선택한다.

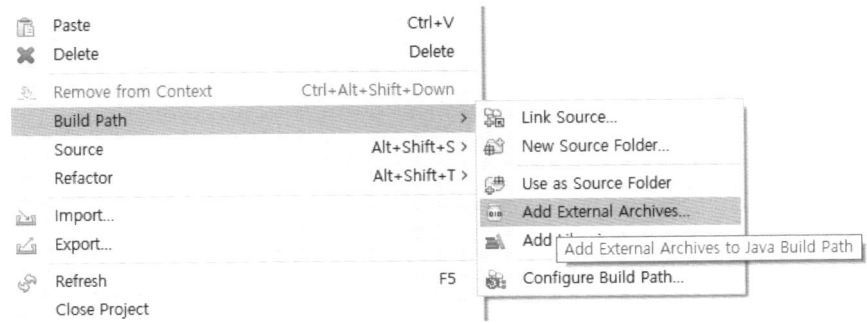

윈도우 탐색기가 실행되면 C:\DEV\h2\bin 폴더에 있는 h2-2.0.204.jar 파일을 선택하고 〈열기〉 버튼을 누르면 다음 그림과 같이 프로젝트에 드라이버가 등록된다.

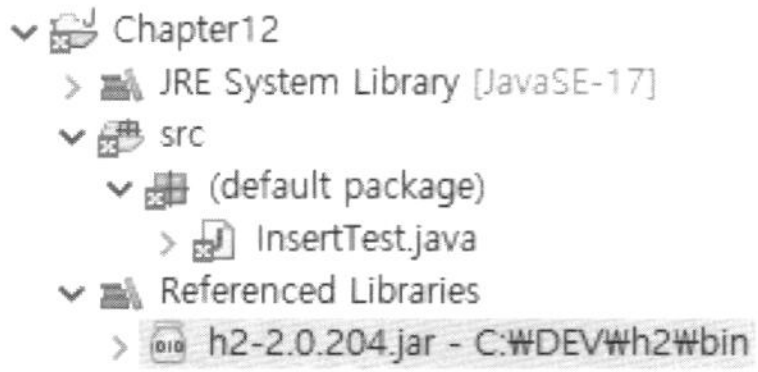

```
∨ Chapter12
    > JRE System Library [JavaSE-17]
    ∨ src
        ∨ (default package)
            > InsertTest.java
    ∨ Referenced Libraries
        > h2-2.0.204.jar - C:\DEV\h2\bin
```

프로젝트에 드라이버를 등록했음에도 불구하고 여전히 컴파일 에러가 사라지지 않는 이유는 DriverManager 클래스의 registerDriver() 메소드가 SQLException을 throws하고 있기 때문이다. 따라서 다음과 같이 try~catch로 예외를 처리하면 문제없이 컴파일된다.

InsertTest.java
```java
import java.sql.DriverManager;
import java.sql.SQLException;

public class InsertTest {

    public static void main(String[] args) {
        try {
            // JDBC 1단계 : 드라이버 객체 로딩
            DriverManager.registerDriver(new org.h2.Driver());
        } catch (SQLException e) {
            e.printStackTrace();
        }
    }
}
```

2단계 : 커넥션 연결

드라이버 객체 로딩에 성공했으면 이제 H2 데이터베이스와 커넥션(Connection)을 연결한다.

InsertTest.java

```java
import java.sql.Connection;
import java.sql.DriverManager;
import java.sql.SQLException;

public class InsertTest {

    public static void main(String[] args) {
        // JDBC 관련 변수
        Connection conn = null;

        try {
            // JDBC 1단계 : 드라이버 객체 로딩
            DriverManager.registerDriver(new org.h2.Driver());

            // JDBC 2단계 : 커넥션 연결
            String jdbcUrl = "jdbc:h2:tcp://localhost/~/test";
            conn = DriverManager.getConnection(jdbcUrl, "sa", "");

            if(conn != null) {
                System.out.println("H2 연결 성공 : " + conn.toString());
            }
        } catch (SQLException e) {
            e.printStackTrace();
        }
    }
}
```

실행 결과

```
H2 연결 성공 : conn0: url=jdbc:h2:tcp://localhost/~/test user=SA
```

특정 데이터베이스로부터 커넥션을 연결하기 위해서는 DriverManager 클래스가 제공하는 static 메소드인 getConnection( )을 사용한다. 이때 데이터베이스에서 제공하는 세 개의 정보가 인자로 전달되는데, 이 정보는 데이터베이스마다 다르다. H2 데이터베이스는 데이터베이스를 처음 구동했을 때 브라우저에 출력되는 정보를 이용한다.

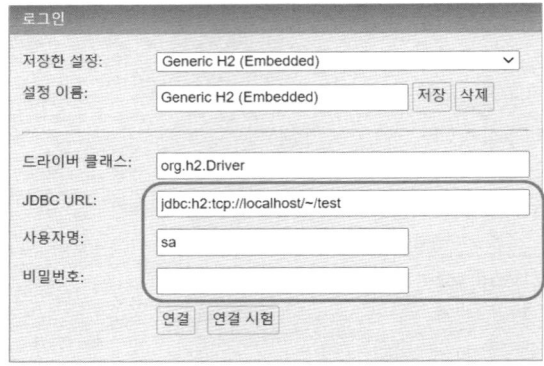

JDBC 프로그램에서 SQL을 사람이라고 가정했을 때, JDBC의 궁극적인 목표는 서울(application)에 있는 사람(SQL)을 목적지인 부산(H2 database)으로 보내는 것이다. 이때 커넥션은 서울과 부산을 연결하는 고속도로에 해당한다.

3단계 : PreparedStatement 생성

커넥션이 서울과 부산을 연결하는 고속도로에 해당한다면, 이제 이 고속도로를 통해 사람(SQL)을 부산으로 보내줄 자동차가 필요한데, 이 자동차가 바로 PreparedStatement다.

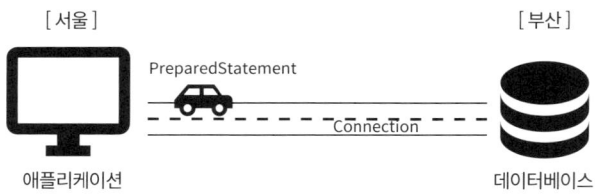

PreparedStatement를 이용하여 작성된 INSERT 명령어를 데이터베이스에 전송하도록 프로그램을 수정하고 실행 결과를 확인하자.

InsertTest.java
```
import java.sql.Connection;
import java.sql.DriverManager;
import java.sql.PreparedStatement;
import java.sql.SQLException;
```

```java
public class InsertTest {

    public static void main(String[] args) {
        // JDBC 관련 변수
        Connection conn = null;
        PreparedStatement stmt = null;

        try {
            // JDBC 1단계 : 드라이버 객체 로딩
            DriverManager.registerDriver(new org.h2.Driver());

            // JDBC 2단계 : 커넥션 연결
            String jdbcUrl = "jdbc:h2:tcp://localhost/~/test";
            conn = DriverManager.getConnection(jdbcUrl, "sa", "");

            // JDBC 3단계 : Statement 생성
            String sql = "insert into student values(?, ?, ?, ?)";
            stmt = conn.prepareStatement(sql);

            if(stmt != null) {
                System.out.println("Statement 객체 : " +
                stmt.toString());
            }
        } catch (SQLException e) {
            e.printStackTrace();
        }
    }
}
```

실행 결과

```
Statement 객체 : prep0: insert into student values(?, ?, ?, ?)
```

생성된 PreparedStatement 객체를 보면 INSERT 명령어가 설정되어 있는 것을 확인할 수 있다. 즉, 사람(SQL)이 자동차(PreparedStatement)에 탑승해 있는 상태인 것이다. 이제 이 자동차를 목적지인 데이터베이스로 보내면 된다.

4단계 : SQL 전송

고속도로(Connection)가 만들어졌고, 자동차(PreparedStatement)도 만들었으면 이제 이 자동차를 이용하여 SQL을 데이터베이스에 전송하면 된다. 그런데 문제는 아직 SQL이 완성되지 않았다는 것이다. SQL을 데이터베이스에 전송하기 위해서는 다음과 같이 SQL에 있는 파라미터(?)에 사용자가 입력한 값들을 채워야 한다.

```
String sql = "insert into student(STUDENT_NO, NAME, SCORE, MAJOR) values(?, ?, ?, ?)";
stmt = conn.prepareStatement(sql);

// ? 값 설정
stmt.setString(1, "STD-000005");
stmt.setString(2, "외계인1");
stmt.setInt(3, 88);
stmt.setString(4, "우주항공 공학");
```

SQL에 있는 파라미터(?)는 자동으로 SQL이 실행되는 순서대로 번호가 부여되는데, 이 번호를 이용하여 각 파라미터에 적절한 값들을 설정한다.

파라미터에 값을 설정할 때는 반드시 컬럼의 데이터 타입을 확인해야 한다. 문자 타입은 setString(), 숫자 타입은 setInt(), 날짜 타입은 setDate() 메소드를 이용하여 타입에 맞게 데이터를 설정해야 한다. 만약 설정되지 않은 파라미터가 있다면 SQLException이 발생한다.

파라미터에 값이 설정된 후에는 SQL을 데이터베이스에 전송해야 하는데, 이때 PreparedStatement의 executeUpdate() 메소드를 사용한다. executeUpdate() 메소드는 INSERT, UPDATE, DELETE문을 실행할 때 사용하는 메소드다.

InsertTest.java 소스를 다음과 같이 수정하고 실행 결과를 확인한다.

InsertTest.java
```java
import java.sql.Connection;
import java.sql.DriverManager;
import java.sql.PreparedStatement;
import java.sql.SQLException;
```

```java
public class InsertTest {

    public static void main(String[] args) {
        // JDBC 관련 변수
        Connection conn = null;
        PreparedStatement stmt = null;

        try {
            // JDBC 1단계 : 드라이버 객체 로딩
            DriverManager.registerDriver(new org.h2.Driver());

            // JDBC 2단계 : 커넥션 연결
            String jdbcUrl = "jdbc:h2:tcp://localhost/~/test";
            conn = DriverManager.getConnection(jdbcUrl, "sa", "");

            // JDBC 3단계 : Statement 생성
            String sql = "insert into student values(?, ?, ?, ?)";
            stmt = conn.prepareStatement(sql);

            // JDBC 4단계 : SQL 전송
            // ? 값 설정
            stmt.setString(1, "STD-000005");
            stmt.setString(2, "외계인1");
            stmt.setInt(3, 88);
            stmt.setString(4, "우주항공 공학");

            int count = stmt.executeUpdate();
            System.out.println(count + "건 데이터 처리 성공!");
        } catch (SQLException e) {
            e.printStackTrace();
        }
    }
}
```

executeUpdate() 메소드는 실행된 SQL에 의해 실제 데이터베이스에 반영된 데이터의 수를 리턴한다. 실행 결과를 H2 콘솔에서 확인하면 다음과 같다.

```
SELECT * FROM STUDENT;
```

실행 결과

STUDENT_NO	NAME	SCORE	MAJOR
STD-000001	김둘리	100	산업 공학
STD-000002	박또치	79	생명 공학
STD-000003	이희동	88	기계 공학
STD-000004	마이콜	46	기계 공학
STD-000005	외계인1	88	우주항공 공학

(5 행, 2 ms)

5단계 : 연결 해제

JDBC 프로그램이 종료되면 데이터베이스 연동에 사용했던 모든 객체들의 연결을 종료 (close)해야 한다. 특히 커넥션의 경우는 데이터베이스로부터 생성할 수 있는 개수가 제한되어 있기 때문에 프로그램이 종료되기 직전에 반드시 데이터베이스와의 연결을 종료해야 한다.

다음은 연결 해제까지 추가된 소스다. 다음 소스를 작성할 때 주의할 점은 방금 실행했던 InsertTest.java로 인해 학번이 'STD-000005'인 학생 정보가 이미 STUDENT 테이블에 등록되어 있다는 것이다.

따라서 다시 InsertTest.java 프로그램을 실행하기 위해서는 학번을 'STD-000005'가 아닌 'STD-000006'으로 변경해야 한다.

InsertTest.java
```java
import java.sql.Connection;
import java.sql.DriverManager;
import java.sql.PreparedStatement;
import java.sql.SQLException;

public class InsertTest {
```

```java
public static void main(String[] args) {
    // JDBC 관련 변수
    Connection conn = null;
    PreparedStatement stmt = null;

    try {
        // JDBC 1단계 : 드라이버 객체 로딩
        DriverManager.registerDriver(new org.h2.Driver());

        // JDBC 2단계 : 커넥션 연결
        String jdbcUrl = "jdbc:h2:tcp://localhost/~/test";
        conn = DriverManager.getConnection(jdbcUrl, "sa", "");

        // JDBC 3단계 : Statement 생성
        String sql = "insert into student values(?, ?, ?, ?)";
        stmt = conn.prepareStatement(sql);

        // JDBC 4단계 : SQL 전송
        // ? 값 설정
        stmt.setString(1, "STD-000006");
        stmt.setString(2, "외계인2");
        stmt.setInt(3, 88);
        stmt.setString(4, "우주항공 공학");

        // SQL 전송
        int count = stmt.executeUpdate();
        System.out.println(count + "건 데이터 처리 성공!");
    } catch (SQLException e) {
        e.printStackTrace();
    } finally {
        // JDBC 5단계 : 연결 해제
        try {
            stmt.close();
        } catch (SQLException e) {
            e.printStackTrace();
        }

        try {
```

```
                    conn.close();
            } catch (SQLException e) {
                e.printStackTrace();
            }
        }
    }
}
```

일반적으로 연결 해제 작업은 예외 발생과 무관하게 실행되는 finally 블록에 작성한다.

```
SELECT * FROM STUDENT;
```

<> 실행 결과

STUDENT_NO	NAME	SCORE	MAJOR
STD-000001	김둘리	100	산업 공학
STD-000002	박또치	79	생명 공학
STD-000003	이희동	88	기계 공학
STD-000004	마이콜	46	기계 공학
STD-000005	외계인1	88	우주항공 공학
STD-000006	외계인2	88	우주항공 공학

(6 행, 3 ms)

12.3.3 JDBC를 위한 Utility 클래스

지금까지 STUDENT 테이블에 학생 정보를 등록하는 프로그램을 작성하면서 JDBC 프로그램의 절차들을 살펴봤다. 이처럼 JDBC는 드라이버 등록부터 커넥션 연결, Prepared Statement 생성, SQL 전송, 연결 해제에 이르기까지 정해진 절차가 있다. 그리고 반드시 이 절차를 지키면서 프로그램을 작성해야 한다.

문제는 이 절차가 데이터를 수정하거나, 삭제, 또는 조회하는 경우에도 반복된다는 것이다. 이런 JDBC의 반복적인 코드는 개발자들을 지치게 하고 다양한 버그를 발생시킬 수 있다. 따라서 커넥션 관련 작업을 별도의 클래스로 분리시켜서 코드의 재사용성을 높여야 한다.

JDBC Utility 클래스 작성

특정 데이터베이스로부터 커넥션을 획득하고 종료하는 JDBCUtil 클래스를 작성한다.

JDBCUtil.java

```java
import java.sql.Connection;
import java.sql.DriverManager;
import java.sql.PreparedStatement;
import java.sql.SQLException;

public class JDBCUtil {

    public static Connection getConnection() {
        Connection conn = null;
        try {
            // JDBC 1단계 : 드라이버 객체 로딩
            DriverManager.registerDriver(new org.h2.Driver());

            // JDBC 2단계 : 커넥션 연결
            String jdbcUrl = "jdbc:h2:tcp://localhost/~/test";
            conn = DriverManager.getConnection(jdbcUrl, "sa", "");
        } catch (SQLException e) {
            e.printStackTrace();
        }
        return conn;
    }

    public static void close(PreparedStatement stmt, Connection conn) {
        // JDBC 5단계 : 연결 해제
        try {
            stmt.close();
        } catch (SQLException e) {
            e.printStackTrace();
        }

        try {
            conn.close();
```

```
            } catch (SQLException e) {
                e.printStackTrace();
            }
        }
    }
}
```

JDBCUtil 클래스는 드라이버 객체를 등록하고, Connection 객체를 리턴하는 getConnection() 메소드와 연결된 커넥션을 해제하는 close() 메소드가 있다. 그리고 이 두 메소드를 모두 static 메소드로 구현하여 객체 생성 없이 바로 호출할 수 있도록 했다.

이렇게 커넥션 관련 기능을 유틸리티 클래스로 분리시키면 데이터베이스가 변경되는 상황이 발생하더라도 대응하기가 쉽다.

JDBCUtil을 이용한 INSERT

앞에서 작성한 InsertTest.java 파일을 다음과 같이 수정하고 실행 결과를 확인한다.

InsertTest.java
```
import java.sql.Connection;
import java.sql.PreparedStatement;
import java.sql.SQLException;

public class InsertTest {

    public static void main(String[] args) {
        // JDBC 관련 변수
        Connection conn = null;
        PreparedStatement stmt = null;

        try {
            conn = JDBCUtil.getConnection();

            // JDBC 3단계 : Statement 생성
            String sql = "insert into student values(?, ?, ?, ?)";
            stmt = conn.prepareStatement(sql);
```

```
            // JDBC 4단계 : SQL 전송
            // ? 값 설정
            stmt.setString(1, "STD-000007");
            stmt.setString(2, "외계인3");
            stmt.setInt(3, 45);
            stmt.setString(4, "우주항공 공학");

            // SQL 전송
            int count = stmt.executeUpdate();
            System.out.println(count + "건 데이터 처리 성공!");
        } catch (SQLException e) {
            e.printStackTrace();
        } finally {
            JDBCUtil.close(stmt, conn);
        }
    }
}
```

H2 데이터베이스로부터 커넥션을 획득하는 코드를 JDBCUtil.getConnection( ) 메소드로 대체했으며, finally 블록에 있던 연결 해제 역시 JDBCUtil.close( ) 메소드로 대체했다.

JDBCUtil을 이용한 UPDATE

수정과 관련된 JDBC 프로그램은 UPDATE SQL을 사용하는 것을 제외하면 InsertTest.java 프로그램과 동일하다.

STUDENT 테이블에 저장된 학생 정보 수정은 시험 점수(SCORE)와 전공(MAJOR)만 수정할 수 있는 것으로 제한하기로 하고, UpdateTest.java 프로그램을 작성하고 실행 결과를 확인한다.

UpdateTest.java

```java
import java.sql.Connection;
import java.sql.PreparedStatement;
import java.sql.SQLException;
```

```java
public class UpdateTest {

    public static void main(String[] args) {
        // JDBC 관련 변수
        Connection conn = null;
        PreparedStatement stmt = null;

        try {
            conn = JDBCUtil.getConnection();

            // JDBC 3단계 : Statement 생성
            String sql =
            "update student set score=?, major=? where student_no=?";
            stmt = conn.prepareStatement(sql);

            // JDBC 4단계 : SQL 전송
            // ? 값 설정
            stmt.setInt(1, 100);
            stmt.setString(2, "식품 영양");
            stmt.setString(3, "STD-000007");

            // SQL 전송
            int count = stmt.executeUpdate();
            System.out.println(count + "건 데이터 처리 성공!");
        } catch (SQLException e) {
            e.printStackTrace();
        } finally {
            JDBCUtil.close(stmt, conn);
        }
    }
}
```

SQL이 UPDATE인 것과 파라미터(?)에 값을 설정하는 부분만 다르고, 나머지는 InsertTest.java 파일의 소스와 완벽하게 동일하다.

H2 콘솔에서 STUDENT 테이블을 조회해보면 학번이 'STD-000007'인 학생의 점수(SCORE)와 전공(MAJOR)이 수정된 것을 확인할 수 있다.

```sql
SELECT * FROM STUDENT;
```

실행 결과

STUDENT_NO	NAME	SCORE	MAJOR
STD-000001	김둘리	100	산업 공학
STD-000002	박또치	79	생명 공학
STD-000003	이희동	88	기계 공학
STD-000004	마이콜	46	기계 공학
STD-000005	외계인1	88	우주항공 공학
STD-000006	외계인2	88	우주항공 공학
STD-000007	외계인3	100	식품 영양

(7 행, 1 ms)

JDBCUtil을 이용한 DELETE

STUDENT 테이블에 저장된 학생 정보를 삭제하기 위해 다음 프로그램을 작성하고 실행 결과를 확인한다.

```java
                                                              DeleteTest.java
import java.sql.Connection;
import java.sql.PreparedStatement;
import java.sql.SQLException;

public class DeleteTest {

    public static void main(String[] args) {
        // JDBC 관련 변수
        Connection conn = null;
        PreparedStatement stmt = null;

        try {
            conn = JDBCUtil.getConnection();
```

```java
                // JDBC 3단계 : Statement 생성
                String sql = "delete student where student_no = ?";
                stmt = conn.prepareStatement(sql);

                // JDBC 4단계 : SQL 전송
                // ? 값 설정
                stmt.setString(1, "STD-000001");

                // SQL 전송
                int count = stmt.executeUpdate();
                System.out.println(count + "건 데이터 처리 성공!");
            } catch (SQLException e) {
                e.printStackTrace();
            } finally {
                JDBCUtil.close(stmt, conn);
            }
        }
    }
```

수정과 마찬가지로 실행된 SQL이 DELETE인 것과 파라미터(?)에 설정된 값만 다르고, 나머지는 이전에 작성했던 InsertTest.java와 UpdateTest.java와 동일하다.

```
SELECT * FROM STUDENT;
```

실행 결과

STUDENT_NO	NAME	SCORE	MAJOR
STD-000002	박또치	79	생명 공학
STD-000003	이희동	88	기계 공학
STD-000004	마이콜	46	기계 공학
STD-000005	외계인1	88	우주항공 공학
STD-000006	외계인2	88	우주항공 공학
STD-000007	외계인3	100	식품 영양

← 'STD-000001' 삭제

(6 행, 1 ms)

조회 결과를 확인해보면 학번이 'STD-000001'인 학생 데이터가 삭제된 것을 확인할 수 있다.

12.3.4 데이터 조회

JDBC API를 이용하여 데이터를 조회하기 위해서는 DQL 명령어에 해당하는 SELECT를 사용해야 한다.

JDBCUtil을 이용한 SELECT

자바 프로그램에서 데이터베이스가 조회한 SELECT 결과를 받기 위해서는 ResultSet이라는 새로운 인터페이스를 사용해야 한다.

ResultSet에 대한 자세한 내용은 조회 관련 실습을 마무리한 후에 다루기로 하고, 우선은 JDBCUtil 클래스에 close() 메소드를 다음과 같이 오버로딩한다.

```java
                                                              JDBCUtil.java
import java.sql.Connection;
import java.sql.DriverManager;
import java.sql.PreparedStatement;
import java.sql.ResultSet;
import java.sql.SQLException;

public class JDBCUtil {

    public static Connection getConnection() {
        ~ 생략 ~
    }

    public static void close(PreparedStatement stmt, Connection conn) {
        ~ 생략 ~
    }

    public static void close(ResultSet rs, PreparedStatement stmt,
    Connection conn) {
```

```
            // JDBC 5단계 : 연결 해제
            try {
                rs.close();
            } catch (SQLException e) {
                e.printStackTrace();
            }

            try {
                stmt.close();
            } catch (SQLException e) {
                e.printStackTrace();
            }

            try {
                conn.close();
            } catch (SQLException e) {
                e.printStackTrace();
            }
        }
    }
```

기존의 close() 메소드는 PreparedStatement와 Connection만 해제했다. 그런데 오버로딩한 close() 메소드는 SELECT에서 사용하는 ResultSet까지 해제한다.

JDBCUtil 클래스를 수정했으면 이제 학생 목록을 검색하는 프로그램을 작성하고 실행 결과를 확인한다.

SelectTest1.java
```java
import java.sql.Connection;
import java.sql.PreparedStatement;
import java.sql.ResultSet;
import java.sql.SQLException;

public class SelectTest1 {

    public static void main(String[] args) {
```

```java
        // JDBC 관련 변수
        Connection conn = null;
        PreparedStatement stmt = null;
        ResultSet rs = null;

        try {
            conn = JDBCUtil.getConnection();

            // JDBC 3단계 : Statement 생성
            String sql = "select * from student";
            stmt = conn.prepareStatement(sql);

            // JDBC 4단계 : SQL 전송
            rs = stmt.executeQuery();

            // JDBC 5단계 : 조회 결과 사용
            System.out.println("[ STUDENT 목록 ]");
            rs.next();
            System.out.print(rs.getString("STUDENT_NO") + " : ");
            System.out.print(rs.getString("NAME") + " : ");
            System.out.print(rs.getInt("SCORE") + " : ");
            System.out.println(rs.getString("MAJOR"));

        } catch (SQLException e) {
            e.printStackTrace();
        } finally {
            JDBCUtil.close(rs, stmt, conn);
        }
    }
}
```

<> 실행 결과

[STUDENT 목록]
STD-000002 : 박또치 : 79 : 생명 공학

작성된 소스를 보면 우선 SQL 명령어는 조회에 해당하는 SELECT문이 사용됐다. 그리고 PreparedStatement의 executeQuery( ) 메소드를 사용하여 SELECT문을 데이터베이스에 전송하고 있다. SQL이 INSERT, UPDATE, DELETE인 경우는 executeUpdate( ) 메소드를 사용하지만 SELECT인 경우에는 executeQuery( ) 메소드를 사용한다. 중요한 것은 executeQuery( ) 메소드가 SELECT의 실행 결과를 ResultSet 객체에 담아서 리턴한다는 것이다.

ResultSet 구조

SELECT의 결과를 처리하기 위해서는 ResultSet 객체의 구조를 이해해야 한다. 다음은 SELECT 결과를 포함하는 ResultSet의 구조를 그림으로 표현한 것이다.

cursor →	Before First			
	STD-000002	박또치	79	생명 공학
	STD-000003	이희동	88	기계 공학
	STD-000004	마이콜	46	기계 공학
	STD-000005	외계인1	88	우주항공 공학
	STD-000006	외계인2	88	우주항공 공학
	STD-000007	외계인3	100	식품 영양
	After Last			

[ResultSet의 next( ) 호출 전]

ResultSet 객체에는 데이터가 없는 before first와 after last라는 영역이 있다. 그리고 현재 읽어야 할 데이터의 위치를 알려주는 커서라는 것도 있다. ResultSet 객체가 생성되는 순간 커서의 위치는 before first다. 그러다가 next( ) 메소드가 호출되면 커서는 다음과 같이 한 줄 밑으로 이동한다.

	Before First			
cursor →	STD-000002	박또치	79	생명 공학
	STD-000003	이희동	88	기계 공학
	STD-000004	마이콜	46	기계 공학
	STD-000005	외계인1	88	우주항공 공학
	STD-000006	외계인2	88	우주항공 공학
	STD-000007	외계인3	100	식품 영양
	After Last			

[ResultSet의 next( ) 호출 후]

우리가 방금 작성한 프로그램(SelectTest1.java)을 실행했을 때, 데이터가 한 줄만 출력된 이유는 ResultSet의 next( ) 메소드를 한 번만 호출했기 때문이다. 만약 다음과 같이 next( ) 메소드를 두 번 호출한다면 당연히 두 줄의 검색 결과가 출력될 것이다.

SelectTest1.java (설명을 위한 코드이므로 작성하지 않는다)

```java
~ 생략 ~

// JDBC 5단계 : 조회 결과 사용
System.out.println("[ STUDENT 목록 ]");
rs.next();
System.out.print(rs.getString("STUDENT_NO") + " : ");
System.out.print(rs.getString("NAME") + " : ");
System.out.print(rs.getInt("SCORE") + " : ");
System.out.println(rs.getString("MAJOR"));

rs.next();
System.out.print(rs.getString("STUDENT_NO") + " : ");
System.out.print(rs.getString("NAME") + " : ");
System.out.print(rs.getInt("SCORE") + " : ");
System.out.println(rs.getString("MAJOR"));

~ 생략 ~
```

그런데 우리는 STUDENT 테이블에 몇 건의 학생 정보가 저장되어 있는지 모른다. 따라서 이런 경우는 마지막 데이터까지 읽고 커서가 after last 영역까지 이동하도록 반복적으로 next() 메소드를 호출하면서 읽기 작업을 처리해야 한다.

next() 메소드의 또 다른 기능은 읽을 데이터가 있는지를 확인하여 데이터가 있으면 true, 없으면 false를 리턴하는 것이다. 앞에서 작성한 SelectTest1.java를 다음과 같이 수정한다.

SelectTest1.java

```java
import java.sql.Connection;
import java.sql.PreparedStatement;
import java.sql.ResultSet;
import java.sql.SQLException;

public class SelectTest1 {

    public static void main(String[] args) {
        // JDBC 관련 변수
        Connection conn = null;
        PreparedStatement stmt = null;
        ResultSet rs = null;

        try {
            conn = JDBCUtil.getConnection();

            // JDBC 3단계 : Statement 생성
            String sql = "select * from student";
            stmt = conn.prepareStatement(sql);

            // JDBC 4단계 : SQL 전송
            rs = stmt.executeQuery();

            // JDBC 5단계 : 조회 결과 사용
            System.out.println("[ STUDENT 목록 ]");
            while(rs.next()) {
                System.out.print(rs.getString("STUDENT_NO") + " : ");
                System.out.print(rs.getString("NAME") + " : ");
```

```
                    System.out.print(rs.getInt("SCORE") + " : ");
                    System.out.println(rs.getString("MAJOR"));
                }
            } catch (SQLException e) {
                e.printStackTrace();
            } finally {
                JDBCUtil.close(rs, stmt, conn);
            }
        }
    }
```

실행 결과

```
[ STUDENT 목록 ]
STD-000002 : 박또치 : 79 : 생명 공학
STD-000003 : 이희동 : 88 : 기계 공학
STD-000004 : 마이콜 : 46 : 기계 공학
STD-000005 : 외계인1 : 88 : 우주항공 공학
STD-000006 : 외계인2 : 88 : 우주항공 공학
STD-000007 : 외계인3 : 100 : 식품 영양
```

ResultSet 객체에 있는 검색 결과를 사용할 때는 컬럼의 이름과 데이터 타입을 확인해야 한다. 예를 들어 학번(STUDENT_NO) 컬럼의 데이터 타입은 문자(VARCHAR)다. 따라서 ResultSet의 getString("STUDENT_NO") 메소드를 사용해야 하며, 점수(SCORE)는 숫자 타입(NUMBER)이므로 getInt("SCORE")로 처리한다.

그리고 getXXX() 메소드를 호출할 때 컬럼 이름을 인자로 넘기는데, 이때 컬럼 이름은 대소문자를 구분하지 않는다. 하지만 가독성을 위해 일반적으로 컬럼 이름은 대문자로 작성한다.

검색 응용

60점 이상을 합격이라고 했을 때 학생 테이블에서 불합격한 학생들의 전공, 이름, 점수를 조회하는 프로그램을 작성해보자.

SelectTest2.java

```java
import java.sql.Connection;
import java.sql.PreparedStatement;
import java.sql.ResultSet;
import java.sql.SQLException;

public class SelectTest2 {

    public static void main(String[] args) {
        // JDBC 관련 변수
        Connection conn = null;
        PreparedStatement stmt = null;
        ResultSet rs = null;

        try {
            conn = JDBCUtil.getConnection();

            // JDBC 3단계 : Statement 생성
            String sql = "select * from student where score < 60";
            stmt = conn.prepareStatement(sql);

            // JDBC 4단계 : SQL 전송
            rs = stmt.executeQuery();

            // JDBC 5단계 : 조회 결과 사용
            System.out.println("[ 불합격 STUDENT 목록 ]");
            while(rs.next()) {
                System.out.print(rs.getString("MAJOR") + " : ");
                System.out.print(rs.getString("NAME") + " : ");
                System.out.println(rs.getInt("SCORE"));
            }

        } catch (SQLException e) {
            e.printStackTrace();
        } finally {
            JDBCUtil.close(rs, stmt, conn);
        }
    }
}
```

실행 결과

[불합격 STUDENT 목록]
기계 공학 : 마이콜 : 46

12.4 DAO 패턴 적용

JDBC를 이용하여 데이터베이스 연동을 처리하면 특정 DBMS에 종속되지 않으면서 이식성이 뛰어난 프로그램을 개발할 수 있다. 그러나 문제는 JDBC 프로그램의 절차가 너무 장황하고 복잡해서 비즈니스 로직이나 알고리즘에 집중하기 어렵다는 단점이 있다.

12.4.1 DAO 클래스

일반적으로 '다오'라고 부르는 DAO 클래스는 Data Access Object의 첫 글자를 따서 만든 이름이다. DAO 클래스는 말 그대로 데이터베이스에 접근하여 실질적인 데이터베이스 연동 작업을 담당하는 클래스로 이해하면 된다.

먼저 실습을 진행하고 DAO 클래스의 유용성에 대해서 확인해보자.

StudentDAO.java
```java
import java.sql.Connection;
import java.sql.PreparedStatement;
import java.sql.ResultSet;
import java.sql.SQLException;

public class StudentDAO {
    // JDBC 관련 변수
    private Connection conn = null;
    private PreparedStatement stmt = null;
    private ResultSet rs = null;

    // STUDENT 테이블 관련 SQL 명령어
    private String STUDENT_LIST = "select * from student";
```

```java
    // STUDENT 테이블 관련 CRUD 메소드
    // 학생 목록 조회
    public void getStudentList() {
        try {
            conn = JDBCUtil.getConnection();
            stmt = conn.prepareStatement(STUDENT_LIST);
            rs = stmt.executeQuery();
            System.out.println("[ STUDENT 목록 ]");
            while(rs.next()) {
                System.out.print(rs.getString("STUDENT_NO") + " : ");
                System.out.print(rs.getString("NAME") + " : ");
                System.out.print(rs.getInt("SCORE") + " : ");
                System.out.println(rs.getString("MAJOR"));
            }
        } catch (SQLException e) {
            e.printStackTrace();
        } finally {
            JDBCUtil.close(rs, stmt, conn);
        }
    }
}
```

이제 작성된 StudentDAO 클래스를 이용하여 학생 목록을 조회하는 SelectTest3.java 파일을 다음과 같이 작성하고 실행 결과를 확인한다.

SelectTest3.java
```java
public class SelectTest3 {

    public static void main(String[] args) {
        // 1. StudentDAO 객체를 생성한다.
        StudentDAO dao = new StudentDAO();

        // 2. 목록을 조회한다.
        dao.getStudentList();
    }
}
```

실행 결과는 이전과 동일하다. 하지만 수정된 소스를 보면 이전에 작성했던 SelectTest1. java 프로그램과 비교했을 때, 매우 간결하게 변경된 것을 확인할 수 있을 것이다.

사실 이 소스의 핵심은 STUDENT 테이블에 저장된 학생의 목록을 출력하는 것이지 복잡한 JDBC 코드가 아니다. 그런데 이전 코드는 너무 복잡하고 장황했던 JDBC 코드로 인해 핵심 로직이 잘 드러나지 않았던 것이 사실이다.

그리고 이렇게 DAO 클래스를 작성하면 어디에선가 학생 목록이 필요한 경우에 getStudentList() 메소드만 호출하면 되기 때문에 코드의 재사용성 측면에서도 매우 효율적이다.

12.4.2 DAO 적용

이제 DAO 클래스에 나머지 기능들도 추가로 작성하고, 각 테스트 코드에서 DAO를 이용하도록 수정해보자.

DAO를 이용한 INSERT

StudentDAO 클래스에 학생 정보를 등록하는 기능의 메소드를 추가한다.

```
                                                              StudentDAO.java
~ 생략 ~

// STUDENT 테이블 관련 SQL 명령어
private String STUDENT_LIST = "select * from student";
private String STUDENT_INSERT = "insert into student values(?, ?, ?, ?)";

// STUDENT 테이블 관련 CRUD 메소드
// 학생 등록
public void insertStudent(String studentNo, String name, int score, String major) {
    try {
        conn = JDBCUtil.getConnection();
        stmt = conn.prepareStatement(STUDENT_INSERT);
        stmt.setString(1, studentNo);
        stmt.setString(2, name);
        stmt.setInt(3, score);
```

```
            stmt.setString(4, major);
            stmt.executeUpdate();
        } catch (SQLException e) {
            e.printStackTrace();
        } finally {
            JDBCUtil.close(stmt, conn);
        }
    }
}

// 학생 목록 조회
public void getStudentList() {
    ~ 생략 ~
}
```

이제 앞에서 작성했던 InsertTest.java 파일을 다음과 같이 수정하고 실행 결과를 확인한다.

InsertTest.java
```
public class InsertTest {

    public static void main(String[] args) {
        // 1. StudentDAO 객체를 생성한다.
        StudentDAO dao = new StudentDAO();

        // 2. 학생 정보를 등록한다.
        dao.insertStudent("STD-000008", "외계인4", 0, "생명 공학");

        // 3. 목록을 조회한다.
        dao.getStudentList();
    }
}
```

실행 결과

```
[ STUDENT 목록 ]
~ 생략 ~
STD-000006 : 외계인2 : 88 : 우주항공 공학
STD-000007 : 외계인3 : 100 : 식품 영양
STD-000008 : 외계인4 : 0 : 생명 공학
```

DAO를 이용한 UPDATE

이번에는 StudentDAO 클래스에 수정 기능의 메소드를 추가한다.

StudentDAO.java

```java
~ 생략 ~

// STUDENT 테이블 관련 SQL 명령어
private String STUDENT_LIST = "select * from student";
private String STUDENT_INSERT = "insert into student values(?, ?, ?, ?)";
private String STUDENT_UPDATE = "update student set score = ?, major = ? where student_no = ?";

// STUDENT 테이블 관련 CRUD 메소드
// 학생 수정
public void updateStudent(int score, String major, String studentNo) {
    try {
        conn = JDBCUtil.getConnection();
        stmt = conn.prepareStatement(STUDENT_UPDATE);
        stmt.setInt(1, score);
        stmt.setString(2, major);
        stmt.setString(3, studentNo);
        stmt.executeUpdate();
    } catch (SQLException e) {
        e.printStackTrace();
    } finally {
        JDBCUtil.close(stmt, conn);
    }
}

// 학생 등록
public void insertStudent(String studentNo, String name, int score, String major) {
    ~ 생략 ~
}

// 학생 목록 조회
public void getStudentList() {
    ~ 생략 ~
}
```

이제 앞에서 작성했던 UpdateTest.java 파일을 다음과 같이 수정하고 실행 결과를 확인한다.

```java
// UpdateTest.java
public class UpdateTest {

    public static void main(String[] args) {
        // 1. StudentDAO 객체를 생성한다.
        StudentDAO dao = new StudentDAO();

        // 2. 학생 정보를 수정한다.
        dao.updateStudent(81, "통계학", "STD-000008");

        // 3. 목록을 조회한다.
        dao.getStudentList();
    }
}
```

실행 결과

```
[ STUDENT 목록 ]
~ 생략 ~
STD-000006 : 외계인2 : 88 : 우주항공 공학
STD-000007 : 외계인3 : 100 : 식품 영양
STD-000008 : 외계인4 : 81 : 통계학
```

DAO를 이용한 DELETE

마지막으로 StudentDAO 클래스에 삭제 기능의 메소드를 추가로 작성한다.

```java
// StudentDAO.java
~ 생략 ~

// STUDENT 테이블 관련 SQL 명령어
private String STUDENT_LIST = "select * from student";
private String STUDENT_INSERT = "insert into student values(?, ?, ?, ?)";
```

```java
    private String STUDENT_UPDATE = "update student set score = ?, major = ? where student_no = ?";
    private String STUDENT_DELETE = "delete student where student_no = ?";

    // STUDENT 테이블 관련 CRUD 메소드
    // 학생 삭제
    public void deleteStudent(String studentNo) {
        try {
            conn = JDBCUtil.getConnection();
            stmt = conn.prepareStatement(STUDENT_DELETE);
            stmt.setString(1, studentNo);
            stmt.executeUpdate();
        } catch (SQLException e) {
            e.printStackTrace();
        } finally {
            JDBCUtil.close(stmt, conn);
        }
    }

    // 학생 수정
    public void updateStudent(int score, String major, String studentNo) {
        ~ 생략 ~
    }

    // 학생 등록
    public void insertStudent(String studentNo, String name, int score, String major) {
        ~ 생략 ~
    }

    // 학생 목록 조회
    public void getStudentList() {
        ~ 생략 ~
    }
```

이제 앞에서 작성했던 DeleteTest.java 파일을 다음과 같이 수정하고 실행 결과를 확인한다.

```
                                                         DeleteTest.java
public class DeleteTest {

    public static void main(String[] args) {
        // 1. StudentDAO 객체를 생성한다.
        StudentDAO dao = new StudentDAO();

        // 2. 학생 정보를 삭제한다.
        dao.deleteStudent("STD-000008");

        // 3. 목록을 조회한다.
        dao.getStudentList();
    }
}
```

실행 결과

```
[ STUDENT 목록 ]
STD-000002 : 박또치 : 79 : 생명 공학
STD-000003 : 이희동 : 88 : 기계 공학
STD-000004 : 마이콜 : 46 : 기계 공학
STD-000005 : 외계인1 : 88 : 우주항공 공학
STD-000006 : 외계인2 : 88 : 우주항공 공학
STD-000007 : 외계인3 : 100 : 식품 영양
```

12.5 VO 패턴 적용

VO(Value Object)는 값 객체라는 의미의 클래스다. VO 패턴이 적용된 클래스를 이용하면 관련된 여러 값들은 하나의 객체에 담아서 처리할 수 있다.

12.5.1 매개변수와 유지보수

메소드의 매개변수가 많으면, 프로그램의 유지보수를 어렵게 만든다. 그러면 매개변수가 많은 메소드가 어떤 문제를 발생시키는지 간단한 실습을 진행해보자.

학생 정보를 등록하는 InsertTest.java 파일을 다음과 같이 수정하고 실행 결과를 확인한다.

InsertTest.java
```java
public class InsertTest {

    public static void main(String[] args) {
        // 1. StudentDAO 객체를 생성한다.
        StudentDAO dao = new StudentDAO();

        // 2. 학생 정보를 등록한다.
        dao.insertStudent("외계인4", "생명 공학", 10, "STD-000008");

        // 3. 목록을 조회한다.
        dao.getStudentList();
    }
}
```

◇ 실행 결과

```
[ STUDENT 목록 ]
~ 생략 ~
STD-000006 : 외계인2 : 88 : 우주항공 공학
STD-000007 : 외계인3 : 100 : 식품 영양
외계인4 : 생명 공학 : 10 : STD-000008
```

실행 결과가 정상적으로 출력되는 것으로 보아 소스 자체가 문제가 있어 보이지는 않는다. 하지만 실행 이후에 출력된 STUDENT 목록을 보면 새롭게 등록된 학생 정보가 뭔가 이상하다. 학번 컬럼에 이름이, 이름 컬럼에 전공이, 마지막으로 전공 컬럼에 학번이 등록된 것이다.

이런 결과가 출력된 것은 StudentDAO의 메소드가 호출될 때 매개변수의 개수와 데이터 타입만 일치하면 호출이 이뤄지기 때문이다.

```
                              // 2. 학생 정보를 등록한다.
                              dao.insertStudent("외계인4", "생명 공학", 10, "STD-000008");
```

```
// 학생 등록
public void insertStudent(String studentNo, String name, int score, String major) {
    try {
        conn = JDBCUtil.getConnection();
        stmt = conn.prepareStatement(STUDENT_INSERT);
        stmt.setString(1, studentNo);
        stmt.setString(2, name);
        stmt.setInt(3, score);
        stmt.setString(4, major);
        stmt.executeUpdate();
    } catch (SQLException e) {
        e.printStackTrace();
    } finally {
        JDBCUtil.close(stmt, conn);
    }
}
```

메소드를 호출할 때는 호출되는 메소드의 매개변수 개수와 타입을 반드시 확인해야 한다. 결국 매개변수가 많은 메소드를 호출하는 것은 문제가 발생할 가능성이 크다는 것을 의미한다.

12.5.2 VO 클래스 작성

즉, 메소드의 매개변수는 적을수록 좋다. VO는 이렇게 여러 개의 매개변수를 사용하는 메소드에 대해서 매개변수를 하나로 통합하는 역할을 한다. 실습을 위해 StudentVO 클래스를 작성한다.

```
                                                            StudentVO.java
public class StudentVO {

    // private 멤버 변수 선언
    private String studentNo;
    private String name;
    private int score;
    private String major;
}
```

StudentVO 클래스는 STUDENT 테이블의 컬럼 이름과 동일한 이름의 멤버 변수를 갖는다. 다만 외부에서 직접 멤버 변수에 접근할 수 없도록 private 접근 제한을 설정했다. 그리고 private 멤버 변수에 접근할 수 있는 public Getter, Setter 메소드를 작성하면 된다.

public Getter, Setter 메소드를 작성할 때는 이클립스의 소스 생성 기능을 이용한다. 작성 중인 StudentVO 클래스 소스에서 오른쪽 마우스를 클릭하고 [Source] → [Generate Getters and Setters…]를 선택한다.

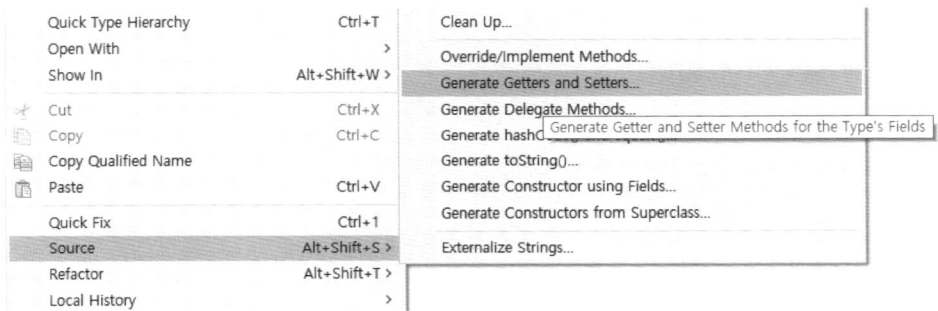

모든 멤버 변수에 대해서 Getter와 Setter 메소드를 작성할 것이므로 오른쪽에 〈Select All〉 버튼을 누른다. 그리고 Getter/Setter 메소드를 추가할 위치를 Insertion point에서 선택하고 〈Generate〉 버튼을 클릭한다.

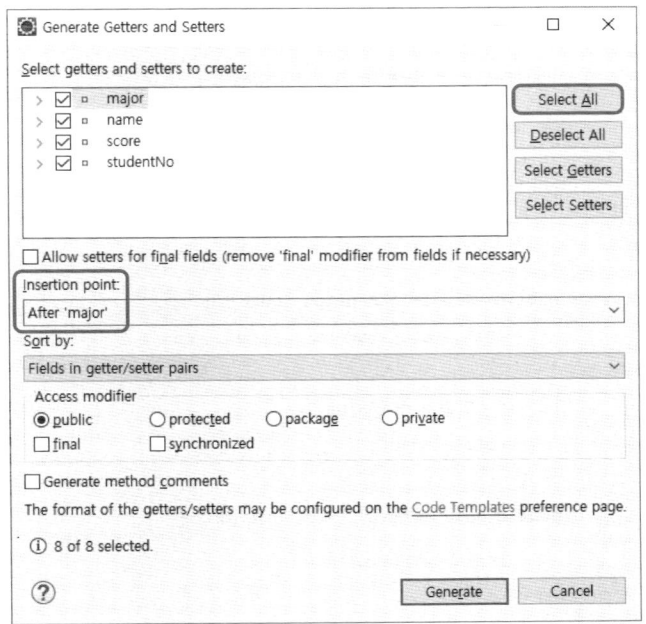

Getter/Setter 메소드가 만들어졌으면 toString() 메소드도 추가한다. 다음은 모든 소스가 생성된 StudentVO 클래스의 완성된 모습이다.

StudentVO.java
```java
public class StudentVO {

    // private 멤버 변수 선언
    private String studentNo;
    private String name;
    private int score;
    private String major;

    // Getter/Setter 메소드
    public String getStudentNo() {
        return studentNo;
    }
    public void setStudentNo(String studentNo) {
        this.studentNo = studentNo;
    }
    public String getName() {
        return name;
    }
    public void setName(String name) {
        this.name = name;
    }
    public int getScore() {
        return score;
    }
    public void setScore(int score) {
        this.score = score;
    }
    public String getMajor() {
        return major;
    }
    public void setMajor(String major) {
        this.major = major;
    }
```

```java
    // toString 메소드
    @Override
    public String toString() {
        return "StudentVO [studentNo=" + studentNo + ", name=" + name
                + ", score=" + score + ", major=" + major + "]";
    }
}
```

12.5.3 VO 클래스 적용

INSERT 메소드에 적용

StudentVO 클래스를 매개변수로 이용하도록 StudentDAO 클래스의 insertStudent( ) 메소드를 수정한다.

StudentDAO.java
```java
~ 생략 ~

// 학생 등록
public void insertStudent(StudentVO vo) {
    try {
        conn = JDBCUtil.getConnection();
        stmt = conn.prepareStatement(STUDENT_INSERT);
        stmt.setString(1, vo.getStudentNo());
        stmt.setString(2, vo.getName());
        stmt.setInt(3, vo.getScore());
        stmt.setString(4, vo.getMajor());
        stmt.executeUpdate();
    } catch (SQLException e) {
        e.printStackTrace();
    } finally {
        JDBCUtil.close(stmt, conn);
    }
}

~ 생략 ~
```

그리고 insertStudent( ) 메소드를 호출하는 InsertTest.java 파일도 다음과 같이 수정하고 실행 결과를 확인한다.

InsertTest.java
```java
public class InsertTest {

    public static void main(String[] args) {
        // 1. StudentDAO 객체를 생성한다.
        StudentDAO dao = new StudentDAO();

        // 2. 학생 정보를 등록한다.
        StudentVO vo = new StudentVO();

        vo.setName("외계인5");
        vo.setMajor("생명 공학");
        vo.setScore(20);
        vo.setStudentNo("STD-000009");
        dao.insertStudent(vo);

        // 3. 목록을 조회한다.
        dao.getStudentList();
    }
}
```

실행 결과

```
[ STUDENT 목록 ]
~ 생략 ~
STD-000007 : 외계인3 : 100 : 식품 영양
외계인4 : 생명 공학 : 10 : STD-000008
STD-000009 : 외계인5 : 20 : 생명 공학
```

입력한 학생 정보가 원하는 위치에 정확하게 입력된 것을 확인할 수 있다.

UPDATE 메소드에 적용

StudentDAO 클래스에 있는 updateStudent( ) 메소드도 매개변수가 여러 개다. 따라서 updateStudent( ) 메소드도 다음과 같이 수정한다.

StudentDAO.java

```java
~ 생략 ~

// 학생 수정
public void updateStudent(StudentVO vo) {
    try {
        conn = JDBCUtil.getConnection();
        stmt = conn.prepareStatement(STUDENT_UPDATE);
        stmt.setInt(1, vo.getScore());
        stmt.setString(2, vo.getMajor());
        stmt.setString(3, vo.getStudentNo());
        stmt.executeUpdate();
    } catch (SQLException e) {
        e.printStackTrace();
    } finally {
        JDBCUtil.close(stmt, conn);
    }
}

~ 생략 ~
```

그리고 updateStudent( ) 메소드를 호출하는 UpdateTest.java 파일도 다음과 같이 수정하고 실행 결과를 확인한다.

UpdateTest.java

```java
public class UpdateTest {

    public static void main(String[] args) {
        // 1. StudentDAO 객체를 생성한다.
        StudentDAO dao = new StudentDAO();
```

```java
        // 2. 학생 정보를 수정한다.
        StudentVO vo = new StudentVO();
        vo.setMajor("심리학");
        vo.setScore(0);
        vo.setStudentNo("STD-000009");
        dao.updateStudent(vo);

        // 3. 목록을 조회한다.
        dao.getStudentList();
    }
}
```

실행 결과

```
[ STUDENT 목록 ]
~ 생략 ~
STD-000007 : 외계인3 : 100 : 식품 영양
외계인4 : 생명 공학 : 10 : STD-000008
STD-000009 : 외계인5 : 0 : 심리학
```

SELECT 메소드에 적용

StudentDAO 클래스의 getStudentList() 메소드를 호출하면 당연히 콘솔에 학생 목록이 출력된다. 그런데 getStudentList() 메소드를 호출하는 쪽에서 학생의 이름과 점수만 출력하고 싶은 경우도 있을 것이다. 그럴 때는 StudentDAO 클래스에 다음과 같은 메소드를 추가로 구현하면 된다.

StudentDAO.java (설명을 위한 코드이므로 작성하지 않는다)

```java
~ 생략 ~

// 학생 목록 조회2
public void getStudentList2() {
    try {
        conn = JDBCUtil.getConnection();
        stmt = conn.prepareStatement(STUDENT_LIST);
        rs = stmt.executeQuery();
```

```
            System.out.println("[ STUDENT 목록 ]");
            while(rs.next()) {
                System.out.println(rs.getString("NAME") + "의 점수 : " +
                rs.getInt("SCORE") + "점");
            }
        } catch (SQLException e) {
            e.printStackTrace();
        } finally {
            JDBCUtil.close(rs, stmt, conn);
        }
    }
}

~ 생략 ~
```

그런데 또 어떤 경우는 조회 결과가 총 몇 건인지만 알고 싶을 수도 있다. 이때는 StudentDAO 클래스에 또 새로운 메소드를 작성하면 된다.

StudentDAO.java (설명을 위한 코드이므로 작성하지 않는다)

```
~ 생략 ~

// 학생 수 조회
public void getStudentCount() {
    try {
        conn = JDBCUtil.getConnection();
        stmt = conn.prepareStatement(STUDENT_LIST);
        rs = stmt.executeQuery();
        int studentCount = 0;

        while(rs.next()) {
            studentCount++;
        }
        System.out.println("STUDENT 데이터 수 : " + studentCount + "(건)");
    } catch (SQLException e) {
        e.printStackTrace();
    } finally {
        JDBCUtil.close(rs, stmt, conn);
```

```
        }
    }
~ 생략 ~
```

그런데 이런 식으로 계속 새로운 메소드를 만들다 보면 비슷한 모양의 메소드가 반복적으로 작성되고, 결국 목록과 관련된 메소드가 너무 많아져서 관리하기 어려워진다. 이런 문제를 해결하려면 목록 기능의 메소드에서는 검색 결과를 직접 처리하지 않고, 메소드를 호출한 곳으로 검색 결과를 리턴하면 된다.

먼저 StudentDAO 클래스의 getStudentList( ) 메소드를 다음과 같이 수정한다.

```java
                                                                    StudentDAO.java
import java.sql.Connection;
import java.sql.PreparedStatement;
import java.sql.ResultSet;
import java.sql.SQLException;
import java.util.ArrayList;
import java.util.List;

~ 생략 ~

// 학생 목록 조회
public List<StudentVO> getStudentList() {
    List<StudentVO> studentList = new ArrayList<StudentVO>();
    try {
        conn = JDBCUtil.getConnection();
        stmt = conn.prepareStatement(STUDENT_LIST);
        rs = stmt.executeQuery();
        while(rs.next()) {
            StudentVO student = new StudentVO();
            student.setStudentNo(rs.getString("STUDENT_NO"));
            student.setName(rs.getString("NAME"));
            student.setScore(rs.getInt("SCORE"));
            student.setMajor(rs.getString("MAJOR"));
            studentList.add(student);
```

```
            }
        } catch (SQLException e) {
            e.printStackTrace();
        } finally {
            JDBCUtil.close(rs, stmt, conn);
        }
        return studentList;
    }
}
```

getStudentList( ) 메소드에서는 StudentVO 객체에 검색 결과를 매핑하고, 생성된 StudentVO 객체들을 java.util.List에 담아서 리턴하도록 했다.

이제 앞에서 작성했던 SelectTest3.java 소스를 다음과 같이 수정하고 실행 결과를 확인한다.

SelectTest3.java
```java
import java.util.List;

public class SelectTest3 {

    public static void main(String[] args) {
        // 1. StudentDAO 객체를 생성한다.
        StudentDAO dao = new StudentDAO();

        // 2. 목록을 조회한다.
        List<StudentVO> studentList = dao.getStudentList();

        // CASE-1
        System.out.println("전체 학생의 수 : " + studentList.size());

        // CASE-2
        System.out.println("[ 학생의 점수 ]");
        for (StudentVO student : studentList) {
            System.out.println(student.getName() + "의 점수 : " +
            student.getScore() + "점");
        }
    }
}
```

실행 결과

```
전체 학생의 수 : 8
[ 학생의 점수 ]
박또치의 점수 : 79점
이희동의 점수 : 88점
~ 생략 ~
외계인3의 점수 : 100점
생명 공학의 점수 : 10점
외계인5의 점수 : 0점
```

마무리하며

이번 장에서는 JDBC API에 대해서 학습했다. 데이터베이스 연동은 모든 프로그램 언어가 제공해야 하는 필수 기능이며, JDBC는 자바가 오라클이나 MySQL 같은 관계형 데이터베이스 연동을 지원하기 위해 제공하는 핵심 API다.

JDBC 프로그램 절차는 드라이버 로딩, Connection 연결, Statement 생성, SQL 전송, 검색 결과 처리, Connection 해제다. 이런 절차를 매번 반복하지 않기 위해서는 적절한 Utility 클래스를 작성하는 것이 좋다.

또한 데이터베이스 연동을 전담하는 DAO(Data Access Object) 클래스와 데이터를 한 번에 전달하기 위한 VO(Value Object) 클래스를 작성하고 활용할 수 있도록 숙달하기 바란다.

찾·아·보·기

A - B

abstract	232
API(Application Programming Interface)	289
argument	145
ArrayList	337
Arrays 클래스	326
break문	76

C

Calendar 클래스	332
class	115
Connection	404
constructor	121
continue문	80

D

DAO(Data Access Object)	427
Date 클래스	332
DDL(Data Definition Language)	394
DML(Data Manipulation Language)	395
do~while문	75
DQL(Data Query Language)	398

E - F

exception	263
File 클래스	376
final	217
finally 블록	274
for문	65

G - H

generic	338
Getter	152
H2 데이터베이스	389
HashMap	349
HashSet	345
HashTable	352

I

if~else if문	58
if~else문	56
if문	54
import	137
initialize	28
instance	117
interface	247

J

java.io 패키지	355
java.lang 패키지	290
java.util 패키지	323
java.util.Scanner	374
JDBC 드라이버	402
JDBC(Java Database Connectivity)	401
JDK(Java Development Kit)	6
JVM(Java Virtual Machine)	5

L - N

length 변수	92
List 컬렉션	337
Map 컬렉션	349
naming rule	26
null	107

447

찾·아·보·기

O

object	114
Object 클래스	292
overloading	155, 206
overriding	206

P – R

package	132
polymorphism	237
PreparedStatement	406
private	128
Properties	380
public	127
ResultSet	422
return문	81

S

Set 컬렉션	345
Setter	152
SQL(Structured Query Language)	393
static	178
String 클래스	305
StringBuffer 클래스	314
StringTokenizer 클래스	328
super() 생성자	213
super() 예약어	215
switch문	60

T

this 예약어	173
this() 생성자	175
trow 예약어	279
trows 예약어	275
try~catch	267

V – W

variable	25
VO(Value Object)	434
while문	70
Wrapper 클래스	317

찾·아·보·기

ㄱ - ㄴ

값 복사	160
객체	114
기본 데이터 타입	30
기본 생성자	166
네이밍 규칙	26
논리 연산자	45
논리 타입	30

ㄷ - ㄹ

다중 catch문	270
다중 상속	201
다차원 배열	100
다형성	237
단일 상속	201
라인 단위 입력	368
리터럴	25
리턴 타입	141

ㅁ

매개변수	142
메소드	121, 140
멤버 변수	120
멤버 변수 초기화	168
명령행 매개변수	97
명시적 타입 변환	51
무한 루프	72
묵시적 타입 변환	50
문자 단위 입력	365
문자 단위 출력	371
문자 타입	31

ㅂ

바이트 입력	363
바이트 출력	370
반복 제어문	65
배열	84
변수	25
비교 연산자	44

ㅅ

사용자 정의 예외	283
산술 연산자	38
상속	194
상수	247
생성자	165
생성자 연속 호출	211
실수 타입	34

ㅇ

연산자	38
예약어	35
예외	263
예외 메소드	281
오버라이딩	201, 206
오버로딩	155, 206
오토 박싱/언박싱	319
이동 제어문	76
이클립스	7
인스턴스	117
인자	143
인터페이스	246
임포트	136

찾·아·보·기

ㅈ

접근 제어	127
정수 타입	33
제네릭	338
제어문	54
조건 연산자	48
조건 제어문	54
주석	23
주소 복사	162
증감 연산자	41

ㅊ – ㅋ

참조 변수	87, 125
초기화	28
추상 메소드	232
추상 클래스	232
컬렉션	335
클래스	115, 118

ㅌ – ㅍ

타입 변환	50
파일 입력	363
파일 출력	370
패키지	132
표준 입출력	358